Administração de Materiais

O GEN | Grupo Editorial Nacional, a maior plataforma editorial no segmento CTP (científico, técnico e profissional), publica nas áreas de saúde, ciências exatas, jurídicas, sociais aplicadas, humanas e de concursos, além de prover serviços direcionados a educação, capacitação médica continuada e preparação para concursos. Conheça nosso catálogo, composto por mais de cinco mil obras e três mil e-books, em www.grupogen.com.br.

As editoras que integram o GEN, respeitadas no mercado editorial, construíram catálogos inigualáveis, com obras decisivas na formação acadêmica e no aperfeiçoamento de várias gerações de profissionais e de estudantes de Administração, Direito, Engenharia, Enfermagem, Fisioterapia, Medicina, Odontologia, Educação Física e muitas outras ciências, tendo se tornado sinônimo de seriedade e respeito.

Nossa missão é prover o melhor conteúdo científico e distribuí-lo de maneira flexível e conveniente, a preços justos, gerando benefícios e servindo a autores, docentes, livreiros, funcionários, colaboradores e acionistas.

Nosso comportamento ético incondicional e nossa responsabilidade social e ambiental são reforçados pela natureza educacional de nossa atividade, sem comprometer o crescimento contínuo e a rentabilidade do grupo.

João José Viana

Administração de Materiais

Um Enfoque Prático

O autor e a editora empenharam-se para citar adequadamente e dar o devido crédito a todos os detentores dos direitos autorais de qualquer material utilizado neste livro, dispondo-se a possíveis acertos caso, inadvertidamente, a identificação de algum deles tenha sido omitida.

Não é responsabilidade da editora nem do autor a ocorrência de eventuais perdas ou danos a pessoas ou bens que tenham origem no uso desta publicação.

Apesar dos melhores esforços do autor, do editor e dos revisores, é inevitável que surjam erros no texto. Assim, são bem-vindas as comunicações de usuários sobre correções ou sugestões referentes ao conteúdo ou ao nível pedagógico que auxiliem o aprimoramento de edições futuras. Os comentários dos leitores podem ser encaminhados à **Editora Atlas Ltda.** pelo e-mail editorialcsa@grupogen.com.br.

Direitos exclusivos para a língua portuguesa
Copyright © 1999 by
Editora Atlas Ltda.
Uma editora integrante do GEN | Grupo Editorial Nacional
1. ed. 2000; 18. reimpressão 2017

Reservados todos os direitos. É proibida a duplicação ou reprodução deste volume, no todo ou em parte, sob quaisquer formas ou por quaisquer meios (eletrônico, mecânico, gravação, fotocópia, distribuição na internet ou outros), sem permissão expressa da editora.

Rua Conselheiro Nébias, 1384
Campos Elísios, São Paulo, SP – CEP 01203-904
Tels.: 21-3543-0770/11-5080-0770
editorialcsa@grupogen.com.br
www.grupogen.com.br

Designer de capa: Aldo Catelli

Editoração Eletrônica: Style Up

DADOS INTERNACIONAIS DE CATALOGAÇÃO NA PUBLICAÇÃO (CIP) (CÂMARA BRASILEIRA DO LIVRO, SP, BRASIL)

Viana, João José
Administração de materiais: um enfoque prático / João José Viana. 1. ed. – 18. reimpr. – São Paulo: Atlas, 2017.

Bibliografia
ISBN 978-85-224-2395-8

1. Administração de materiais I. Título.

99-3648

CDD-658.7

Índice para catálogo sistemático:

1. Administração de materiais 658.7

DEDICATÓRIA

À memória de meus pais
Wlademir e Amália
Exemplos de trabalho, honradez e dignidade no século XX.

Aos meus netos
Murilo, Isabele, Marcus Vinicius, Mateus e Carlos Eduardo
Membros da geração esperança da nação brasileira para o terceiro milênio.

SUMÁRIO

Apresentação, 25
Prefácio, 27
Agradecimentos, 29
Homenagem, 33
Introdução, 35

1 A AMPLITUDE DA ADMINISTRAÇÃO DE MATERIAIS, 37

    1   Conceitos práticos de administração, 37
        1.1   Os dez mandamentos da boa administração, 38
        1.2   As empresas e seus recursos, 39
        1.3   As empresas e a administração de materiais, 39
        1.4   O administrador de materiais, 40
        1.5   Procedimentos fundamentais de administração de materiais, 40
            1.5.1   Cadastramento, 42
            1.5.2   Gestão, 42
            1.5.3   Compras, 42
            1.5.4   Recebimento, 43
            1.5.5   Almoxarifado, 43
            1.5.6   Inventário físico, 43
    2   Estrutura organizacional, 43

3   Evolução e mudanças significativas na área de administração de materiais, 45
    3.1   A logística e a administração de materiais, 45
    3.2   Técnicas de administração japonesas, 47
    3.3   Código de barras, 48
    3.4   Informática, 49

4   Principais desafios do administrador de materiais na empresa atual, 49
    4.1   Problema da manutenção do estoque, 49
    4.2   O que o futuro nos espera, 50

2 CLASSIFICAÇÃO DE MATERIAIS, 51

1   Conceituação, 51

2   Atributos para classificação de materiais, 52
    2.1   Abrangência, 52
    2.2   Flexibilidade, 52
    2.3   Praticidade, 52

3   Tipos de classificação, 52
    3.1   Por tipo de demanda, 52
        3.1.1   Materiais de estoque, 52
        3.1.2   Materiais não de estoque, 55
    3.2   Materiais críticos, 56
    3.3   Perecibilidade, 58
    3.4   Periculosidade, 59
    3.5   Possibilidade de fazer ou comprar, 60
    3.6   Tipos de estocagem, 60
    3.7   Dificuldade de aquisição, 60
    3.8   Mercado fornecedor, 61

4   Metodologia de cálculo da curva ABC, 64
    4.1   Técnica de montagem da curva ABC, 66
        4.1.1   Tabela mestra para construção da curva ABC, 67
        4.1.2   Cálculo da percentagem sobre o valor acumulado, 67
        4.1.3   Construção do gráfico, 68
        4.1.4   Resumo de percentuais, 69
        4.1.5   Faixa de valores, 69
        4.1.6   Interpretação, 70

5   Questões e exercícios, 71

3 ESPECIFICAÇÃO, 73
- 1 Considerações iniciais, 73
  - 1.1 Definição, 74
- 2 Objetivo, 74
- 3 Critérios sobre a descrição, 74
- 4 Estrutura e formação da especificação, 75
- 5 Tipos padronizados de especificação, 77
- 6 Normalização, 78
  - 6.1 Vantagens da normalização, 79
  - 6.2 Definição, 79
  - 6.3 Normalização no Brasil, 81
  - 6.4 Normalização internacional, 82
- 7 Padronização, 83
  - 7.1 Definição, 83
  - 7.2. Objetivos da padronização, 83
  - 7.3 Vantagens da padronização, 84
  - 7.4 A experiência da Cosipa na padronização de materiais, 85
    - 7.4.1 Parafusos, 85
    - 7.4.2 Resultados obtidos, 86
- 8 Análise de Valor, 87
  - 8.1 Metodologia de Análise de Valor, 87
    - 8.1.1 De ordem geral, 87
    - 8.1.2 Que dizem respeito à manufatura, 88
    - 8.1.3 Quanto à montagem, 88
    - 8.1.4 Quanto à especificação e normas, 88
    - 8.1.5 Quanto à possibilidade de fazer ou comprar, 89
  - 8.2 Vantagens da Análise de Valor, 89
    - 8.2.1 Benefícios não quantificáveis, 89
    - 8.2.2 Benefícios quantificáveis, 89
  - 8.3 A experiência da CSN na aplicação de Análise de Valor, 90
- 9 Abreviatura de termos técnicos utilizados em especificação, 92
- 10 Questões e exercícios, 92

4 CODIFICAÇÃO, 93
- 1 Conceituação, 93
- 2 Objetivo, 94
- 3 Tipos de codificação, 94
  - 3.1 Codificação decimal, 95
  - 3.2 *Federal Supply Classification* (FSC), 96

3.3 *Chambre Syndicale de la Sidérurgie Française* (CSSF), 98
    3.3.1 Materiais normalizados, 98
    3.3.2 Materiais específicos, 98
4 Aplicação prática – montagem de um plano de codificação, 103
5 Questões e exercícios, 106

5 FUNDAMENTOS DO GERENCIAMENTO DE ESTOQUES, 107

1 Considerações iniciais, 107
2 Definições importantes, 109
    2.1 Estoque, 109
    2.2 Consumo, 110
        2.2.1 Consumo regular, 110
        2.2.2 Consumo irregular, 111
        2.2.3 Consumo sazonal, 112
    2.3 Demanda, 112
    2.4 Previsão da demanda, 112
3 Inclusão de itens no estoque, 112
    3.1 Informações do usuário, 114
    3.2 Atribuições do gerenciamento, 114
4 Solicitação de materiais não de estoque, 114
5 Razões para a existência dos estoques, 115
6 Natureza dos estoques, 116
7 Fundamentos da gestão, 117
    7.1 Política de gerenciamento de estoques, 118
    7.2 Análise do comportamento de consumo, 118
    7.3 Modelos de gerenciamento de estoques, 120
8 Formação dos estoques, 121
    8.1 Influências internas, 121
    8.2 Influências externas, 122
9 Acompanhamento de consumo por meio do sistema de cotas, 122
10 Materiais sujeitos a recondicionamento, 124
    10.1 Sistema de recondicionamento, 125
    10.2 Variáveis do sistema de recondicionamento, 129
        10.2.1 Materiais similares, 129
        10.2.2 Recondicionamento parcial, 129
        10.2.3 Sucatamento do material, 129
        10.2.4 Sucata nobre, 130
11 Obsolescência e alienação de materiais inservíveis, 130
    11.1 Experiência da Cosipa no beneficiamento de materiais, 131

11.2 Natureza dos materiais a alienar, 131
    11.2.1 Material excedente, 131
    11.2.2 Material obsoleto, 132
    11.2.3 Material sucatado, 132
    11.2.4 Material inservível, 132
11.3 O processo de alienação, 132
    11.3.1 Alienação de materiais em estoque, 136
    11.3.2 Alienação de bens patrimoniais, 136
    11.3.3 Alienação de materiais fora do estoque, 137

12 Controles nas atividades de administração de materiais, 137
    12.1 Índices de avaliação na gestão, 138
    12.2 Índices de avaliação em compras, 138
    12.3 Índices de avaliação na armazenagem, 139

13 Custos nas atividades de administração de materiais, 139
    13.1 Custo de comprar, 141
    13.2 Custo de armazenar, 142
    13.3 Custo total, 143

14 Questões e exercícios, 143

6 SISTEMAS DE GESTÃO DE ESTOQUES, 144

1 Considerações iniciais, 144
2 Problemática da formação de estoques, 145
    2.1 Demanda, 147
    2.2 Processo de obtenção do material, 147
    2.3 Processo de decisão, 148
    2.4 Tempo de obtenção do material, 148
3 Parâmetros e modelos matemáticos de ressuprimento, 149
    3.1 EM – Estoque máximo, 149
    3.2 ES – Estoque de segurança, 150
    3.3 K – Fator de segurança, 151
    3.4 ER – Estoque real, 151
    3.5 EV – Estoque virtual, 152
    3.6 EC – Estoque de cobertura, 152
    3.7 NR – Nível de reposição, 152
    3.8 TR – Tempo de ressuprimento, 155
    3.9 PR – Ponto de ruptura, 156
    3.10 IC – Intervalo de cobertura, 156
    3.11 QC – Quantidade a comprar, 157
        3.11.1 Pedido inicial, 157

3.11.2 Saldo em estoque igual ao nível de reposição, 157
3.11.3 Saldo em estoque abaixo do nível de reposição, 157
3.11.4 Por meio do LEC – Lote Econômico de Compra, 157
3.12 CMN – Consumo médio mensal, 160
3.13 IR – Índice de rotatividade do estoque, 160
4 Aplicação prática, 161
5 Consumo irregular, 163
5.1 EM – Estoque máximo, 163
5.2 ES – Estoque de segurança, 163
5.3 NR – Nível de reposição, 163
5.4 QC – Quantidade a comprar, 163
5.5 AD – Análise da demanda, 164
5.6 Atualização automática, 165
6 Críticas aos modelos analisados, 165
7 Moderno gerenciamento, 166
7.1 Demanda regular, 166
7.2 Demanda irregular, 168
7.3 Demanda incerta, 168
7.4 Demanda sob risco, 168
8 Política de estoques, 169
8.1 Manter ou não manter estoque, 169
8.2 *Just in time*, 169
8.3 *Kanban*, 169
8.4 Comparação entre sistemas *Kanban* e convencional, 170
9 Questões e exercícios, 171

7 NOÇÕES FUNDAMENTAIS DE COMPRA, 172

1 Considerações iniciais, 172
2 Organização do setor de compras, 173
2.1 Cadastro de fornecedores, 175
2.2 Processamento, 175
2.3 Compras, 176
2.3.1 Compras locais, 176
2.3.2 Compras por importação, 176
2.4 Diligenciamento (*follow-up*), 177
3 Etapas do processo, 177
4 Perfil do comprador, 179
5 Modalidades de compra, 179
5.1 Compra normal, 179

5.2 Compra em emergência, 179
6 Como comprar, 180
    6.1 Por meio de concorrências repetitivas, 181
        6.1.1 Inconstantes, 181
        6.1.2 Constantes, 181
    6.2 Por meio de contratos de longo prazo, 181
        6.2.1 Vantagens, 181
        6.2.2 Desenvolvimento, 182
        6.2.3 Resultados obtidos pela Cosipa em contratações de longo prazo, 183
7 Regulamento de compras da empresa – manual de compras, 184
    7.1 Prefácio, 185
    7.2 Cadastro de fornecedores, 185
    7.3 Autoridade de compras, 185
    7.4 Concorrência, 186
    7.5 Dispensa de concorrência, 186
    7.6 Relações com fornecedores, 186
    7.7 Propostas, 186
    7.8 Avaliação das propostas, 187
    7.9 Formas de contratação, 187
    7.10 Reajuste, 187
    7.11 Penalidades, 188
8 Questões e exercícios, 188

8 CADASTRO DE FORNECEDORES, 189
    1 Considerações iniciais, 189
    2 Critérios de cadastramento, 191
        2.1 Critérios políticos, 191
        2.2 Critérios técnicos, 191
        2.3 Critérios legais, 192
    3 Procedimentos para cadastramento, 192
        3.1 Fase inicial – análise preliminar, 192
            3.1.1 Análise social, 193
            3.1.2 Análise econômico-financeira, 193
            3.1.3 Análise técnica preliminar, 193
        3.2 Fase final – análise complementar, 193
            3.2.1 Análise jurídica, 194
            3.2.2 Análise técnica conclusiva, 194
    4 Aprovação do cadastro, 196

5   Classificação de fornecedores, 196
6   Seleção de fornecedores para a concorrência, 197
7   Avaliação de fornecedores, 197
      7.1   Desempenho comercial, 197
      7.2   Cumprimento dos prazos de entrega, 198
      7.3   Qualidade do produto, 198
      7.4   Desempenho do produto em serviço, 198
8   A experiência da Companhia do Metropolitano de São Paulo – Metrô – na qualificação técnica de fornecedores, 200
      8.1   Nível de aplicação, 200
      8.2   Pontuação, 201
      8.3   Planilha de avaliação, 201
      8.4   Metodologia para a tabulação da planilha de avaliação, 201
           8.4.1   Organização geral, 201
           8.4.2   Recursos humanos, 203
           8.4.3   Engenharia do produto, 203
           8.4.4   Engenharia industrial, 204
           8.4.5   Matéria-prima, 205
           8.4.6   Armazenagem, manuseio e expedição, 205
           8.4.7   Produção, 206
           8.4.8   Organização do controle de qualidade, 206
           8.4.9   Planejamento do controle de qualidade, 207
           8.4.10 Aferição dos instrumentos de inspeção, 207
           8.4.11 Seleção e controle de fornecedores e subcontratados, 208
           8.4.12 Inspeção de amostras e peças iniciais de produção, 209
           8.4.13 Inspeção na fabricação, 209
           8.4.14 Inspeção final, 210
           8.4.15 Materiais discrepantes, 210
           8.4.16 Confiabilidade no produto final, 211
      8.5   Resultado final, 211
9   Questões e exercícios, 211

9   CONCORRÊNCIA, 212

1   Considerações iniciais, 212
2   Modalidades de coleta de preços, 213
      2.1   Coleta de preços normal, 213
      2.2   Coleta de preços em emergência, 213
      2.3   Coleta de preços para contratação mediante autorização de fornecimento, 213

        2.4   Coleta de preços para contratação por longo prazo, 213
3   Dispensa de concorrência, 214
4   Condições gerais da concorrência, 214
    4.1   Preço, 214
    4.2   Alternativas, 215
    4.3   Garantia, 215
    4.4   Aceitação do material, 215
    4.5   Outras condições, 215
    4.6   Informações adicionais, 216
        4.6.1   Preço-teto, 216
        4.6.2   Preço de referência, 216
5   Etapas da concorrência, 217
6   Proposta, 218
    6.1   Condições comerciais, 218
    6.2   Condições específicas, 219
    6.3   Apresentação do BDI – Benefícios e Despesas Indiretas, 219
7   Modelo de coleta de preços, 224
8   Avaliação da concorrência, 225
    8.1   Critérios de avaliação, 225
    8.2   Quadro comparativo dos resultados da concorrência, 225
9   Negociação, 225
    9.1   Processo de negociação, 227
        9.1.1   Quando e como negociar, 227
        9.1.2   O que pode ser negociado, 228
    9.2   Perfil do negociador, 228
    9.3   Qualidades do negociador, 229
    9.4   Estratégias e táticas de negociação, 229
10   Questões e exercícios, 230

10 CONTRATAÇÃO, 233

1   Considerações iniciais, 233
2   Condições gerais de fornecimento, 234
3   Adjudicação do pedido, 235
    3.1   Por autorização de fornecimento, 235
    3.2   Por contratos de longo prazo, 237
        3.2.1   Gestor do contrato, 241
4   Diligenciamento (*follow-up*), 241
    4.1   Procedimentos para diligenciamento, 242
    4.2   Modalidades de diligenciamento, 245

            4.2.1   Atuação preventiva, 245
            4.2.2   Atuação curativa, 246
            4.2.3   Procedimentos especiais, 246
    5   Questões e exercícios, 247

11 COMPRAS NO SERVIÇO PÚBLICO, 248

    1   Considerações iniciais, 248
        1.1   Pesquisa por objeto, 249
        1.2   Pesquisa por data de entrada, 250
        1.3   Pesquisa por data de entrega do edital, 250
        1.4   Pesquisa por número de controle, 250
        1.5   Pesquisa genérica, 250
    2   Licitação – aspectos importantes, 250
        2.1   Conceito, 250
        2.2   Finalidade, 251
        2.3   Princípios, 251
    3   Objeto da licitação – aspectos importantes, 252
        3.1   Definição, 252
        3.2   Obra, 253
        3.3   Serviço, 253
        3.4   Compra, 254
    4   Modalidades de licitação – aspectos importantes, 254
        4.1   Concorrência, 254
        4.2   Tomada de preços, 255
        4.3   Convite, 255
    5   Limites de valor para licitação, 255
    6   Edital de licitação, 256
        6.1   Documentação necessária para cadastramento, 256
            6.1.1   Habilitação jurídica, 256
            6.1.2   Qualificação técnica, 256
            6.1.3   Qualificação econômico-financeira, 257
            6.1.4   Regularidade fiscal, 257
        6.2   Preâmbulo, 257
        6.3   Exemplos de edital, 258
            6.3.1   Modelo de edital da Sabesp, 259
            6.3.2   Modelo de Edital da Comissão Nacional de Energia Nuclear, 266
    7   Questões e exercícios, 270

12 NOÇÕES BÁSICAS DE ALMOXARIFADO, 271

1 Histórico, 271
2 Conceituação, 272
3 Eficiência do almoxarifado, 273
4 Organização do almoxarifado, 273
    4.1 Controle, 275
    4.2 Recebimento, 275
    4.3 Armazenagem, 277
    4.4 Distribuição, 278
    4.5 Documentos utilizados, 278
5 Perfil do almoxarife, 280
6 Questões e exercícios, 280

13 RECEBIMENTO, 281

1 Conceituação, 281
2 Nota fiscal, 284
    2.1 Fatura, 284
    2.2 Duplicata, 284
    2.3 Nota fiscal fatura, 285
    2.4 Transportador/volumes transportados, 285
    2.5 Dados adicionais, 285
    2.6 Canhoto da Nota Fiscal, 286
3 Entrada de materiais, 286
    3.1 Na portaria da empresa, 286
        3.1.1 Cadastramento dos dados de recepção, 287
    3.2 No almoxarifado, 287
        3.2.1 Exame de avarias e conferência de volumes, 288
        3.2.2 Recusa do recebimento, 288
        3.2.3 Liberação do transportador, 289
        3.2.4 Descarga, 289
4 Conferência quantitativa, 289
5 Conferência qualitativa, 294
    5.1 Modalidades de inspeção de materiais, 295
    5.2 Roteiro seqüencial de inspeção, 295
        5.2.1 Documentos para inspeção, 295
        5.2.2 Seleção do tipo de inspeção, 296
        5.2.3 Preparação do material para inspeção, 297
        5.2.4 Análise visual, 297
        5.2.5 Análise dimensional, 297

- 5.2.6 Ensaios, 297
- 5.2.7 Testes, 297
- 5.2.8 Consulta ao usuário do material, 298
- 5.2.9 Resultado final, 298
- 6 Regularização, 298
  - 6.1 Documentos envolvidos na regularização, 298
  - 6.2 Processamento, 300
  - 6.3 Devolução ao fornecedor, 301
  - 6.4 Motivos de reclamação e/ou devolução ao fornecedor, 303
- 7 Entrada no estoque por devolução de material, 304
- 8 Questões e exercícios, 307

14 ARMAZENAGEM, 308

- 1 Objetivos, 308
- 2 Arranjo físico (*layout*), 309
  - 2.1 O *layout* na armazenagem, 309
    - 2.1.1 Itens de estoque, 310
    - 2.1.2 Corredores, 311
    - 2.1.3 Portas de acesso, 311
    - 2.1.4 Prateleiras e estruturas, 311
- 3 Utilização do espaço vertical, 313
- 4 Critérios de armazenagem, 313
- 5 Controle de materiais perecíveis, 321
- 6 Manuseio de materiais perigosos, 322
- 7 Utilização de paletes, 322
  - 7.1 Definição, 324
  - 7.2 Utilização, 324
    - 7.2.1 Vantagens, 324
    - 7.2.2 Dificuldades, 325
  - 7.3 Classificação, 325
    - 7.3.1 Tipos, 325
    - 7.3.2 Seleção, 328
  - 7.4 Materiais para fabricação, 328
    - 7.4.1 Paletes de madeira, 329
    - 7.4.2 Paletes de plástico, 329
    - 7.4.3 Paletes metálicos, 329
- 8 Estruturas metálicas para armazenagem, 330
  - 8.1 Estrutura leve em prateleira de bandejas, 330
  - 8.2 Estrutura porta-palete, 331

8.3 Outros tipos de estrutura porta-palete, 334
    8.3.1 *Drive-in*, 335
    8.3.2 *Drive-trough,* 336
    8.3.3 Armazenagem dinâmica, 336
    8.3.4 *Push back,* 338
8.4 Armazenagem pelo sistema *flow rack,* 340
8.5 Estrutura *cantilever,* 342

9 Acessórios para armazenagem, 343
10 Equipamentos para manuseio de materiais, 345
11 Técnicas de conservação de materiais armazenados, 347
    11.1 Conceitos, 348
    11.2 Desenvolvimento de critérios, 348
    11.3 A experiência da Cosipa em preservação, 351
12 Esquema de localização, 352
    12.1 Esquema de localização da Companhia Siderúrgica Nacional (CSN), 356
13 Atendimento às requisições de material, 357
    13.1 Tipos de requisição de material, 359
    13.2 Controle de cotas por usuário, 359
14 Controle físico dos estoques, 359
15 Questões e exercícios, 362

15 DISTRIBUIÇÃO, 363

1 Objetivos, 363
    1.1 Natureza dos produtos a transportar, 363
    1.2 Origem dos recursos de transporte, 364
2 Características de transporte, 364
3 Seleção da modalidade de transporte, 366
4 Estrutura para a distribuição, 366
5 Transporte de produtos perigosos, 368
    5.1 Classificação, 369
    5.2 Identificação das unidades de transporte, 370
        5.2.1 Rótulos de risco, 370
        5.2.2 Números de risco, 371
6 Contrato de transporte, 371
7 A experiência da Cosipa na distribuição interna de materiais, 376
    7.1 Considerações iniciais, 376
    7.2 Evolução do sistema de distribuição de materiais, 376
    7.3 Fundamentos do sistema trator x carreta, 377

7.4 Programação, 379
 7.5 Resultados obtidos, 380
8 Questões e exercícios, 380

16 INVENTÁRIO FÍSICO, 381
 1 Conceituação, 381
 2 Origem das divergências nos estoques, 382
  2.1 Procedimentos, 382
  2.2 Recebimento, 382
  2.3 Localização, 383
  2.4 Conferência de embarque, 383
 3 Épocas indicadas para o inventário, 383
 4 Inventário rotativo, 384
  4.1 Inventário automático, 384
  4.2 Inventário programado, 384
  4.3 Inventário a pedido, 385
 5 Metodologia para realização do inventário, 385
 6 Avaliação e controle, 388
 7 A experiência da Acesita em inventário, 392
 8 Questões e exercícios, 393

17 VENDA DE MATERIAIS ALIENADOS, 394
 1 Considerações iniciais, 394
 2 Modalidades de venda, 394
 3 Procedimentos para venda em leilão, 396
 4 Considerações históricas. Origens do leilão, 397
 5 Organização do leilão, 398
 6 Determinação dos preços mínimos, 398
  6.1 Sucata ferrosa, 398
  6.2 Sucata nobre, 398
  6.3 Materiais sucatados diversos, 400
  6.4 Materiais usados diversos, 400
  6.5 Materiais sem uso, 400
  6.6 Materiais em estado precário, 400
  6.7 Materiais de pouco valor, 401
 7 Formação dos lotes, 401
 8 Contratação de leiloeiro, 401
 9 Atribuições do leiloeiro, 402
  10 Condições do leilão, 402

       10.1   Venda em leilão, 402
       10.2   Pagamentos, 403
       10.3   Retirada de materiais, 404
       10.4   Outras informações, 405
11   Questões e exercícios, 405

18 A ADMINISTRAÇÃO DE MATERIAIS UTILIZANDO A INFORMÁTICA, 406

1   Objetivos, 406
2   A empresa atual utilizando os controles informatizados, 408
    2.1   Sistema de informações, 408
        2.1.1   Informações para os usuários, 408
        2.1.2   Informações para a gestão, 409
        2.1.3   Informações para compras, 409
        2.1.4   Informações para o almoxarifado, 409
        2.1.5   Informações para o inventário, 409
    2.2   Cadastramento *on-line* de dados dos materiais de uso da empresa, 410
    2.3   Atualização automática dos níveis de estoque para materiais enquadrados no crescimento vegetativo de consumo, 410
    2.4   Atualização e consultas *on-line*, 410
    2.5   Emissão de gráficos comparativos e estatísticos, e de relatórios gerenciais e operacionais, 410
    2.6   Solicitação automática de reposições para material de estoque, 410
    2.7   Solicitação de compra *on-line* para materiais não de estoque, 411
    2.8   Acompanhamento e controle das compras, 411
    2.9   Registro e atualização de cadastro de fornecedores, 411
    2.10 Registro, controle e acompanhamento dos processos de recebimento de materiais, 411
    2.11 Controle de estoque, 411
    2.12 Requisição de material *on-line,* 412
    2.13 Inventário, 412
3   Sistema integrado de administração de materiais, 412
4   Modelos de relatórios gerados pelo sistema integrado, 414
    4.1   Relatórios de controle, 415
        4.1.1   Situação financeira geral do estoque de materiais, 415
        4.1.2   Situação de materiais por usuário, 415
        4.1.3   Estatística das classificações financeiras do consumo e do estoque, 416
        4.1.4   Análise de consumo de um material, 416

4.2 Gráficos comparativos e estatísticos, 416
    4.2.1 Estoques/consumos, 416
    4.2.2 Estoques/vendas, 417
    4.2.3 Estoques/produção, 418
    4.2.4 Estoques/capital social, 419
    4.2.5 Evolução percentual anual, 420
    4.2.6 Índice de atraso médio de compras vencidas, 421
    4.2.7 Índice de entregas de compras no prazo, 422
4.3 Relatórios gerenciais, 422
    4.3.1 Nível de atendimento, 422
    4.3.2 Disposição dos materiais cadastrados, 423
    4.3.3 Disposição de materiais com cota de consumo, 424
    4.3.4 Tempo médio de compra de materiais, 425
    4.3.5 Resumo quantitativo de compras pendentes, 425
    4.3.6 Avaliação da carteira de recondicionamento, 426
    4.3.7 Avaliação dos tempos de processamento de recebimento de materiais, 427
    4.3.8 Avaliação de recebimentos pendentes não processados, 427
    4.3.9 Avaliação da movimentação de materiais no almoxarifado, 427
    4.3.10 Avaliação do inventário, 428
4.4 Relatórios operacionais, 428
    4.4.1 Materiais de consumo irregular para análise, 428
    4.4.2 Materiais de consumo regular sem movimentação, 429
    4.4.3 Materiais com excesso de estoque, 429
    4.4.4 Anormalidades de consumo de cotas de materiais, 429
    4.4.5 Demonstrativo de cotas e consumo de materiais por usuário, 430
    4.4.6 Liberação de cotas canceladas, 430
    4.4.7 Carteira de recondicionamento, 430
    4.4.8 Recebimentos de material com demanda não atendida, 430
    4.4.9 Estocagem temporária por requisitante, 431
    4.4.10 Compras em andamento, 431
    4.4.11 Autorizações de fornecimento emitidas, 432
    4.4.12 Materiais para ativação, 432
    4.4.13 Recebimento de compras não aprovadas, 433
    4.4.14 Materiais pendentes de regularização, 433
    4.4.15 Acompanhamento de notas fiscais a liberar, 433

4.4.16 Pendências de regularização com pagamentos prestes a vencer, 434
4.4.17 Localização de materiais no almoxarifado, 434
4.4.18 Situação do estoque, 435
4.4.19 Requisições de material ainda não atendidas pelo almoxarifado, 435
4.4.20 Requisições de material efetuadas em emergência, 436
4.4.21 Requisições de material prejudicadas e canceladas por emergência, 436
4.4.22 Devoluções ainda não regularizadas pelo almoxarifado, 436
4.4.23 Devoluções de material ao fornecedor, 437
4.4.24 Inventário, 437
5 A Internet e a administração de materiais, 437
   5.1 O estoque zero, 438
      5.1.1 A empresa Netflores, 438
      5.1.2 A empresa Booknet, 438
   5.2 A cotação eletrônica, 438
      5.2.1 A empresa Volkswagen, 438

Conclusão, 441

Bibliografia, 443

Apresentação

No momento em que as empresas se empenham para obter a sincronia das atividades que envolvem a administração de seus recursos materiais e procuram ajustar-se para conseguir eliminação de perdas, elevação da qualidade e nível de serviço que prestam aos clientes, é com satisfação que saudamos a obra do Prof. João José Viana.

As propostas básicas do livro constituem, em sua essência, o que as empresas procuram alcançar, no que tange aos recursos materiais, para conviver adequadamente com os novos paradigmas de gerenciamento, a globalização dos mercados e a irreversível corrida pelo aumento da eficiência.

O Prof. João José Viana, colega de magistério que acompanhamos há muitos anos, traz uma efetiva contribuição ao ensino da Administração voltado aos objetivos de capacitar os alunos a adequar seus conhecimentos obtidos às necessidades das organizações do mundo moderno.

Prof. Jorge Monteiro Júnior

PREFÁCIO

O constante avanço tecnológico e a concorrência no mercado atual têm evidenciado a Administração de Materiais como importante componente, tendo como consequência a necessidade de conhecimentos amplos e profundos sobre as atividades desenvolvidas, o que tem sido fator apreensivo das empresas.

Nesse contexto, é preocupante a falta de literatura acadêmica especializada. Notamos a inclusão de suas particularidades, por vezes de forma não abrangente, em capítulos esparsos em livros de Administração da Produção. Por outro lado, há certa exuberância bibliográfica em literatura técnica, por meio de obras específicas, em artigos de profissionais ligados à área, em revistas técnicas ou em citações nas organizações da sociedade civil e até na legislação atinente à matéria, portanto, literatura para um público restrito e não acessível ao alunado dos cursos superiores de Administração.

O Autor espelhou este trabalho na obra do Prof. Jorge Sequeira de Araújo, verdadeiro pioneiro das décadas de 50 e 60, que, na época, preocupado com a patente falta de literatura de conteúdo eminentemente prático para a formação de profissionais, desenvolveu inúmeros cursos de alcance nacional, aliado à publicação, por coincidência na Editora Atlas, de seus livros, verdadeiros conteúdos de saber que formaram e aprimoraram uma geração de almoxarifes.

Mediante solicitação dos alunos, no decorrer dos vários anos de magistério, algumas apostilas referentes a temas escassos no mundo acadêmico foram elaboradas. Motivado pela lacuna, ainda existente, foi desenvolvido o presente trabalho, por meio, inicialmente, da revisão e da ampliação das aludidas apostilas, aliado também ao pleno conhecimento profissional, ao estudo e às pesquisas, registradas na bibliografia. Assim, procuramos concentrar neste livro os fundamentos primordiais e básicos, cujos conhecimentos são indispensáveis, por aqueles direta ou indiretamente envolvidos com as atividades ligadas à Administração de Materiais, almejando-se, por conseguinte, que, além de instrumento para a formação de novos profissionais, também se proponha a reciclar conhecimentos adquiridos.

É oportuno ressaltar que a obra em pauta está alicerçada na experiência profissional do Autor, utilizando, por vezes, projetos plenamente adotados e aprovados em empresas, o que propiciou, inclusive, inúmeros casos relatados, os quais, na maioria das vezes, tiveram sua participação direta por meio de trabalhos efetuados durante a carreira profissional na Companhia Siderúrgica Paulista – Cosipa.[1]

O Autor

www.viana.adm.br
e-mail: wgvianna@gmail.com

---

[1] A Cosipa, fundada em 1953, concretizou um sonho de empreendedores paulistas, dentre eles, Martinho Prado Uchoa e Plínio de Queiroz. Após mais de dez anos em fase de preparação e projeto, a Usina foi inaugurada em 18 de dezembro de 1963, pelo presidente João Goulart.
  A partir de 1993, entretanto, a Cosipa deixa de ser estatal. Em 20 de agosto desse ano, a empresa é privatizada, através de leilão na Bolsa de Valores do Estado de São Paulo (BOVESPA), passando a ser controlada por um grupo de investidores, liderados pela Usiminas (Usinas Siderúrgicas de Minas Gerais). Em março de 2009 teve seu nome alterado para Usiminas. Atualmente, a antiga Cosipa é a Usina de Cubatão.

Agradecimentos

À Companhia Siderúrgica Paulista – Cosipa –, empresa onde iniciei uma longa e árdua jornada, galgando os mais diversos cargos de sua hierarquia, e onde obtive, por meio de seu programa de incentivos, a formação superior e profissional, o que possibilitou, de forma incisiva, a elaboração do presente trabalho, em virtude do exercício de minhas funções e do amplo conhecimento dos campos industrial e siderúrgico do país, nos âmbitos de Administração de Materiais e técnico.

Ao Economista e Mestre Antonio Nival Correia, colaborador, incentivador, amigo e colega desde os tempos da Cosipa, responsável direto por minha carreira no magistério de nível superior, pelo incansável trabalho e paciência em revisar, criticar e sugerir aprimorações nos originais deste livro.

Ao Administrador Ary Américo Azevedo Pereira, meu Mestre e amigo, experiente e dedicado profissional, pelo incentivo e constante orientação, proporcionando minha carreira como Administrador.

Ao Engenheiro Francisco Mello Siqueira, *in memoriam*, profissional a um passo de seu tempo, pelos ensinamentos e visão do futuro, que, ao coordenar na Cosipa uma atividade tida como verdadeiro desafio, qual seja, analisar os parâmetros de ressuprimento de 100.000 itens cadastrados, implementou nosso aprimoramento profissional.

A Vicente Albors Lopes, *in memoriam*, eterno Chefe, Mestre e amigo, pelo exemplo de vida e ensinamentos ministrados, viabilizando nossas carreiras técnicas ao implementar o Sistema de Aprovisionamento de Materiais na Cosipa.

Ao Administrador Otávio Luiz Grottone, ex-aluno, Gerente da Agência Marítima Wilson Sons, em Santos, pelo incentivo e colaboração prestados.

Por outro lado, não poderíamos deixar de mencionar as empresas a seguir relacionadas pela colaboração prestada:

Águia Sistemas de Armazenagem
Altamira Indústria Metalúrgica Ltda.
Anglopack Ind. e Com. de Formas de Madeira Ltda.
Engesystems Sistemas de Armazenagem Ltda.
Ferian Indústria e Comércio Ltda.
GKO Informática
Gradisplay's Ind. e Com. de Artefatos de Arame Ltda.
IDS – Tecnologia Digital Ltda.
Indústrias Filizola S.A.
Infopar
Isma S.A.
Jurandir Dantas – Leiloeiro Oficial
LF's Informática Ltda.
Linde Material Handling do Brasil Ltda.
Longa Industrial Ltda.
Matalsaur Equipamentos Ltda.
Metalúrgica Bertolini Ltda.
Movitec Locação Comércio e Importação Ltda.
Nasajon Sistemas
P. A. Portas Automáticas Ltda.
Paletrans Carros para Paletes Ltda.
Penazzo SCL Indústria e Comércio Ltda.
Qualysof Tecnologia de Soluções
R. Leite Indústria e Comércio Ltda.
Rovela Indústria e Comércio Ltda.
Rucker Equipamentos Industriais Ltda.
Serv System Informática
Skam Indústria e Comércio Ltda.
Softbras Software Ltda.
Soft-K Desenvolvimento de Sistemas Ltda.
Software Center
SPES Engenharia de Sistemas Ltda.
STAF Sistema de Transporte e Armazenagem de Ferramentas Ltda.
TDSYS Sistemas Administrativos Integrados

Tópico Coberturas Alternativas
Transroll
Unipac Indústria e Comércio Ltda.
UtilSoft Informática Ltda.
Vertical Comércio e Indústria Ltda.

Homenagem

Aos colegas

Alcides Martingo (*in memoriam*)
Alfredo Francisco Straub (*in memoriam*)
Benedito Rocha (*in memoriam*)
Constantino Serafi Neto
Diógenes de Souza Costa
Domingos Crispim Lourenço (*in memoriam*)
Eduardo Duarte Soares
Enio José de Oliveira Rios (*in memoriam*)
Everaldo Pereira da Silva
Francisco Gonçalves Barbuzano
Gilberto Lopes
Irineu Cardoso (*in memoriam*)
João Carlos Intrieri da Silva
José Roberto de Moura
José Rodrigues Vasques (*in memoriam*)
José Tadeu Gomes da Silva (*in memoriam*)
Manoel Santana
Neiler Eustáquio Barbosa
Renê Folkowski

Roberto Bocc Ribeiro (*in memoriam*)
Roberto Grey Saber Siqueira
Sandoval Alves Cambuim
Yedo de Souza Braga

que, jovens na década de 60, ao ambicionarem carreiras técnicas, promoveram o então Sistema de Aprovisionamento de Materiais da Cosipa, colaborando para o início da fase operacional da empresa.

INTRODUÇÃO

O objetivo fundamental da Administração de Materiais é determinar **quando** e **quanto** adquirir, para repor o estoque, o que determina que a estratégia do abastecimento sempre é acionada pelo usuário, à medida que, como consumidor, ele detona o processo.

No entanto, como a formação de estoque é ponto crucial, induz imediatamente à indagação "por que sempre há falta de materiais?", queixas estas que enfrentam dilemas e frustrações de procurar, ao mesmo tempo, manter o nível operacional da empresa, suprir os consumidores por meio de adequado atendimento e manter os investimentos em estoques em níveis ideais.

Os problemas relacionados com gerenciamento de estoques estão principalmente ligados à ação e não a chegar a uma resposta. O que deve ser feito para controlar o equilíbrio e estabelecer ações apropriadas? A fim de obter resposta para essa questão, é necessária a formulação de outras indagações: Por que devemos ter estoques? O que afeta o equilíbrio dos estoques que mantemos?

Atingir o equilíbrio ideal entre estoque e consumo é a meta primordial e, para tanto, a gestão se inter-relaciona com as outras atividades afins, no intuito de que as empresas e os profissionais envolvidos estejam contemplados com uma série de técnicas e rotinas, fazendo com que todo o gerenciamento de materiais, incluindo-se gestão, compras e armazenagem, seja considerado como atividade integrante do Sistema de Abastecimento.

Assim como todos os outros componentes do sistema, os insumos materiais (matérias-primas, materiais secundários e outros) carecem de uma coordenação específica, de forma a permitir a racionalização de sua manipulação. A Administração de Materiais coordena esse conglomerado de atividades, o que implica necessariamente o estabelecimento de normas, critérios e rotinas operacionais, de forma que todo o sistema possa ser mantido harmonicamente em funcionamento, sendo importante destacar que para a realização de seus objetivos desenvolve um ciclo contínuo de atividades correlatas e interdependentes com as demais unidades da empresa, motivo pelo qual uma série de informações tramita entre seus diversos setores.

O funcionamento harmônico, anteriormente mencionado, depende fundamentalmente das atividades a seguir relacionadas, as quais serão esmiuçadas no decorrer deste livro:

a. cadastramento, que compreende as atividades de classificar, especificar e codificar;

b. gerenciamento do estoque, que compreende as atividades de formação do estoque;

c. obtenção do material, que compreende a atividade comprar;

d. guarda do material, que compreende as atividades receber, armazenar, conservar e distribuir.

A área de materiais constitui componente indispensável no sentido do alcance dos fins, para proporcionar os resultados almejados pelas empresas. Logicamente, órgãos como a produção, por exemplo, que visam aos fins, permite-nos inseri-la na condição meio, sendo, então, oportuno afirmar que nenhum setor de sua hierarquia existe senão para servir.

1
A AMPLITUDE DA ADMINISTRAÇÃO DE MATERIAIS

VOCÊ VERÁ NESTE CAPÍTULO:

- Conceitos práticos de Administração
- Amplitude da Administração de Materiais
- A estrutura organizacional
- As mudanças na área de Administração de Materiais
- Os principais desafios do Administrador de Materiais na empresa atual
- O mercado de trabalho e suas interferências para o Administrador

Para o perfeito entendimento da amplitude e da estrutura organizacional da Administração de Materiais e suas conseqüências na empresa, será necessária a análise de certos conceitos de Administração.

1 CONCEITOS PRÁTICOS DE ADMINISTRAÇÃO

As novas técnicas de manufatura implicaram a adequação da política de estoques, motivo pelo qual, para o entendimento do gerenciamento de materiais aliado a tal adequação, faz-se necessário o enfoque pormenorizado de alguns tópicos referentes a particularidades teóricas a respeito do estudo das empresas, para, então, analisarmos os conceitos fundamentais de Administração de Materiais.

1.1 Os dez mandamentos da boa administração

Como a Administração de Materiais é uma das especializações do administrador, é necessário, agora, analisarmos os dez mandamentos da boa Administração, conforme Marcelo Martinovich, consultor e professor do Sebrae (SP).

1. **análise do mercado**: informações precisas sobre fornecedores, clientes, concorrentes e ambiente econômico auxiliam na identificação de oportunidades;

2. **perfil do público**: é preciso identificar as necessidades do consumidor para traçar os objetivos e as formas de atuação da empresa, como estabelecimento de preços, canais de venda etc.;

3. **compras e estoques**: é o ponto fundamental da gestão operacional da empresa. É preciso saber quanto comprar e qual o estoque mínimo, para evitar falta de capital de giro;

4. **custos e formação de preços**: pela análise dos custos, determina-se o preço ideal de venda do produto, o qual deve ser comparado com o mercado para avaliar a viabilidade de sucesso;

5. **fluxo de caixa**: as informações sobre os movimentos de entrada, saída e saldos permitem projetar estouros ou sobras de recursos. Vale a pena fazer esse controle diariamente;

6. **ponto de equilíbrio**: o empresário deve saber o "faturamento mínimo" capaz de pagar todos os seus custos e despesas. Com base nisso, poderá estipular suas cotas mínimas;

7. **planejamento tributário**: é preciso saber quantos e quais impostos e tributos serão recolhidos, quais os benefícios e seus efeitos sobre o custo da mercadoria;

8. **estrutura comercial**: é a estratégia de vendas adotada pelo empresário que definirá o grau de penetração do produto no mercado. Ela deve ser estudada caso a caso;

9. **política de Recursos Humanos**: mesmo as pequenas empresas devem ter divisão das atividades, mas são necessários mecanismos de motivação dos funcionários;

10. **informática**: a informatização é uma condição exigida pelo mercado para que a pequena empresa tenha agilidade e dinamismo; é preciso, porém, analisar com cuidado os sistemas disponíveis.

1.2 As empresas e seus recursos

Recurso é o meio pelo qual a empresa realiza suas operações. Os principais recursos empresariais são:

a. recursos materiais: englobam os aspectos materiais e físicos que a empresa utiliza para produzir;

b. recursos financeiros: constituem todos os aspectos relacionados com o dinheiro utilizado pela empresa;

c. recursos humanos: constituem toda a forma de atividade humana na empresa;

d. recursos mercadológicos: constituem toda a atividade voltada para o atendimento do mercado de clientes e consumidores da empresa;

e. recursos administrativos: constituem todo o esquema administrativo e gerencial da empresa.

1.3 As empresas e a administração de materiais

Para melhor entendimento dos enunciados expostos, apresentamos as Figuras 1.1 e 1.2, que relacionam, na prática, esses conceitos com a Administração de Materiais:

EMPRESAS EXISTENTES	CARACTERÍSTICAS
1. Industriais	a. Compram matérias-primas.
	b. Transformam as matérias-primas em produtos acabados.
	c. Vendem os produtos acabados às empresas comerciais.
2. Comerciais	Compram e vendem produtos acabados.
3. Prestadoras de serviços	Não compram nem vendem materiais.

Figura 1.1   Tipos de empresa.

ENTRADA	SAÍDA	CONTROLE	REPOSIÇÃO
a. Por compra.	a. Por venda.	a. Efetivação.	a. Por compra.
b. Por fabricação interna.	b. Por utilização interna (manutenção).	b. Cálculo de níveis.	b. Por fabricação interna.
	c. Por transferência (entre filiais).	c. Processamento.	

Figura 1.2   Entendimento simplificado da movimentação de estoque nas empresas.

1.4 O administrador de materiais

Independentemente da habilitação selecionada, o administrador é o profissional a quem cabe o gerenciamento, o controle e a direção de empresas na área de sua habilitação, buscando os melhores resultados em termos de lucratividade e produtividade. Dessa maneira, o administrador prevê, planeja, organiza, comanda e controla o funcionamento da máquina administrativa privada ou pública, visando aumentar a produtividade, rentabilidade e controle dos resultados. Determina os métodos gerais de organização e planeja a utilização eficaz de mão-de-obra, equipamentos, material, serviços e capital. Orienta e controla as atividades de organização, conforme os planos estabelecidos e a política adotada, bem como as normas previstas nos regulamentos da empresa. Elabora rotinas de trabalho, tendo em vista a implantação de sistemas que devem conduzir a melhores resultados com menores custos, o que demanda a utilização de organogramas, fluxogramas e outros instrumentos de trabalho.

1.5 Procedimentos fundamentais de administração de materiais

Com base no exposto, podemos afirmar que administrar com eficiência e exatidão o movimento de entradas e saídas dos materiais necessários à empresa – o quê, quanto, quando e como comprar – não é tarefa simples. A Figura 1.3 aprofunda esse raciocínio.

PROCEDIMENTO	ESCLARECIMENTO
O que deve ser comprado	Implica a especificação de compra, que traduz as necessidades da empresa.
Como deve ser comprado	Revela o procedimento mais recomendável.
Quando deve ser comprado	Identifica a melhor época.
Onde deve ser comprado	Implica o conhecimento dos melhores segmentos de mercado.
De quem deve ser comprado	Implica o conhecimento dos fornecedores da empresa.
Por que preço deve ser comprado	Evidencia o conhecimento da evolução dos preços no mercado.
Em que quantidade deve ser comprado	Estabelece a quantidade ideal, por meio da qual haja economia na compra.

Figura 1.3 *Procedimentos fundamentais de Administração de Materiais.*

Existem diferentes razões que recomendam atenção especial das empresas à função abastecimento:

a. de seu desempenho dependem inúmeros órgãos (vendas, produção, manutenção, setores administrativos etc.);
b. necessidade de gerenciar grande variedade de itens, geralmente em consideráveis quantidades, ao menor risco de falta e ao menor custo possível;
c. a exigência de grande número de informações, rápidas e precisas, a qualquer instante;
d. fato de os estoques representarem parcela razoável do ativo torna-os uma inversão demasiadamente vultosa para que seja ignorada, o que merece grandes cuidados, pois, muitas vezes, os lucros ficam retidos nos estoques excessivos, os quais, contudo, nem sempre garantem adequado atendimento das necessidades da empresa.

É necessário, porém, salientar que nenhum modelo ou sistema pode substituir ou prescindir da análise do administrador, pois as características de consumo, importância, valor e métodos de compra dos materiais são muito variáveis.

Agora, podemos, então, definir:

a. material: Todas as coisas contabilizáveis que entram como elementos constituídos ou constituintes na linha de atividade de uma empresa;
b. administração de Materiais: planejamento, coordenação, direção e controle de todas as atividades ligadas à aquisição de materiais para a formação de estoques, desde o momento de sua concepção até seu consumo final.

Na verdade, todos nós somos Administradores de Materiais, só que não percebemos. Pense no abastecimento de sua própria casa: comprar mantimentos, produtos de limpeza, de higiene pessoal, vestuário etc. Para isso é necessário:

a. saber comprar, para garantir a qualidade e a quantidade do que será consumido, ao menor custo;
b. controlar, para evitar consumo desnecessário e não correr risco de falta;
c. armazenar adequadamente, para evitar perdas.

Administrar materiais é uma tarefa bastante semelhante a essa, só que em proporção maior. Assim, já se pode analisar, em maior profundidade, a amplitude da Administração de Materiais identificada esquematicamente na Figura 1.4.

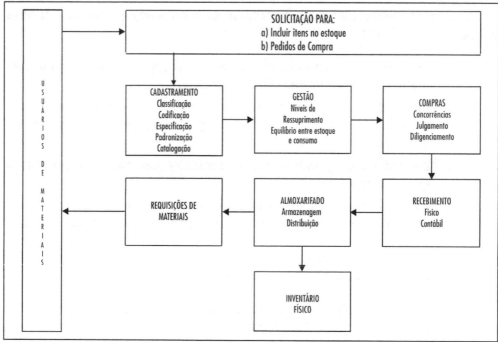

Figura 1.4 *Amplitude da Administração de Materiais.*

1.5.1 CADASTRAMENTO

A atividade cadastramento de materiais visa cadastrar os materiais necessários à manutenção e ao desenvolvimento da empresa, o que implica o reconhecimento perfeito de sua classificação, estabelecimento de codificação e determinação da especificação, objetivando a emissão de catálogo para utilização dos envolvidos nos procedimentos de Administração de Materiais.

1.5.2 GESTÃO

A atividade gestão visa ao gerenciamento dos estoques por meio de técnicas que permitam manter o equilíbrio com o consumo, definindo parâmetros e níveis de ressuprimento e acompanhando sua evolução.

1.5.3 COMPRAS

A atividade compras tem por finalidade suprir as necessidades da empresa mediante a aquisição de materiais e/ou serviços, emanadas das solicitações dos usuários, objetivando identificar no mercado as melhores condições comerciais e técnicas.

1.5.4 RECEBIMENTO

A atividade recebimento visa garantir o rápido desembaraço dos materiais adquiridos pela empresa, zelando para que as entradas reflitam a quantidade estabelecida, na época certa, ao preço contratado e na qualidade especificada nas encomendas.

1.5.5 ALMOXARIFADO

A atividade almoxarifado visa garantir a fiel guarda dos materiais confiados pela empresa, objetivando sua preservação e integridade até o consumo final.

1.5.6 INVENTÁRIO FÍSICO

A atividade inventário físico visa ao estabelecimento de auditoria permanente de estoques em poder do Almoxarifado, objetivando garantir a plena confiabilidade e exatidão de registros contábeis e físicos, essencial para que o sistema funcione com a eficiência requerida.

2 ESTRUTURA ORGANIZACIONAL

Em face da ausência de uniformidade na terminologia adotada para identificar a composição ou estrutura administrativa, não utilizamos os termos tradicionais em vigor, como *setor, seção, divisão* ou *departamento*, pois o que para uma empresa é divisão para outra pode vir a ser setor, e assim por diante. Logo, as estruturas a serem analisadas propositadamente omitem essa particularidade.

A Administração de Materiais, em algumas empresas, encontra-se subordinada a setores industriais e comerciais, ou subdividida entre estes dois, contrariando o antigo conceito de Administração de que "quem produz não controla" ou, ampliado para nosso campo, "quem planeja não compra, quem compra não recebe, quem guarda não inventaria". O organograma demonstrado na Figura 1.5 ilustra o inusitado.

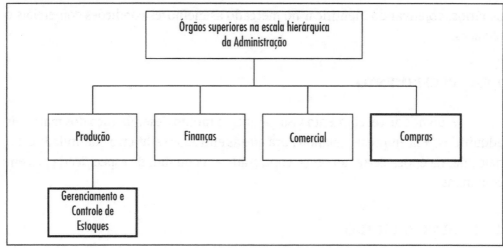

Figura 1.5 *Organograma gerencial tradicional.*

Para atender ao moderno conceito de gerenciamento, as empresas adotam o modelo apresentado na Figura 1.6:

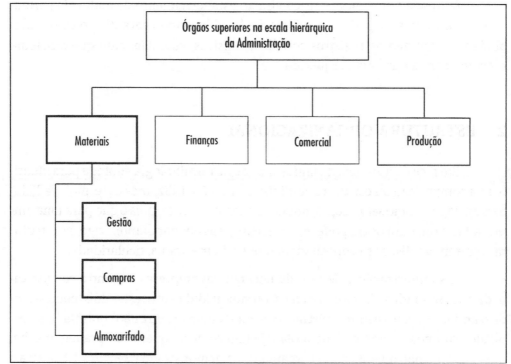

Figura 1.6 *Sistema moderno de gerenciamento.*

3 EVOLUÇÃO E MUDANÇAS SIGNIFICATIVAS NA ÁREA DE ADMINISTRAÇÃO DE MATERIAIS

Embora não seja parte do escopo desta obra, é importante mencionar alguns importantes avanços, como a logística, as técnicas de administração japonesas, o código de barras e a informática e suas conseqüências para a Administração de Materiais, especialidade que, como se vê, proporciona constantes evoluções, visando otimizar suas atividades.

3.1 A logística e a administração de materiais

Logística é uma operação integrada para cuidar de suprimentos e distribuição de produtos de forma racionalizada, o que significa planejar, coordenar e executar todo o processo, visando à redução de custos e ao aumento da competitividade da empresa.

Merece destaque a afirmação de Ronald H. Ballou, em *Logística empresarial* (1995 : 24):

> "A logística empresarial trata de todas atividades de movimentação e armazenagem, que facilitam o fluxo de produtos desde o ponto de aquisição da matéria-prima até o ponto de consumo final, assim como dos fluxos de informação que colocam os produtos em movimento, com o propósito de providenciar níveis de serviço adequados aos clientes a um custo razoável."

Em conseqüência, deve ser estimulado não só o conhecimento pleno desse processo, como também o desenvolvimento de novos modelos, naturalmente com base em um ponto de vista logístico, para uma moderna e apropriada administração, culminando em estudar o impacto de tais mudanças. Assim, pretende-se apresentar sistema que facilite as relações cliente/fornecedor, contribuindo, dessa forma, na divulgação da Logística, bem como oferecendo às empresas método moderno e eficaz de gerenciamento de estoques. Em face do quadro de mudanças no cenário econômico, a Logística surge como ferramenta fundamental a ser utilizada para produzir vantagens competitivas. Já é hora de se estabelecer o organograma de Administração de Materiais para atender ao moderno enfoque logístico, conforme demonstrado na Figura 1.7.

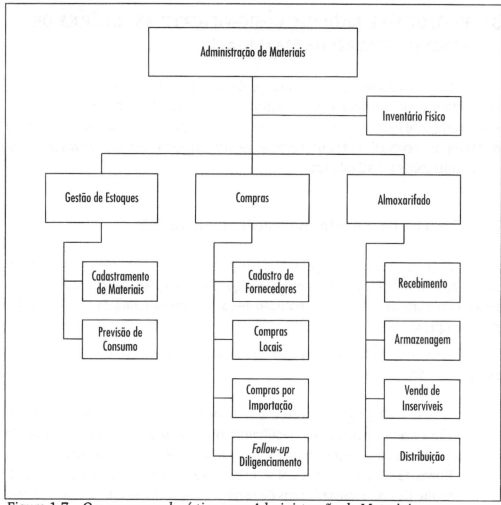

Figura 1.7   *Organograma logístico para Administração de Materiais.*

Tradicionalmente, as atividades logísticas têm se concentrado em dois setores diferenciados, suprimentos e distribuição física, conforme demonstra a Figura 1.8.

Dando seqüência ao raciocínio, cumpre destacar a significância dos custos logísticos na composição total dos custos da empresa, conforme demonstram as Figuras 1.9 e 1.10.

Pela análise dos dados apresentados, conclui-se, em conseqüência, que o sucesso do gerenciamento de materiais nas empresas depende da aplicabilidade dos conceitos logísticos.

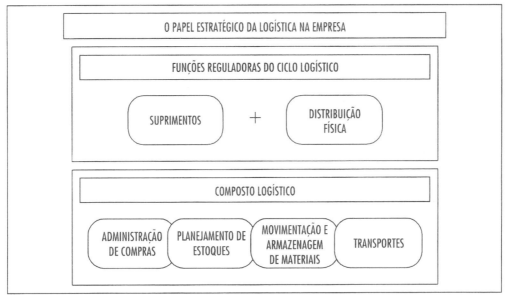

Figura 1.8 *Papel estratégico da logística na empresa.*

Figura 1.9 *Composição dos custos logísticos.*

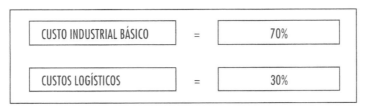

Figura 1.10 *Significância dos custos logísticos.*

3.2 Técnicas de administração japonesas

As técnicas de administração japonesas estão sendo assimiladas pelas empresas brasileiras, tal o seu teor de inovação referente à produtividade, qualidade e envolvimento participativo, o que também, como não poderia deixar de ser, aplica-se à área de materiais, daí sua apreciação.

Após a derrota na Segunda Guerra Mundial, os japoneses copiaram na íntegra e nos mínimos detalhes o modelo industrial americano. Arrasado pela derrota na guerra, com falta de espaço e carente de recursos naturais, o Japão, para poder competir com o mundo, industrializou-se, adotando a norma de completa eliminação de qualquer tipo de perda, modelo esse absorvido por sua farta mão-de-obra. Surge, assim, a filosofia de Perda Zero, alicerce das técnicas de administração japonesas, fundamentada em que a perda eleva o custo desnecessariamente, devendo-se produzir sem perdas, com a melhor qualidade e ao menor custo.

A partir daí, aparece na Toyota o sistema *kanban* para atender a dois quesitos imprescindíveis, *just in time* e *jidoka*.

Just in time é a produção na quantidade necessária, no momento necessário, para atender à variação de vendas com mínimo de estoque em produtos acabados, em processos e em matéria-prima.

Jidoka ou autocontrole é um controle visual, em que cada operador poderá controlar sua qualidade e sua produção com um mínimo de perdas.

O sistema japonês de administração tem como técnica apenas 30% de sua força total, pois 70% são comportamentais, ou seja, um sistema de participação dos funcionários na vida e no progresso da empresa.

3.3 Código de barras

O esforço na obtenção de sistemas mais eficazes de informação tem encontrado os mais diversos obstáculos, destacando-se entre eles a dificuldade em alimentar os computadores com dados, tarefa delegada à digitação, muito morosa se comparada à capacidade de processamento cada vez maior dos computadores, que apresenta o grande inconveniente de estar sujeita a erros.

Assim, o aperfeiçoamento da alimentação de dados que se tornou necessária deu origem ao código de barras, símbolo composto por barras paralelas de larguras e espaçamentos variados.

O código de barras pode ser usado para aprimorar qualquer processo que envolva controle de mercadorias e, por suas próprias características, o sistema é ideal para operações com grande número de itens, tornando-se a ferramenta adequada e racional de gerenciamento de estoques.

As principais vantagens do sistema são:

a. rapidez (estatísticas mundiais garantem que há ganho de tempo de até 30% no processamento);
b. economia;
c. aplicação no armazenamento, em compras e em vendas;
d. financeiras;
e. dispensa de etiquetação e reetiquetação de cada produto com o preço;
f. exeqüibilidade de operações de descontos sobre determinados itens ou promoções.

3.4 Informática

Atualmente, a logística está se disseminando no meio empresarial, como plataforma de eficiência e produtividade, motivo pelo qual não há como conceber empresa que não esteja informatizada.

Há cerca de quatro anos, a Internet está revolucionando os meios de informação; seu impacto nos negócios é um fenômeno que ainda vem sendo assimilado. Poucas pessoas sabiam o que era a grande rede e nem imaginavam qual seria seu potencial de crescimento. E o que dizer, então, das Intranets? Ainda hoje existem usuários que desconhecem essa tecnologia.

A Intranet é uma rede que interliga os vários equipamentos da empresa, como clientes e servidores PC e impressoras de rede, com a vantagem de utilizar a tecnologia da Internet, por meio dos protocolos *TCP-IP*, *http* e *e-mail*. Assim, pode-se dispor rapidamente de mais informações, deixando-se de lado os entraves burocráticos para o processamento de qualquer expediente.

A Intranet não se resume a disponibilizar documentos. As empresas também a utilizam para criar novos serviços e ferramentas. A partir do momento em que essas ferramentas possam ser acessadas pelos distribuidores, parceiros, fornecedores e clientes, temos uma Extranet, ou seja, as ferramentas e os documentos, antes limitados às consultas internas, podem agora ser acessados de modo controlado fora da empresa, o que permite maior rapidez e economia de tempo nas transações.

A Volkswagen foi a primeira montadora brasileira a criar um ambiente Intranet, de comunicação virtual de baixo custo. Além de agilizar seus procedimentos, a rede possibilita ganho de tempo no processo de fabricação dos componentes, pois as necessidades de aquisição estão disponíveis para 700 fornecedores cadastrados, por meio da cotação eletrônica, em que são identificados os fornecedores homologados quanto à qualidade, fornecimento e custo. Os que estiverem aptos acessam a Intranet e definem seu preço.

4 PRINCIPAIS DESAFIOS DO ADMINISTRADOR DE MATERIAIS NA EMPRESA ATUAL

4.1 Problema da manutenção do estoque

Quando se encomendam quantidades maiores, eleva-se o estoque médio, juntamente com o custo de mantê-lo. Manter um estoque custa os juros sobre o capital empatado mais as despesas da própria manutenção física – o aluguel ou amortização dos armazéns e os salários dos funcionários envolvidos. Portanto, para reduzir o custo de sua manutenção, deve-se simplesmente encomendar aos fornecedores entregas menores e mais freqüentes.

As encomendas menores e espaçadas, contudo, também têm seu custo.

A mão-de-obra empregada na preparação da maquinaria, o custo das peças sucatadas e as correspondentes despesas de administração podem demandar muitos recursos financeiros. Os gerentes de produção gostam de preparar sua maquinaria menos vezes e de fabricar volumes maiores, para conservar baixas as despesas com essa operação.

Ocorre aí o conflito clássico: o setor financeiro quer reduzir o custo da manutenção do estoque por meio da fabricação freqüente de pequenos lotes, enquanto a gerência de produção quer reduzir as despesas com a preparação da maquinaria (e não interromper as operações) mediante fabricações prolongadas e espaçadas.

Independentemente do aspecto da economia do país, a qual reflete intensamente na formação de estoques, a maneira de resolver esse conflito é mediante um acordo pragmático. Há um lote de tamanho economicamente correto – nem tão grande que acarrete despesas excessivas de manutenção, nem tão pequeno que acarrete despesas excessivas com a preparação da maquinaria. Essa quantidade de meio-termo chama-se *lote econômico de compra* e foi montada em 1915 por meio de formulação matemática, constituindo, há muitos anos, a peça fundamental do gerenciamento dos estoques.

4.2 O que o futuro nos espera

O campo da previsão e suas técnicas altamente diversificadas dependem muito da natureza da empresa, dos recursos de processamento de informações e da análise dos meios disponíveis.

As tendências mundiais, por intermédio da globalização da economia e seus efeitos, exigem postura mais dinâmica e eficiente das empresas, as quais devem estar preparadas para reagir o mais rápido possível às sinalizações e tendências do mercado, a fim de que possam continuar sendo competitivas e eficazes.

Assim, as tendências futuras rumam, indiscutivelmente, para o advento da praticidade e da economia, com o intuito de se atingir o ponto máximo, objetivo de toda empresa, a qualidade total.

Nesse contexto, a informática, cada vez mais disseminada no meio empresarial, propiciando eficiência e rapidez das informações, evoluirá de tal forma que as relações, principalmente entre clientes e fornecedores, processar-se-ão via Internet ou Intranets, fazendo com que a dinâmica seja a tônica predominante. Conseqüentemente, os conceitos serão preservados, evoluindo as formas.

Por mais estranho que possa parecer, o futuro do gerenciamento de estoques é administrar estoque nenhum.

2 CLASSIFICAÇÃO DE MATERIAIS

VOCÊ VERÁ NESTE CAPÍTULO:

- *A influência da classificação no gerenciamento dos estoques*
- *Alguns tipos de classificação adotados*
- *Interface entre tipos de classificação*

1 CONCEITUAÇÃO

A classificação é o processo de aglutinação de materiais por características semelhantes. Grande parte do sucesso no gerenciamento de estoques depende fundamentalmente de bem classificar os materiais da empresa. Assim, o sistema classificatório pode servir também, dependendo da situação, de processo de seleção para identificar e decidir prioridades.

Existem infinitas formas de classificação. Abordaremos apenas o alicerce, que permitirá adaptações às necessidades de cada empresa.

Uma boa classificação deve considerar alguns atributos.

2 ATRIBUTOS PARA CLASSIFICAÇÃO DE MATERIAIS

2.1 Abrangência

Deve tratar de uma gama de características em vez de reunir apenas materiais para serem classificados.

2.2 Flexibilidade

Deve permitir interfaces entre os diversos tipos de classificação, de modo que se obtenha ampla visão do gerenciamento de estoques.

2.3 Praticidade

A classificação deve ser direta e simples.

3 TIPOS DE CLASSIFICAÇÃO

Para atender às necessidades de cada empresa, é necessária uma divisão que norteie as várias formas de classificação. Como existem vários tipos, a classificação deve ser analisada no todo, em conjunto, visando propiciar decisões e resultados que contribuam para atenuar o risco de falta.

A Figura 2.1 permite visualizar a principal classificação, por tipo de demanda, identificando suas ramificações:

3.1 Por tipo de demanda

3.1.1 MATERIAIS DE ESTOQUE

São materiais que devem existir em estoque e para os quais são determinados critérios e parâmetros de ressuprimento automático, com base na demanda prevista e na importância para a empresa.

Os critérios de ressuprimento fixados para esses materiais possibilitam a renovação do estoque sem a participação do usuário.

Os materiais de estoque são classificados:

a. quanto à aplicação:

  a1. materiais produtivos: compreendem todo e qualquer material ligado direta ou indiretamente ao processo de fabricação. Exemplos: matérias-primas, produtos em fabricação, produtos acabados;

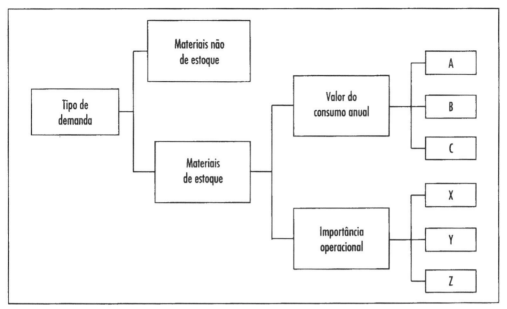

Figura 2.1 *Classificação por tipo de demanda.*

- a2. matérias-primas: materiais básicos e insumos que constituem os itens iniciais e fazem parte do processo produtivo da empresa;

- a3. produtos em fabricação: também conhecidos como materiais em processamento, são os que estão sendo processados ao longo do processo produtivo da empresa. Não se encontram no almoxarifado porque já não são matérias-primas iniciais, nem podem estar na expedição porque ainda não são produtos acabados;

- a4. produtos acabados: são os produtos constituintes do estágio final do processo produtivo; portanto, já prontos;

- a5. materiais de manutenção: materiais de consumo, com utilização repetitiva, aplicados em manutenção;

- a6. materiais improdutivos: compreende todo e qualquer material não incorporado às características do produto fabricado. Exemplos: materiais para limpeza, de escritório etc.;

- a7. materiais de consumo geral: materiais de consumo, com utilização repetitiva, aplicados em diversos setores da empresa, para fins que não sejam de manutenção;

b. quanto ao valor do consumo anual: é fundamental para o sucesso do processo de gerenciamento de estoques que se separe o essencial do acessório, voltando nossas atenções para o que realmente é importante quanto a valor de consumo. Para tanto, conta-se com a ferramenta Curva ABC ou Curva de Pareto, método pelo qual se determina a importância dos materiais em função do valor expresso pelo próprio consumo em determinado período. Não é recomendado analisar a Curva ABC isoladamente, devendo-se estabelecer uma interface com a importância operacional. Assim, os materiais são classificados em A, B ou C, de acordo com a curva ABC de consumo anual;

b1. materiais A: materiais de grande valor de consumo;

b2. materiais B: materiais de médio valor de consumo;

b3. materiais C: materiais de baixo valor de consumo. Em virtude da importância que esta classificação representa, apresentamos adiante no item 4 a metodologia de cálculo da Curva ABC, bem como suas origens históricas;

c. quanto à importância operacional: a maioria dos órgãos de gestão baseia suas análises de ressuprimento e define as quantidades de reposição por meio dos resultados referentes aos consumos históricos e tempos necessários para recompor os níveis de estoque. Esse tratamento matemático não diferencia os diversos materiais de estoque e não considera sua individualidade, com exceção para matérias-primas, por terem suas demandas suportadas por programas de produção e vendas. Todavia, existem materiais que, independentemente de fraco consumo, poderão, caso venham a faltar, prejudicar seriamente a continuidade de produção de uma empresa ou ainda, por exemplo, trazer sérios riscos de poluição ambiental e segurança industrial, tornando o custo da falta mais oneroso do que o custo do investimento em estoque. Dessa forma, adota-se a classificação da importância operacional, visando identificar materiais imprescindíveis ao funcionamento da empresa;

c1. materiais X: materiais de aplicação não importante, com possibilidade de uso de similar existente na empresa;

c2. materiais Y: materiais de importância média, com ou sem similar na empresa;

c3. materiais Z: materiais de importância vital sem similar na empresa, cuja falta acarreta a paralisação de uma ou mais fases operativas.

Facilmente, podem ser classificados pelo critério de importância operacional matérias-primas, materiais "Z" (vitais) ou materiais de limpeza e apoio administrativo. Para os demais, é necessário análise complexa e criteriosa.

Em se tratando de empresa industrial, a seleção de XYZ pode ser facilitada, conforme demonstra a Figura 2.2, por meio das seguintes indagações:

a. material é imprescindível ao equipamento?
b. equipamento pertence à linha de produção?
c. material possui similar?

Assim, as respostas a tais indagações conduzirão às seguintes situações:

Indagações			Classificação		
Material é imprescindível ao equipamento?	Equipamento é da linha de produção?	Material possui similar?	X	Y	Z
Sim	Sim	Sim		Y	
Sim	Sim	Não			Z
Sim	Não	Sim	X		
Sim	Não	Não	X		
Não	Não	Não	X		
Não	Não	Sim	X		
Não	Sim	Não	X		
Não	Sim	Sim	X		

Figura 2.2 *Seleção para a classificação de importância operacional.*

3.1.2 MATERIAIS NÃO DE ESTOQUE

São materiais de demanda imprevisível para os quais não são definidos parâmetros para o ressuprimento automático.

A inexistência de regularidade de consumo faz com que a aquisição desses materiais somente seja efetuada por solicitação direta do usuário, na oportunidade em que se constate a necessidade deles.

Os materiais não de estoque devem ser comprados para utilização imediata e são debitados no centro de custo de aplicação. Poderão ser comprados para utilização posterior, em período determinado pelo usuário, ficando, nesses casos, estocados temporariamente no almoxarifado.

3.2 Materiais críticos

Classificação pertinente a empresas industriais. São materiais de reposição específica de um equipamento ou de um grupo de equipamentos iguais, cuja demanda não é previsível e cuja decisão de estocar é tomada com base na análise de risco que a empresa corre, caso esses materiais não estejam disponíveis quando necessário. Utilizando linguagem comum, material crítico é como seguro de vida: todos têm mas não querem utilizá-lo. Por serem sobressalentes vitais de equipamentos produtivos, devem permanecer estocados até sua utilização, não estando, portanto, sujeitos ao controle de obsolescência. O próprio conceito induz que deve haver pouquíssimos materiais críticos cadastrados. Como identificá-los, então?

Do ponto de vista de gestão de estoques, podem-se identificar materiais críticos, conforme demonstrado na Figura 2.3.

Por problemas de obtenção	* Material importado
	* Existência de um único fornecedor
	* Escassez no mercado
	* Material estratégico
	* De difícil fabricação ou obtenção
Por razões econômicas	* Material de elevado valor
	* Material com elevado custo de armazenagem
	* Material com elevado custo de transporte
Por problemas de armazenagem e transporte	* Material perecível
	* Material de alta periculosidade
	* Material de elevado peso
	* Material de grandes dimensões
Por problemas de previsão	* Material com utilização de difícil previsão
Por razões de segurança	* Material de reposição de alto custo
	* Material para equipamento vital da produção

Figura 2.3 *Razões para a existência de materiais críticos.*

Do ponto de vista eminentemente técnico, pode-se identificar materiais críticos por meio da Figura 2.4.

CLASSIFICAÇÃO DE MATERIAIS **57**

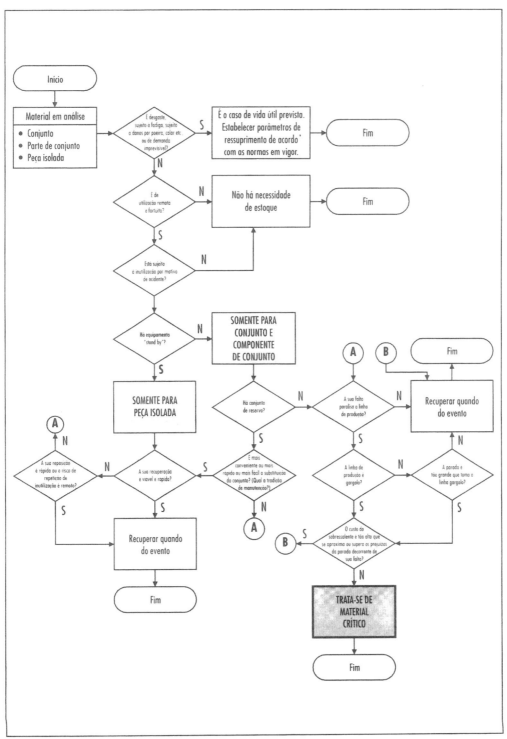

Figura 2.4   *Fluxo seqüencial de análise para eleição de material crítico.*

3.3 Perecibilidade

O critério de classificação pela probabilidade ou não de perecimento não exprime o sentido único e exclusivo etimológico do vocábulo, qual seja, extinguir o desaparecimento das propriedades físico-químicas do material. Muitas vezes, o fator tempo influencia na classificação; assim, quando a empresa adquire determinado material para ser utilizado em data oportuna, e, se porventura não houver consumo, sua utilização poderá não ser mais necessária, o que inviabiliza a estocagem por longos períodos.

Existem recomendações quanto à preservação dos materiais e sua adequada embalagem para proteção à umidade, oxidação, poeira, choques mecânicos, pressão etc.

A adoção da classificação por perecimento permite, entre outras, as seguintes medidas:

a. determinar lotes de compra mais racionais, em função do tempo de armazenagem permitido;

b. programar revisões periódicas para detectar falhas de estocagem, visando corrigi-las e baixar materiais sem condições de utilização;

c. selecionar adequadamente os locais de estocagem, utilizando técnicas adequadas de manuseio e transporte de materiais, bem como transmitir orientações aos funcionários envolvidos quanto aos cuidados a serem observados.

Quanto à possibilidade de se extinguirem, seja dentro do prazo previsto para sua utilização, seja por ação imprevista, os materiais podem ser classificados em:

a. perecíveis;

b. não perecíveis.

Para aprimorar o gerenciamento, pode-se classificar os materiais perecíveis como segue:

a. pela ação higroscópica: materiais que possuem grande afinidade com o vapor de água e podem ser retirados da atmosfera. Exemplos: sal marinho, cal virgem etc.;

b. pela limitação do tempo: materiais com prazo de validade claramente definido. Exemplos: remédios, alimentos etc.;

c. instáveis: produtos químicos que se decompõem ou se polimerizam espontaneamente ou têm outro tipo de reação na presença de algum material catalítico ou puro. Exemplos: peróxido de éter, óxido de etileno etc.;

d. voláteis: produtos que se reduzem a gás ou vapor, evaporando naturalmente e perdendo-se na atmosfera. Exemplo: amoníaco;

e. por contaminação pela água: materiais que se degradam pela adição direta de água. Exemplo: óleo para transformadores;

f. por contaminação por partículas sólidas: materiais que, em contato com partículas sólidas, como areias e poeiras, poderão perder parte de suas características físicas e químicas. Exemplo: graxas;

g. pela ação da gravidade: materiais que, estocados de forma incorreta, podem sofrer deformações. Exemplo: eixos de grande comprimento;

h. por queda, colisão ou vibração: engloba os materiais de grande fragilidade ou sensibilidade. Exemplos: cristais, vidros, instrumentos de medição etc.;

i. pela mudança de temperatura: materiais que perdem suas características para aplicação, se mantidos em temperatura diferente da requerida. Exemplos: selantes para vedação, anéis de vedação em borracha etc.;

j. pela ação da luz: materiais que se degradam por incidência direta da luz. Exemplo: filmes fotográficos;

k. por ação de atmosfera agressiva: materiais que sofrem corrosão quando em contato com atmosfera com grande concentração de gases ou vapores. A corrosão atmosférica pode ocorrer principalmente por vapores de água e ácidos, como sulfúrico, fosfórico, nítrico, sais, cloro, flúor etc.;

l. pela ação de animais: materiais sujeitos ao ataque de insetos e outros animais, durante a estocagem. Exemplos: grãos, madeiras, peles de animais etc.;

3.4 Periculosidade

A adoção dessa classificação visa à identificação de materiais, como, por exemplo, produtos químicos e gases, que, por suas características físico-químicas, possuam incompatibilidade com outros, oferecendo riscos à segurança.

A adoção dessa classificação será de muita utilidade quando do manuseio, transporte e armazenagem de materiais aí incluídos.

A Associação Brasileira de Normas Técnicas (ABNT), pela Norma NBR-7502, aborda o transporte de cargas perigosas e a Norma P-NB-98 classifica os líquidos inflamáveis.

3.5 Possibilidade de fazer ou comprar

Esta classificação visa determinar quais os materiais que poderão ser recondicionados, fabricados internamente ou comprados.

O material é considerado recondicionável quando, após a utilização, pode ser beneficiado e novamente utilizado sem diminuição de suas qualidades.

Deve-se entender que a recuperação de um material deve ter custo inferior ao da compra de um novo item.

a. fazer internamente: são materiais que são fabricados na empresa;

b. comprar: são materiais que devem ser adquiridos no mercado, para os quais não há possibilidade de fabricação na empresa;

c. decidir por fazer ou comprar: são materiais que estão sujeitos à análise de fazer internamente ou comprar, por ocasião do ressuprimento;

d. recondicionar: são materiais passíveis de recuperação que devem ser recondicionados após desgaste e uso, não devendo ser comprados ou fabricados internamente.

3.6 Tipos de estocagem

a. estocagem permanente: materiais para os quais foram aprovados níveis de estoque com parâmetros de ressuprimento estabelecidos para renovação automática do estoque, devendo sempre existir saldo no almoxarifado;

b. estocagem temporária: materiais que não sejam de estoque, que necessitam ficar estocados no almoxarifado durante determinado tempo até sua utilização.

3.7 Dificuldade de aquisição

Para efeito desta classificação, deve-se considerar apenas as características intrínsecas da obtenção difícil, deixando-se de lado as extrínsecas, como excesso de burocracia, pobreza de especificações, recursos humanos não qualificados ou falta de poder de decisão do órgão de compras, os quais refletem problemas internos de organização da empresa.

Assim, as dificuldades intrínsecas na obtenção de materiais podem provir de:

a. fabricação especial: envolve encomendas especiais com cronogramas de fabricação longos, acompanhamento e inspeções nas diversas fases da fabricação, fabricações pioneiras, materiais em pesquisa etc.;
b. escassez no mercado: os materiais, em razão da pouca oferta, podem colocar em risco o processo industrial;
c. sazonalidade: a oferta sofre alterações em diversas épocas do ano;
d. monopólio ou tecnologia exclusiva: existe a dependência de um único fornecedor;
e. logística sofisticada: os materiais necessitam de transporte especial ou os locais de retirada ou entrega são de difícil acesso;
f. importações: algumas vezes, independentemente dos entraves burocráticos, os materiais a serem importados dependem de liberação de verbas ou financiamentos externos.

Quanto à dificuldade de aquisição, os materiais também podem ser classificados em:

a. F – fácil aquisição;
b. D – difícil aquisição.

Destacamos alguns benefícios proporcionados pela classificação "dificuldade de aquisição":

a. dimensionar os níveis de estoque;
b. subsidiar aos gestores de estoque para a seleção do método a ser adotado para o ressuprimento;
c. propiciar maior experiência aos compradores em materiais com maior grau de dificuldade;
d. propiciar maior experiência aos diligenciadores, pois tais materiais necessitam de ações ágeis e prioritárias.

3.8 Mercado fornecedor

Esta classificação está muito ligada à anterior e complementa-a. Assim, temos:

a. mercado nacional: materiais fabricados no próprio país;
b. mercado estrangeiro: materiais fabricados fora do país, mesmo que o fornecedor esteja aqui sediado;

c. materiais em processo de nacionalização: materiais para os quais se estão desenvolvendo fornecedores nacionais.

As Figuras 2.5 e 2.6, respectivamente, resumem e demonstram graficamente a hierarquia das classificações anteriormente analisadas.

\multicolumn{5}{c	}{QUADRO SINÓPTICO DOS TIPOS DE CLASSIFICAÇÃO}
Classificação	Objetivo	Vantagem	Desvantagem	Aplicações
Valor de consumo	Materiais de maior consumo (valor) Método ABC.	Demonstra os materiais de grande investimento no estoque.	Não fornece análise da importância operacional do material.	Fundamental. Deve ser utilizada em conjunto com "importância operacional".
Importância operacional	Importância dos materiais para o funcionamento da empresa.	Demonstra os materiais vitais para a empresa.	Não fornece análise econômica dos estoques.	Fundamental. Deve ser utilizada em conjunto com "valor de consumo".
Perecibilidade	Se o material é perecível ou não.	Identifica os materiais sujeitos à perda por perecimento, facilitando armazenamento e movimentação		Básica. Deve ser utilizada com a classificação de "periculosidade".
Periculosidade	Grau de periculosidade do material.	Determina incompatibilidade com outros materiais, facilitando armazenamento e movimentação.		Básica. Deve ser utilizada com a classificação de "perecibilidade".
Possibilidade de Fazer ou comprar	Se o material deve ser comprado, fabricado internamente ou recondicionado.	Facilita a organização da programação e planejamento de compras.		Complementar para os procedimentos de compra.
Dificuldade de aquisição	Materiais de fácil e de difícil aquisição.	Agiliza a reposição dos estoques.		Complementar para os procedimentos de compra.
Mercado fornecedor	Origem dos materiais (nacional ou importado).	Auxilia a elaboração dos programas de importação.		Complementar para os procedimentos de compra.

Figura 2.5   *Quadro sinóptico dos tipos de classificação.*

CLASSIFICAÇÃO DE MATERIAIS 63

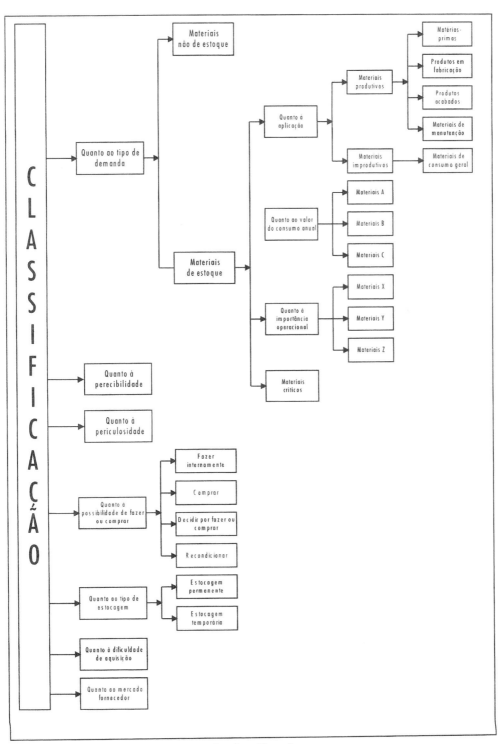

Figura 2.6 *Hierarquia dos tipos de classificação.*

4 METODOLOGIA DE CÁLCULO DA CURVA ABC

Trata-se de método cujo fundamento é aplicável a quaisquer situações em que seja possível estabelecer prioridades, como uma tarefa a cumprir mais importante que outra, uma obrigação mais significativa que outra, de modo que a soma de algumas partes dessas tarefas ou obrigações de importância elevada representa, provavelmente, uma grande parcela das obrigações totais.

Após ordenados pela importância relativa, as classes da curva ABC podem ser definidas assim:

Classe A: grupo de itens mais importante que devem ser tratados com atenção bem especial;

Classe B: grupo de itens em situação intermediária entre as classes A e C;

Classe C: grupo de itens menos importantes que justificam pouca atenção.

Para facilitar o entendimento, apresentamos a síntese histórica do método.

Vilfredo Pareto, economista, sociólogo e engenheiro italiano (1848-1923), em 1897, muito antes do aparecimento das pesquisas econométricas, descobriu, ao estudar a distribuição de renda entre a população do sistema econômico em que vivia, certa regularidade na distribuição da renda nos países capitalistas e também naqueles onde imperavam relações feudais ou de capitalismo nascente, estabelecendo um princípio, segundo o qual o maior segmento da renda nacional concentrava-se em uma pequena parte da mesma renda.

Com base em estatísticas de diferentes países, Pareto anotou uma série de dados sobre o número de pessoas correspondentes a diferentes faixas de renda recebida. A seguir, com os dados obtidos, traçou um gráfico, marcando as diferentes faixas de renda no eixo das abscissas e, no eixo das ordenadas, o número de pessoas que recebiam rendas iguais ou superiores às de cada faixa, observando que 80 a 90 % da população pertencem a duas ou três classes inferiores, do que concluiu que qualquer medida que atingisse duas ou três classes majoritárias estaria englobando o grosso da população. Assim nasceu o diagrama de Pareto.

Nos últimos 30 anos, após os esforços iniciais da General Electric americana, o princípio de Pareto foi sendo adaptado ao universo dos materiais, particularmente ao gerenciamento dos estoques, com a denominação de classificação ou curva ABC, importante instrumento que permite identificar itens que justificam atenção e tratamento adequados em seu gerenciamento. Assim, a classificação ABC poderá ser implementada de várias maneiras, como tempo de reposição, valor de demanda/consumo, inventário, aquisições realizadas e outras, porém a preponderante é a classificação por valor de consumo, da qual se obtêm, em conseqüência, as definições já anteriormente analisadas.

A Figura 2.7 demonstra uma curva ABC típica:

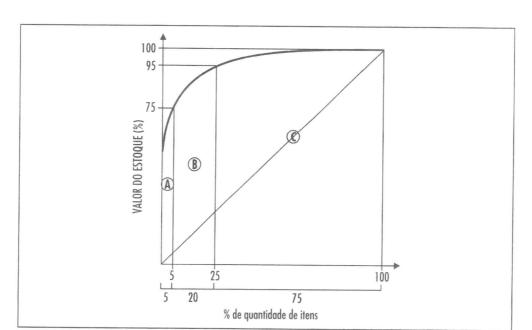

Figura 2.7 Distribuição típica e usual da curva ABC.

A interpretação do gráfico da Figura 2.7 conduz-nos ao resumo abaixo, objeto da Figura 2.8:

CLASSE	% QUANTIDADE DE ITENS	% DE VALOR
A	5	75
B	20	20
C	75	5

Figura 2.8 Interpretação e resumo do gráfico da curva ABC referente à Figura 3.1.

Interpretando-se os resultados obtidos, pode-se afirmar que:

a. a classe A representa o grupo de maior valor de consumo e menor quantidade de itens, que devem ser gerenciados com especial atenção;

b. a classe B representa o grupo de situação intermediária entre as classes A e B;

c. a classe C representa o grupo de menor valor de consumo e maior quantidade de itens, portanto financeiramente menos importantes, que justificam menor atenção no gerenciamento.

4.1 Técnica de montagem da curva ABC

É importante esclarecer que a curva construída com base em quaisquer dados sempre apresenta o caráter típico apresentado na Figura 2.7.

A construção da curva ABC compreende três fases distintas:

a. elaboração de tabela mestra;
b. construção do gráfico;
c. interpretação do gráfico, com identificação plena de percentuais e quantidades de itens envolvidos em cada classe, bem como de sua respectiva faixa de valores.

Para entendermos a mecânica do processo, adotaremos, pedagogicamente, para facilidades de cálculo e de elaboração, o rol de 10 itens de uma hipotética empresa, como está representado na Figura 2.9:

MATERIAL	R$ PREÇO UNITÁRIO	CONSUMO ANUAL – UNIDADES	VALOR DO CONSUMO ANUAL, EM R$
X-01	25,00	200	5.000,00
X-02	16,00	5.000	80.000,00
X-03	50,00	10	500,00
X-04	100,00	100	10.000,00
X-05	0,15	200.000	30.000,00
X-06	0,01	100.000	1.000,00
X-07	8,00	1.000	8.000,00
X-08	2,00	20.000	40.000,00
X-09	70,00	10	700,00
X-10	5,00	60	300,00

Figura 2.9 Relação anual de materiais utilizados pela empresa.

4.1.1 TABELA MESTRA PARA CONSTRUÇÃO DA CURVA ABC

Ao analisarmos a Figura 2.9, observa-se que os materiais estão ordenados por código, o que não interessa, pois pretendemos interpretar o valor deles, motivo pelo qual será necessária sua transformação:

a. ordenar o total do consumo por ordem decrescente de valor;
b. obter o total do consumo acumulado;
c. determinar as percentagens com relação ao valor total do consumo acumulado.

A Figura 2.10 demonstra essa transformação:

MATERIAL	VALOR DO CONSUMO ANUAL, EM R$	VALOR DO CONSUMO ACUMULADO, EM R$	% SOBRE O VALOR TOTAL ACUMULADO
X-02	80.000,00	80.000,00	45,58
X-08	40.000,00	120.000,00	68,37
X-05	30.000,00	150.000,00	85,47
X-04	10.000,00	160.000,00	91,16
X-07	8.000,00	168.000,00	95,72
X-01	5.000,00	173.000,00	98,57
X-06	1.000,00	174.000,00	99,14
X-09	700,00	174.700,00	99,54
X-03	500,00	175.200,00	99,82
X-10	300,00	175.500,00	100,00

Figura 2.10 *Tabela mestra para a construção da Curva ABC.*

4.1.2 CÁLCULO DA PERCENTAGEM SOBRE O VALOR ACUMULADO

A percentagem sobre o valor total do consumo acumulado é obtida por meio da seguinte fórmula:

$$\frac{VCA}{TA} = \frac{X}{100}$$

onde: X = valor % a ser calculado, para cada item;
VCA = valor do consumo acumulado;
TA = valor total do consumo acumulado.

4.1.3 CONSTRUÇÃO DO GRÁFICO

A construção do gráfico obedece às seguintes etapas, com base na tabela mestra, demonstrada na Figura 2.10:

1. ordenadas e abscissas – formação do quadrado;
2. marcação de pontos;
3. traçado da curva;
4. traçado da diagonal do quadrado e da tangente paralela à diagonal no ponto extremo da curva;
5. identificação dos ângulos, traçado das bissetrizes dos ângulos e determinação de pontos na curva;
6. determinação das áreas A, B e C.

Temos, então:

a. **ordenadas e abscissas – formação do quadrado**: é conveniente a utilização de papel milimetrado para facilitar a construção do gráfico; para o eixo das ordenadas, fica reservado o percentual de valores e, para o eixo das abscissas, o percentual de quantidade;

b. **marcação de pontos**: os pontos percentuais obtidos na tabela mestra, objeto da Figura 2.10, devem ser transpostos para o gráfico no eixo das ordenadas (percentual de valor acumulado);

c. **traçado da curva**: os pontos marcados devem ser unidos por meio do auxílio de uma curva francesa, delineando-se, assim, o perfil da curva ABC;

d. **traçado da diagonal do quadrado e da tangente paralela à diagonal no ponto extremo da curva**: traça-se a diagonal do quadrado abaixo da curva e uma tangente, paralela à diagonal e que toque no ponto mais extremo da curva;

e. **identificação de ângulos, traçado de bissetrizes e determinação de pontos na curva**: o eixo das ordenadas e a tangente formam um ângulo, enquanto o lado superior do quadrado e a tangente formam outro ângulo; identificados, traçam-se as bissetrizes desses ângulos, para que, então, sejam marcados os pontos obtidos pelo encontro de cada bissetriz com a curva;

f. **determinação das áreas A, B e C**: os pontos obtidos pelo encontro das bissetrizes dos ângulos com a curva determinam e delimitam as áreas A, B e C, conforme demonstra a Figura 2.11, obtida pelo exemplo em pauta.

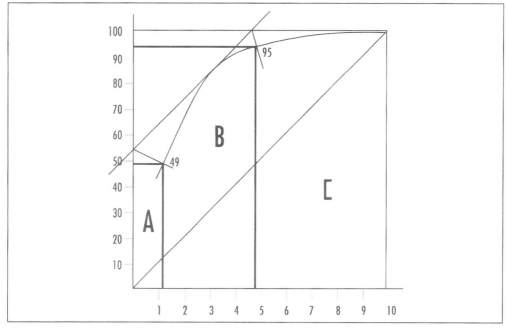

Figura 2.11 *Determinação das áreas A, B e C.*

4.1.4 RESUMO DE PERCENTUAIS

Os percentuais de quantidade são obtidos pela leitura do eixo das abscissas, enquanto os percentuais de valor são obtidos pela leitura do eixo das ordenadas, respectivamente para cada classe A, B e C, conforme a Figura 2.12:

CLASSE	% QUANTIDADE DE ITENS	% DE VALOR
A	11	49
B	38	46
C	51	5

Figura 2.12 *Resumo de percentuais.*

4.1.5 FAIXA DE VALORES

As faixas de valores de cada classe são obtidas pelas seguintes etapas:

a. da leitura no gráfico dos valores percentuais correspondentes às classes A e C, no caso 49 e 95%, respectivamente;

b. da identificação, na tabela mestra, Figura 2.10, dos valores de consumo anual respectivos aos percentuais das classes A e C.

Nota: Em virtude da demonstração referente à técnica de montagem da curva ABC ter sido elaborada, conforme já afirmado, por motivos pedagógicos, com o rol de 10 itens, não será possível identificar na tabela mestra o valor real correspondente a cada classe, motivo pelo qual, no caso em apreço, o valor de R$ 70.000,00, que corresponde à classe A, 49%, foi obtido pela leitura de um valor de consumo anual qualquer correspondente aos percentuais de 45,58 e 68,37%, portanto situados imediatamente nos extremos dos 49% mencionados.

A Figura 2.13 demonstra os resultados obtidos:

A ≥ R$ 70.000,00
R$ 8.000,00 < B < R$ 70.000,00
C ≤ R$ 8.000,00

Figura 2.13   *Faixa de valores.*

4.1.6 INTERPRETAÇÃO

Interpretando-se os resultados obtidos, pode-se reafirmar, como visto anteriormente, que:

a. a **classe A** representa o grupo de maior valor de consumo e menor quantidade de itens, os quais devem ser gerenciados com especial atenção, pois deles é a grande massa de imobilização de capital empatado na formação de estoques da empresa, confirmando-se, o *quod erat demonstratum*, o diagrama de Pareto, objeto de nossa síntese histórica anterior;

b. a **classe B** representa o grupo de situação intermediária entre as **classes A e B**;

c. a **classe C** representa o grupo de menor valor de consumo e maior quantidade de itens; portanto, menos importantes, que justificam menor atenção no gerenciamento.

A curva ABC tem sido usada, entre outros casos, no gerenciamento de estoques, para a definição da política de vendas e no estabelecimento de prioridades para a programação da produção.

5 QUESTÕES E EXERCÍCIOS

1. Imaginemos uma empresa que fabrique e recondicione motores elétricos para utilização residencial, comercial e industrial, a qual, para o exercício de suas atividades, conta com uma frota de veículos e, normalmente, mantém em seu estoque os seguintes produtos:

   a. artigos de escritório;

   b. materiais de limpeza;

   c. óleos automotivos;

   d. sobressalentes para veículos;

   e. componentes elétricos diversos utilizados em motores;

   f. matéria-prima (como a carcaça, por exemplo) para fabricação de motores.

   Considerando que a classificação é primordial para o gerenciamento dos estoques, pois seleciona os itens de maior relevância na empresa, classificar os agrupamentos de materiais anteriormente relacionados, em conformidade com sua imaginação e entendimento, no tocante a:

   a. valor de consumo (ABC);

   b. importância operacional (XYZ);

   c. perecibilidade;

   d. periculosidade;

   e. dificuldade de aquisição;

   f. mercado fornecedor.

   Justificar resumidamente a classificação adotada.

2. Determinar os percentuais de quantidade e de valor, por meio do método da curva ABC, de determinada empresa que apresentou os resultados a seguir:

RELAÇÃO ANUAL DE MATERIAIS UTILIZADOS PELA EMPRESA			
MATERIAL	PREÇO UNITÁRIO, EM R$	CONSUMO ANUAL – UNIDADES	VALOR DO CONSUMO ANUAL, EM R$
K-01	30,00	250	7.500,00
K-02	21,00	7500	157.500,00
K-03	55,00	15	825,00
K-04	105,00	190	19.950,00
K-05	0,65	175000	113.750,00
K-06	0,15	108000	16.200,00
K-07	13,00	3000	39.000,00
K-08	7,00	28000	196.000,00
K-09	75,00	15	1.125,00
K-10	10,00	75	750,00

3. Sabendo-se que o método ABC proporciona classificação por valor de consumo e considerando a análise dos materiais de determinada empresa por meio do tal método, qual deve ser a periodicidade de reposição do estoque? Esclarecer e detalhar seu entendimento a esse respeito.

3
ESPECIFICAÇÃO

VOCÊ VERÁ NESTE CAPÍTULO:

- A importância da especificação
- Como formar uma especificação
- Tipos padronizados de especificação
- Padronização de materiais
- Normalização de materiais
- Importância da análise de valor

1 CONSIDERAÇÕES INICIAIS

A especificação adquire preponderância, visto que dela depende o ressuprimento necessário às atividades da empresa. Detalhada e completa, evita a compra de materiais em desacordo com as necessidades e, por outro lado, os compradores não necessitam distribuir "amostras" para cotação. Como subproduto, temos a catalogação dos materiais utilizados pela empresa e a possibilidade de se efetuar padronização.

O sucesso do processo depende necessariamente das seguintes condições básicas:

a. existência de catalogação de nomes, que deve ser padronizada;
b. estabelecimento de padrões de descrição;
c. existência de programa de normalização de materiais.

1.1 Definição

Talvez a mais sintética definição de especificação seja "descrição das características de um material, com a finalidade de identificá-lo e distingui-lo de seus similares". No entanto, pode-se adotar definições mais complexas:

a. "é a representação sucinta de um conjunto de requisitos a serem satisfeitos por um produto, um material ou um processo, indicando-se, sempre que for apropriado, o procedimento por meio do qual se possa determinar se os requisitos estabelecidos são atendidos";

Ou:

b. "é a definição dos requisitos globais, tanto gerais como mínimos, que devem obedecer aos materiais, tendo em vista a qualidade e a segurança deles";

Ou, ainda em conformidade com a Resolução nº 03/76, do Conselho Nacional de Metrologia, Normalização e Qualidade Industrial – Conmetro –, usando das atribuições que lhe confere a Lei nº 5.966, de 11-12-1973:

c. "é o tipo de norma que se destina a fixar condições exigíveis para aceitação e/ou recebimento de matérias-primas, produtos semi-acabados, produtos acabados etc".

2 OBJETIVO

A especificação propicia, entre outras, facilidades às tarefas de coleta de preços, negociação empreendida pelo comprador com o fornecedor, cuidados no transporte, identificação, inspeção, armazenagem e preservação dos materiais, apresentando um conjunto de condições destinadas a fixar os requisitos e características exigíveis na fabricação e no fornecimento de materiais.

Entre as inúmeras vantagens, destacamos: a eliminação de dúvidas que porventura se apresentem na identificação de um material, jamais podendo ser confundidas com um ou mais similares.

3 CRITÉRIOS SOBRE A DESCRIÇÃO

A descrição deve ser concisa, completa e permitir a individualização; deve-se abolir a utilização de vocábulos referentes a marcas comerciais, gírias e regionalismos, que inadequadamente consagram a nomenclatura dos materiais.

Para tanto, os requisitos para a montagem da especificação devem ser: descrição sumária e objetiva, termos técnicos adequados e usuais e critério de qualidade para determinado uso.

A descrição padronizada de um material obedece a determinados critérios racionais, entre os quais merecem destaque:

a. a denominação deverá, em princípio, ser sempre no singular;
b. a denominação deverá prender-se ao material especificamente e não a sua forma ou embalagem, apresentação ou uso;

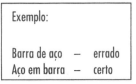

c. utilizar, sempre que possível, denominações únicas para materiais da mesma natureza;
d. utilizar abreviaturas devidamente padronizadas, conforme disposto no item 9 adiante e relacionadas no Apêndice C.

4 ESTRUTURA E FORMAÇÃO DA ESPECIFICAÇÃO

Monta-se a especificação por meio da seguinte estrutura:

a. Nome básico: trata-se do primeiro termo da especificação.

b. Nome modificador: trata-se do termo complementar.

> Exemplos:
>
> a. lâmpada incandescente;
> b. lâmpada fluorescente;
> c. sabão em pó;
> d. sabão líquido.

c. Características físicas: trata-se de informações detalhadas referentes às propriedades físicas e químicas dos materiais, tais como densidade, peso específico, granulometria, viscosidade, dureza, resistência e outros, devendo-se ainda apontar tolerâncias das propriedades indicadas, métodos de análise dessas propriedades, padrões ou normas a serem observadas (ABNT, DIN, ANSI, SAE etc.) que podem ser obtidas nos manuais e desenhos construtivos dos equipamentos e em catálogos técnicos de fabricantes.

Independentemente dos componentes que formam a regra retrodefinida para sua formação, a especificação deve conter, conforme o caso, alguns elementos auxiliares com informações destinadas a complementá-la, para evitar ou reduzir os denominados "esclarecimentos técnicos", que são responsáveis pela perda ocasional de tempo durante o processo de ressuprimento. Numa maior amplitude, a especificação está associada ao perfeito conhecimento de normalização e padronização.

Os elementos auxiliares referidos são:

d. Unidade metrológica: a boa especificação deve conter em seu bojo as informações referentes à unidade de fornecimento do material, a unidade de controle adotada pela empresa, bem como o fator de conversão da unidade de fornecimento para a unidade de controle, caso essas sejam diferentes.

e. Medidas: se for o caso, devem ser fornecidos desenhos dimensionais e tolerâncias limites de qualidade nos quais o material pode ser fabricado e aceito pelo consumidor, bem como outras medidas, como capacidade, potência (HP), freqüência (HZ), corrente (A), tensão (V) etc.

f. Características de fabricação: indicar os processos de fabricação, detalhes de construção ou execução, acabamento do material etc.

g. Características de operação: garantias exigidas, testes a serem executados durante o processo de produção e testes de aceitação.

h. Cuidados com relação ao manuseio e armazenagem: devem ser fornecidos todos os detalhes sobre manuseio, transporte e precauções com relação à preservação e armazenagem dos materiais.

i. Embalagem: deve levar em conta a finalidade do material, como meios de transporte, manuseio e armazenagem, visando a sua integridade e evitando perdas até o consumo final.

Os tipos de embalagem mais comuns são:

i1. **caixas de papelão ondulado**: características: baixo custo, leve, violação facilmente percebida etc.;

i2. **tambores metálicos**: características: fácil manipulação e armazenagem, resistência, proteção absoluta, capacidade para reutilização etc.;

i3. **fardos**: características: utilizados para grandes volumes, quando o custo final se torna proibitivo para outros tipos de embalagem;

i4. **recipientes plásticos**: características: utilizados para líquidos e pós, inquebráveis, resistentes à corrosão, mais leves que os tambores, podem ser reutilizáveis etc.;

i5. **caixas de madeira**: características: resistentes, baixo custo, boa proteção etc.

5 TIPOS PADRONIZADOS DE ESPECIFICAÇÃO

Por oportuno, é necessário estabelecer uma lógica para dispor as informações técnicas, a fim de garantir a homogeneidade da descrição e, principalmente, que os materiais de um mesmo grupo contenham as mesmas informações na mesma seqüência. Daí, surgem os tipos, que irão nortear a padronização da especificação. Temos, então:

a. conforme amostra: utilizada quando há dificuldades em detalhar convenientemente as características do material. Deve ser evitada ao extremo. Exemplo: formulários, como notas fiscais, faturas, duplicatas etc.;

b. por padrão e características físicas: utilizada quando se trata de materiais que possuam normas técnicas ou quando há condições de fornecer todos os dados conhecidos de um material. Exemplo: parafuso métrico, cabeça sextavada, em aço classe de resistência 5.6 (ABNT-EB-168), cadmiado, diâmetro 6,00 mm, passo 1,00 mm, comprimento 16 mm, corpo todo roscado, acabamento grosso, conforme norma ABNT PB-40;

c. por composição química: utilizada quando há exigências de teor predeterminado para os componentes químicos do material. Exemplo: sulfato, amônia, para análise, solução 10% H2S;

d. por marca de fábrica: utilizada quando se deseja garantir a qualidade do material, aceitando-se a marca como padrão. Pode ser aceito, ou não, equivalente. Exemplo: rolamento SKF 3210, ou equivalente;

e. conforme desenho: utilizada quando a forma e as características do material são complexas, não havendo possibilidade de especificação por nenhum dos tipos descritos. No desenho, estão contidas todas as dimensões e características, inclusive o tipo de matéria-prima para fabricação. Exemplo: engrenagem conforme desenho nº ... (mencionar número e empresa projetista da peça ou equipamento). A Figura 3.1 ilustra um desenho utilizado nesse tipo de especificação.

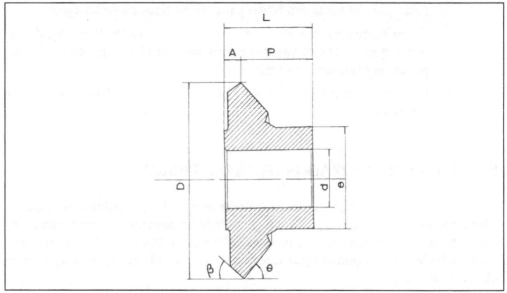

Figura 3.1   *Exemplo de desenho utilizado para especificação.*

6   NORMALIZAÇÃO

O homem, desde as formas mais primitivas de vida grupal, sentiu a necessidade de estabelecer normas, princípios, regras definidoras das relações dos membros do grupo. Desde então, nos mais diferentes ramos de suas atividades cotidianas, o homem fica sempre condicionado às regras que estabelece, aos padrões que cria.

Portanto, a norma é fruto de consenso, de acordo firmado entre partes. A empresa não foge a essa regra, carece de normas, desde as de cunho absolutamente administrativo até as normas técnicas.

A inserção de conceitos de normalização neste Capítulo é plenamente justificada, em virtude da estreita correlação de conhecimentos técnicos para utilização no desenvolvimento da especificação.

6.1 Vantagens da normalização

Em termos de empresa, destacam-se, entre outras, as seguintes vantagens: simplificação, intercambialidade, comunicação, adoção racional de símbolos e códigos, economia geral, segurança, defesa do consumidor etc.

Convém destacar também as vantagens técnicas oriundas de procedimentos de normalização:

a. menor tempo utilizado no planejamento;

b. maior segurança e menor possibilidade de diferenciações pelo uso de produtos normalizados;

c. menor possibilidade de falhas técnicas na seleção;

d. economia de tempo para o processo técnico de produção;

e. simplificação das decisões pelos responsáveis;

f. simplificação nos entendimentos entre projetistas, montadores e engenheiros de produção;

g. menor tempo de preparação do pessoal técnico;

h. simplificação dos métodos de montagem em conformidade com as normas;

i. limitação de correções no decorrer da produção;

j. asseguramento da intercambialidade e reutilização de peças, desenhos, embalagens e gabaritos de verificação, processos e produtos melhorados;

k. eliminação de preconceitos que possam surgir pela programação mal elaborada;

l. possibilidade de cálculos mais econômicos;

m. etc.

6.2 Definição

A normalização tem recebido várias definições, cada uma de acordo com sua origem, algumas mais filosóficas ou econômicas e outras puramente técnicas.

A Associação Brasileira de Normas Técnicas (ABNT), na NB-0, definiu norma como:

> "É a classe de norma técnica que constitui um conjunto metódico e preciso de preceitos destinados a estabelecer regras para execução de cál-

culos, projetos, fabricação, obras, serviços ou instalações, prescrever condições mínimas de segurança na execução ou utilização de obras, máquinas ou instalações, recomendar regras para elaboração de outras normas e demais documentos normativos."

Pela Resolução nº 03/76 e amparado pela Lei nº 5.966, de 11-12-1973, o Conselho Nacional de Metrologia, Normalização e Qualidade Industrial – Conmetro – define Norma Brasileira:

"É o documento elaborado segundo procedimentos e conceitos emanados do sistema nacional de Metrologia, Normalização e Qualidade Industrial, conforme a Lei nº 5.966, de 11-12-1973, e demais documentos legais dela decorrentes. De acordo com a sua classificação, as normas brasileiras são resultantes de um processo de consenso nos diferentes Fóruns do sistema, cujo universo abrange o Governo, o setor produtivo, o comércio e os consumidores. As normas brasileiras em suas prescrições visam a obter:

a. defesa dos interesses nacionais;

b. racionalização na fabricação ou produção e na troca de bens e serviços, por meio de operações sistemáticas e repetitivas;

c. proteção dos interesses dos consumidores;

d. segurança de pessoas e bens;

e. uniformidade dos meios de expressão e comunicação."

As normas diferem quanto à forma e ao tipo, dependendo dos aspectos particulares de um assunto a ser abordado. Os tipos de norma são:

a. procedimento ou norma propriamente dita;

b. especificação;

c. padronização;

d. método de ensaio;

e. terminologia;

f. simbologia;

g. classificação.

Os níveis de elaboração ou aplicação das normas podem ser:

a. nível individual;

b. nível de empresa;

c. nível de associação;

d. nível nacional;
e. nível regional;
f. nível internacional.

A normalização envolve os seguintes princípios:

a. a normalização é essencialmente um ato de simplificação;
b. a normalização é uma atividade social, bem como econômica, e sua promoção deve ser fruto de cooperação mútua de todos os interessados;
c. a simples publicação de uma norma tem pouco valor, a menos que ela possa ser aplicada; logo, a aplicação pode acarretar sacrifícios de poucos para o benefício de muitos.

6.3 Normalização no Brasil

Uma característica marcante nos países tecnologicamente desenvolvidos é a existência de significativo número de normas. Como não poderia deixar de ser, há carência de normas no Brasil, não obstante os instrumentos legais e disponibilidade de recursos para tanto, fato este refletido em inúmeras citações técnicas que contêm normas internacionais.

A normalização é um instrumento eficiente na produção de rentabilidade e competitividade para mercados estrangeiros, na eliminação do desperdício, por garantia de qualidade e no estímulo à produtividade, permitindo o desenvolvimento de tecnologia específica, mesmo com a absorção de *know-how* internacional.

No Brasil, até 1973, a entidade responsável pela normalização era a ABNT, órgão de sociedade civil criado em 1940, sem finalidade lucrativa e reconhecida pelo Governo Federal como de utilidade pública, com estrutura interna semelhante à de outros organismos congêneres internacionais.

Pela Lei nº 5966, de 11-12-1973, foi instituído o Sistema Nacional de Metrologia, Normalização e Qualidade Industrial – Sinmetro – e seu órgão normativo, o Conselho Nacional de Metrologia, Normalização e Qualidade Industrial – Conmetro –, com a finalidade de formular e executar a política nacional de metrologia, normalização industrial e certificação de qualidade dos produtos industriais. Também, por meio da mesma lei, foi criado o Instituto Nacional de Metrologia, Normalização e Qualidade Industrial – Inmetro –, como órgão executante do sistema instituído.

Atualmente, a ABNT faz parte do Conmetro como membro representante de entidade nacional de caráter privado ligado ao sistema de normalização.

Em decorrência do sistema, as normas brasileiras foram classificadas em quatro classes:

a. **NBR 1**: normas compulsórias, de uso obrigatório em todo o território nacional;

b. **NBR 2**: normas referendadas, de uso obrigatório para o Poder Público e serviços públicos concedidos;

c. **NBR 3**: normas registradas, normas voluntárias que venham a merecer registro no Inmetro;

d. **NBR 4**: normas probatórias, em fase experimental com vigência limitada e registradas no Inmetro.

6.4 Normalização internacional

Há duas organizações de caráter internacional dedicadas exclusivamente a atividades de normalização:

a. ISO – Organização Internacional para Normalização;

b. IEC – Comissão Internacional Eletrotécnica.

A ISO trata de todas as atividades de normalização, excetuadas as do campo da eletrônica e da eletrotécnica, que são desenvolvidas pela IEC.

Independentemente dos organismos citados, existem acordos internacionais restritos a determinadas regiões, dos quais merecem destaque:

a. CEN – Comitê Europeu de Normalização;

b. Asac – Comitê Asiático Assessor de Normas;

c. Asmo – Organização Árabe para Normalização e Metrologia;

d. Copant – Comissão Pan-americana de Normas Técnicas.

Não obstante a ampla aplicação no âmbito da Administração de Materiais, empregam-se normas no desenvolvimento das especificações de compra, daí o destaque, visando ao conhecimento, implicações e importância do assunto.

7 PADRONIZAÇÃO

7.1 Definição

A especificação sempre nos conduz ao termo *padronização*, que pode ser definido de várias maneiras, como:

  a. análise de materiais a fim de permitir seu intercâmbio, possibilitando, assim, redução de variedades e conseqüente economia;

ou:

  b. uma forma de normalização que consiste na redução do número de tipos de produtos ou componentes, dentro de uma faixa definida, ao número que seja adequado para o atendimento das necessidades em vigor em uma ocasião;

ou, ainda, em conformidade com a ABNT, na NB-0:

  c. "É a classe de norma técnica que constitui um conjunto metódico e preciso de condições a serem satisfeitas, com o objetivo de uniformizar formatos, dimensões, pesos ou outras de elementos de construção, materiais, aparelhos, objetos, produtos industriais acabados, ou, ainda, de desenhos e projetos."

Logo, na área de materiais, pode-se entender padronização como sinônimo de simplificação.

7.2 Objetivos da padronização

São os seguintes os objetivos da padronização:

  a. diminuir o número de itens no estoque: a padronização objetiva evitar a variedade de materiais de mesma classe, utilizados para o mesmo fim, diminuindo o número de itens em estoque, com reflexos técnicos e econômicos para a empresa;

  b. simplificação dos materiais: consiste na escolha, entre as variedades existentes, de um material qualquer, de um ou vários tipos julgados satisfatórios, de modo que esse número reduzido de variedades satisfaça às necessidades da empresa. Assim é conseguida a eliminação dos tipos ineficientes, o que torna a padronização um fator decisivo contra o desperdício;

c. permitir a compra em grandes lotes: a padronização influi na eficiência das compras, contribuindo para a redução do número de itens e permitindo a aquisição de quantidades maiores do item padronizado e possibilitando a obtenção de melhores preços;

d. diminuir o trabalho de compras: a padronização conduz à redução do número de concorrências, propiciando aos envolvidos nos procedimentos a concentração sobre menor quantidade de itens e, conseqüentemente, especialização e melhor nível de serviço;

e. Diminuir os custos de estocagem: o programa de padronização que reduz o número de variedades permite (a) simplificar a armazenagem, diminuindo seus encargos e controle de materiais; (b) facilitar o arranjo físico do almoxarifado, reduzindo o espaço necessário para o armazenamento; (c) facilitar a centralização dos estoques; (d) reduzir o capital empatado na formação dos estoques; e (e) diminuir os trabalhos de inventário;

f. reduzir a quantidade de itens estocados: reduzindo-se a variedade de itens em compra, a padronização permite a diminuição da quantidade de itens a serem armazenados;

g. adquirir materiais com maior rapidez: com a diminuição do número de itens a serem adquiridos, reduz-se a quantidade de processos de compra, possibilitando maior rapidez às aquisições;

h. evitar a diversificação de materiais de mesma aplicação: a padronização evita a diversificação dos materiais e possibilita sua aplicação padronizada em locais onde anteriormente se utilizavam materiais diversos;

i. obter maior qualidade e uniformidade: a padronização permite adotar material de boa qualidade que substitui outros de qualidade diferente e que atendem a todas as necessidades da empresa, uniformizando o manuseio e a armazenagem.

7.3 Vantagens da padronização

Consoante síntese dos objetivos apresentados, a utilização de materiais padronizados pela empresa propicia, entre outras, as seguintes vantagens:

a. reduzir o risco de falta de materiais no estoque: reduzindo variedades, gerenciam-se menores quantidades de itens com maiores quantidades, o que diminui o valor do imobilizado em estoque e os perigos de obsolescência;

b. permitir compra em grandes lotes: ampliando o poder de compra pela aquisição de maiores quantidades de menos itens, a padronização reduz o número de concorrências, as compras mais eficientes e possibilita, inclusive, a obtenção de preços mais convenientes;

c. reduzir a quantidade de itens no estoque: reduzindo as variedades, consegue-se diminuir o custo de armazenamento, simplificar os meios de estocagem, melhorando o *layout* e diminuindo o espaço físico.

7.4 A experiência da Cosipa na padronização de materiais

7.4.1 PARAFUSOS

A Figura 3.2 reflete fielmente a necessidade de padronização.

DESCRIÇÃO	QUANTIDADE
1. Quantidade instalada de parafusos	65.082 itens
2. Parafusos no sistema métrico	54.789 itens
a) Parafusos com rosca grossa	99,0%
3. Parafusos no sistema inglês (polegada)	10.123 itens
a. Parafusos com rosca UNC	96,5%
b. Parafusos com rosca BSW	2,8%
c. Parafusos com rosca UNF	0,7%
4. Parafusos em aço SAE 1030, 1035, 1040 e 1045	1.793 itens
5. Parafusos em aço liga SAE 4140, ASTM-A-193 e 325	3.250 itens
6. Parafusos em aço inoxidável	217 itens
7. Parafusos em aço SAE 1020 (o restante)	59.822 itens
8. Consumo anual	170.000 peças
a. Consumo de parafusos de rosca métrica	87.000 peças
b. Consumo de parafusos de rosca UNC	83.000 peças
9. Universo de parafusos passantes	78,0 %

Figura 3.2 *Situação de parafusos utilizados na Cosipa.*

Independentemente de padronização de medidas, a situação apresentada gerou:

1. simplificação para apenas dois materiais:

a. para parafusos de uso geral, em aço SAE 1020, equivalente a JIS SS41, JIS 4T, DIN St 38, DIN 4 D, ASTM-A-307 e UNI Aq 42;

b. parafusos de alta resistência, em aço SAE 1040/1045, temperado e revenido, que, assim tratado, substitui os seguintes aços: JIS SCM 3, JIS SCM 4, ASTM-A-325, SAE 4140 e DIN 8G.

2. como 78% são passantes e, também, porque existe folga entre o furo e o diâmetro, adotou-se a padronização para parafusos métricos e de rosca grossa. Exemplo: parafusos passantes de diâmetros 3/8" e 1/2" foram substituídos para diâmetros de 10 e 12 mm, respectivamente.

7.4.2 RESULTADOS OBTIDOS

A Figura 3.3 reflete os resultados significativos obtidos com o programa de redução de variedades implementado pelo Grupo de Normalização da Cosipa, em 1978.

MATERIAL	ITENS EXISTENTES ANTES	ITENS EXISTENTES APÓS	% DE REDUÇÃO
Elementos de fixação (parafuso, porcas, arruelas)	2.350	624	73,4
Material hidráulico (válvulas, tubos, mangueiras)	4.702	904	80,8
Material para solda (eletrodos, varetas, arames)	165	56	66,1
Material de vedação (anéis, retentores, gaxetas)	4.014	697	86,2
Construção mecânica (barras, chapas etc.)	484	195	59,7
Usinagem (*bits*, pastilhas, insertos, brocas)	316	190	55,7
Rolamentos	2.276	894	60,7
Correias transportadoras	57	28	50,9
Rodas de pontes rolantes	144	22	84,7
Lâmpadas	342	189	44,7
Motores elétricos trifásicos	560	103	81,6
Fusíveis	519	249	52,0
Isolantes elétricos	1.024	106	89,6
Disjuntores de baixa tensão	357	77	78,4
Contatores (CA e CC)	398	143	64,0
Cabos e fios elétricos	242	64	73,5
Terminais para condutores de cobre	228	48	79,0
Eletrodutos e acessórios	290	19	93,4
RESULTADOS TOTAIS ATÉ JULHO/1986	18.468	4.608	75,0

Figura 3.3 *Resultados gerais obtidos pela Cosipa com padronização.*

Por meio dos resultados apresentados, observa-se que os estudos de padronização deveriam ser estimulados nas empresas, pois seus resultados compensam e comprovam as inúmeras vantagens advindas.

8 ANÁLISE DE VALOR

A Análise de Valor é um recurso sistemático para conseguir redução de custos, mediante a utilização de certas técnicas básicas e de um trabalho planejado para desenvolver novos meios de obtenção da mesma função por menores gastos; esses conceitos são plenamente identificados com a Administração de Materiais, mediante especificações de compra, que, por motivos econômicos, devem, continuamente, ser submetidas às técnicas explicitadas.

A atividade consiste na análise preliminar da especificação e/ou desenho do material que se deseja comprar, utilizando o conhecimento da tecnologia de fabricação e providenciando, quando procedente, a alteração da especificação ou revisão do projeto, com o objetivo de obter maior desempenho do material, menor custo de fabricação ou preço final da compra, adequação ao mercado fornecedor ou, ainda, nacionalização.

8.1 Metodologia de Análise de Valor

Para a estruturação do plano de trabalho de desenvolvimento da Análise de Valor, recorre-se a uma lista de indagações, como demonstrado a seguir.

8.1.1 DE ORDEM GERAL

a. pode o projeto ser alterado ou eliminado em parte?

b. pode o projeto ser vantajoso?

c. pode ser usada peça padronizada?

d. será uma peça padronizada alterada mais econômica?

e. é justificável um melhoramento na aparência da peça?

f. existe uma peça menos custosa que satisfaça à mesma função?

g. pode o projeto ser alterado para simplificar a peça?

h. projeto permite o uso de equipamento normal de inspeção?

i. pode uma peça projetada para outro equipamento ser usada?

j. pode ser utilizado um material mais barato?

k. pode ser reduzido o número de materiais diferentes?

l. existem materiais recém-desenvolvidos que podem ser usados?

8.1.2 QUE DIZEM RESPEITO À MANUFATURA

a. são necessárias todas as superfícies usinadas?
b. um acabamento mais grosseiro satisfaz?
c. projeto permite o uso de ferramentas padronizadas?
d. são as tolerâncias tão largas quanto possível?
e. pode ser usado outro material mais usinável?
f. pode um prendedor substituir rosqueamento usinado?
g. pode uma porca soldada substituir furos rosqueados por usinagem?

8.1.3 QUANTO À MONTAGEM

a. podem ser combinadas duas ou mais partes numa única?
b. as partes podem ser feitas de forma simétrica?
c. existe um prendedor novo que pode acelerar a montagem?
d. existe suficiente quantidade de peças padronizadas?
e. são usados componentes de estoque?
f. podem ser usados pinos retificados com o fito de eliminar alargadores?

8.1.4 QUANTO À ESPECIFICAÇÃO E NORMAS

a. existe peça normalizada que possa substituir itens manufaturados?
b. são necessárias todas as roscas?
c. pode ser feita alteração em especificações, visando à redução de custos?
d. podem ser usados dispositivos normalizados de atuação, como cilindros?
e. todas as roscas são normalizadas?
f. podem ser usadas ferramentas normalizadas de corte?
g. podem ser usados calibradores normalizados?
h. existe material disponível com tolerância e acabamento tal que elimina usinagem?

8.1.5 QUANTO À POSSIBILIDADE DE FAZER OU COMPRAR

Se o produto é básico para a empresa e o equipamento já é disponível, a decisão passa a ser apenas econômica. A decisão pode complicar no caso de o produto não ser básico e haver capacidade marginal disponível.

Os fatores importantes a serem considerados são:

a. existência de fornecedores confiáveis;
b. a permanente necessidade do serviço;
c. razões estratégicas;
d. *know-how* envolvido e seu segredo;
e. preço de custo;
f. facilidades;
g. flexibilidade;
h. investimentos necessários;
i. pontos de paridade que indicam quantidades mínimas para a decisão de "fazer";
j. lotes econômicos;
k. avanço tecnológico no setor e obsolescência técnica.

8.2 Vantagens da Análise de Valor

Para a implementação da Análise de Valor, é necessária uma infra-estrutura para garantir o sucesso da empreitada. As vantagens advindas dividem-se em benefícios não quantificáveis e benefícios quantificáveis.

8.2.1 BENEFÍCIOS NÃO QUANTIFICÁVEIS

Pode-se relacionar, entre outros, como benefícios não quantificáveis: engenharia de produtos, engenharia industrial, engenharia de ferramentas, manufatura, programação, compras, assistência técnica e controle de qualidade.

8.2.2 BENEFÍCIOS QUANTIFICÁVEIS

Pode-se relacionar, entre outros, os seguintes benefícios quantificáveis:

a. quanto ao material;
b. quanto ao processo;
c. peças normalizadas para itens especiais;
d. número de componentes;

e. peso;
f. custo de documentação;
g. ferramental;
h. tempo total entre emissão da compra e entrega do material;
i. economia final.

8.3 A experiência da CSN na aplicação de Análise de Valor

Muitas são as oportunidades de aplicação da Análise de Valor. Por motivos didáticos, porém, apresentaremos um caso que envolve a compra de um material, conforme desenho, para a Companhia Siderúrgica Nacional (CSN), em 1983.

Trata-se da aquisição de seis eixos para o conjunto de translação de ponte rolante (eixo principal), montados, conforme demonstra a Figura 3.4, em uma ponte rolante de 31.394 mm de vão. Cada eixo do conjunto é suportado por uma ou duas caixas de mancal SKF-SN-520, ou seja, por mancais ajustados no eixo por bucha de fixação SKF-HE-220 e interligados, que compõem o conjunto por acoplamentos. A Figura 3.5 demonstra o desenho construtivo original.

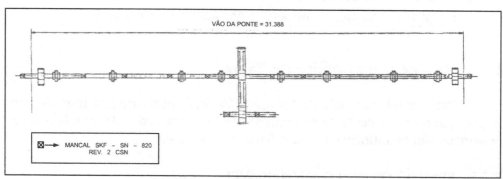

Figura 3.4   *Desenho representativo do eixo principal do conjunto de translação de ponte rolante da CSN.*

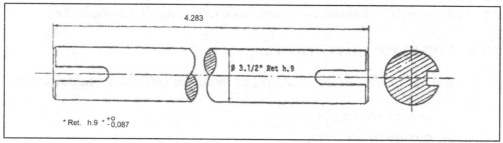

Figura 3.5   *Desenho construtivo original referente ao eixo da Figura 4.4 (antes da Análise de Valor).*

Questionou-se a tolerância (ret. h.9), que condiciona a confecção do eixo por usinagem de barra de aço com diâmetro de 3.3/4" em toda sua extensão, o que demandaria no mínimo 55 h/m (homem-hora/máquina).

Aplicando a metodologia de Análise de Valor, indagou-se:

a. Qual a função básica da tolerância em todo o comprimento do eixo?
   Resposta: função desnecessária.
b. Qual a função básica da tolerância no eixo?
   Resposta: ajuste dos acoplamentos.

Com base nesses fatos, foi perfeitamente possível a alteração do projeto do eixo e especificação da matéria-prima para sua obtenção, que passa a ser aço trefilado em barra de 3.1/2" de diâmetro, exigindo apenas pequena usinagem nas extremidades, em virtude da variação dimensional permissível nos aços trefilados, nos diâmetros de 80 a 120 mm, que admite a variação de mais zero a menos 0,022 mm, conforme demonstra a Figura 3.6.

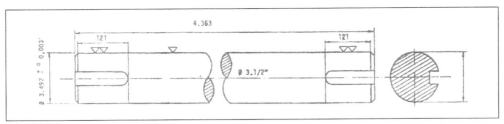

Figura 3.6 *Desenho construtivo referente ao eixo da Figura 4.4 modificado em relação à Análise de Valor.*

Essa alteração sugerida proporcionou redução a preços da época da ordem de US$ 4.970,00 por unidade ou US$ 29.820,00 por conjunto, conforme demonstra a Figura 3.7.

Descrição	Preço – US$		
	Antes da Análise de Valor	Após a Análise de Valor	Economia obtida
Preço da confecção	5.800,00	850,00	4.950,00
Preço unitário	6.750,00	1.780,00	4.970,00
Preço total	40.500,00	10.680,00	29.820,00
Nota: O preço da confecção refere-se a operações de usinagem, serrar, tornear e abrir rasgos, e envolve 55 h anteriormente e 8 h após a Análise de Valor.			

Figura 3.7 *Síntese das vantagens obtidas pela Análise de Valor.*

9 ABREVIATURA DE TERMOS TÉCNICOS UTILIZADOS EM ESPECIFICAÇÃO

A abreviatura das unidades geométricas e mecânicas, das unidades elétricas e magnéticas, das unidades térmicas, das unidades ópticas, das unidades de radioatividade e de outras unidades aceitas para uso deve seguir o padrão adotado pelo Decreto nº 63.233, de 12-9-1968, modificado pelo Decreto nº 81.621, de 3-5-1978, os quais aprovam e regulamentam no Brasil o Sistema Internacional de Unidades, que é baseado nas seis unidades fundamentais: comprimento (metro), massa (kg), tempo (segundo), intensidade de corrente elétrica (ampère), temperatura (kelvin) e intensidade luminosa (candela).

Independentemente das unidades convencionais regulamentadas para uso no país, adotam-se abreviaturas de termos técnicos para facilidade de comunicação e também para permitir o entendimento e o trabalho de especificar.

10 QUESTÕES E EXERCÍCIOS

1. Qual a importância da normalização para a especificação de materiais?
2. Qual a importância da padronização para a especificação de materiais?
3. Qual a importância da Análise de Valor para a especificação de materiais?

4 CODIFICAÇÃO

VOCÊ VERÁ NESTE CAPÍTULO:

- *A importância da codificação*
- *Tipos de codificação existentes*
- *Método para estruturar um plano de codificação*

1 CONCEITUAÇÃO

De modo geral, as empresas sempre se preocuparam em identificar com facilidade a grande quantidade e diversidade de seus materiais. A solução encontrada foi a representação por meio de um conjunto de símbolos alfanuméricos ou simplesmente numéricos que traduzem as características dos materiais, de maneira racional, metódica e clara, para se transformar em linguagem universal de materiais na empresa. Assim nasceu a Codificação, que nada mais é do que uma variação da classificação de materiais. Consiste em ordenar os materiais da empresa segundo um plano metódico e sistemático, dando a cada um deles determinado conjunto de caracteres. O código, por conseguinte, é secreto, só entendendo-o quem possuir o Plano de Codificação, que se constitui na chave para sua interpretação. Não há, ainda, padronização definida para o estabelecimento do Plano de Codificação, o qual pode ser desenvolvido a critério de cada interessado, conforme as peculiaridades inerentes ao ramo e porte da empresa.

2 OBJETIVO

A codificação alicerça-se em bases técnicas, a partir de uma análise dos materiais da empresa, e tem por objetivo propiciar aos envolvidos a solicitação de materiais por seu código, em lugar do nome habitual, e possibilitar a utilização de sistemas automatizados de controle, objetivando:

a. facilitar a comunicação interna na empresa no que se refere a materiais e compras;
b. evitar a duplicidade de itens no estoque;
c. permitir as atividades de gestão de estoques e compras;
d. facilitar a padronização de materiais;
e. facilitar o controle contábil dos estoques.

Em conseqüência, a codificação permite o pleno controle do estoque, de compras em andamento e de recebimento.

3 TIPOS DE CODIFICAÇÃO

Existem infinitas maneiras de estabelecer um código para os materiais, desde a numeração arbitrária dos itens à medida que dão entrada no almoxarifado até aqueles que catalogam os materiais segundo uma seqüência lógica. Preferimos, por bom-senso, analisar os tipos referentes à seqüência lógica. Uma codificação é boa quando a simples visualização do código por aqueles que o manuseiam permite identificar, de modo geral, o material, faltando apenas os detalhes para a identificação total, o que somente será obtido consultando-se os catálogos de materiais.

Então, observa-se que da combinação Codificação e Especificação obtém-se o Catálogo de Materiais da empresa, ferramenta fundamental para o exercício das atividades dos funcionários envolvidos nos procedimentos de gestão de estoques, compras e armazenagem.

Em geral, os Planos de Codificação seguem o mesmo princípio, dividindo os materiais em grupos e classes, assim:

a. grupo: designa a família, o agrupamento de materiais, com numeração de 01 a 99;
b. classe: identifica os materiais pertencentes à família do grupo, numerando-os de 01 a 99;

c. número identificador: qualquer que seja o sistema, há necessidade de individualizar o material, o que é feito a partir da faixa de 001 a 999, reservada para a numeração correspondente de identificação;

d. dígito de controle: para os sistemas mecanizados, é necessária a criação de um dígito de controle para assegurar confiabilidade de identificação pelo programa.

O sistema de codificação selecionado deve possuir as seguintes características:

a. expansivo: o sistema deve possuir espaço para a inserção de novos itens e para a ampliação de determinada classificação;

b. preciso: o sistema deve permitir somente um código para cada material;

c. conciso: o sistema deve possuir o mínimo possível de dígitos para definição dos códigos;

d. conveniente: o sistema deve ser facilmente compreendido e de fácil aplicação;

e. simples: o sistema deve ser de fácil utilização.

A seguir, os sistemas de codificação relacionados serão analisados:

a. codificação decimal;

b. codificação do FSC (*Federal Supply Classification*);

c. codificação da CSSF (*Chambre Syndicale de la Sidérurgie Française*).

3.1 Codificação decimal

Esse tipo de codificação divide o universo dos materiais em grandes grupos, de acordo com o campo de emprego, numerando-os de 01 a 99. Os grupos são, por sua vez, divididos em subclasses (por tipo de equipamento ou tipo de material), numerando-os de 001 a 999. Finalmente, reserva-se a última seqüência de três dígitos (001 a 999) para identificar o item em sua subclasse.

Exemplo: para o Rolamento SKF 6303-2Z, de 17 x 47 x 14 mm, vamos estipular que a classe do rolamento seja 59, a subclasse para rolamento fixo de uma carreira de esferas seja 001 e o número identificador desse rolamento na subclasse seja 194. Assim, o código do rolamento em pauta será 59.001.194.

3.2 *Federal Supply Classification* (FSC)

Em face dos problemas deparados com o suprimento de materiais durante a Segunda Guerra Mundial, o *Federal Supply* foi criado após o conflito pelo Departamento de Defesa e pela Administração dos Serviços Gerais dos Estados Unidos, para estabelecer e manter um sistema uniforme de codificação, identificação e catalogação de materiais sob o controle dos Departamentos Governamentais. O FSC classifica, descreve e numera uniformemente todos os itens de suprimento, de modo que possam ser identificados em qualquer lugar do mundo onde os órgãos do governo dos EUA atuam, sendo sua amplitude universal, de estrutura simples e flexível, permitindo seu emprego em grandes empresas com as devidas adaptações. Por meio de ampla divulgação, o governo dos EUA permite a utilização do FSC por outros países.

Sua estrutura é composta por 11 dígitos, conforme demonstra a Figura 4.1, assim identificados:

a. número de classe (NC), com quatro dígitos, sendo que os dois primeiros representam os grupos de materiais, conforme disposto na Figura 4.2; os quatro dígitos definem a classe do material, conforme disposto na Figura 4.3;

b. número de identificação (NI), com sete dígitos, seqüencial dentro da classe e codificado por um único órgão da *Defense Logistics Services Center*, podendo ainda ser subdivididos em dois grupos:

1. os três primeiros dígitos podem indicar a unidade de aplicação do material ou a região em que o mesmo será utilizado;

2. os quatro últimos dígitos indicam a seqüência de cadastramento do material, podendo ser geral ou específico da área de utilização;

c. o décimo segundo dígito será o dígito verificador.

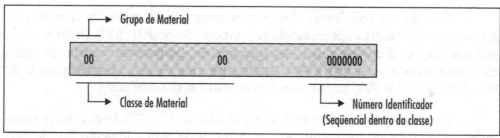

Figura 4.1   *Disposição dos dígitos no FSC.*

CODIFICAÇÃO **97**

47	Tubos, mangueiras e conexões
48	Válvulas
51	Ferramentas manuais
52	Instrumentos de medição
53	Ferragens, abrasivos e materiais para vedação
55	Madeiras, esquadrias, compensados e folheados
58	Equipamentos de comunicação
59	Componentes de equipamentos elétricos e eletrônicos
61	Materiais e equipamentos para geração e distribuição de energia elétrica
62	Lâmpadas e aparelhos de iluminação
63	Equipamentos de sinalização e alarme

Figura 4.2   *Exemplos de grupos de materiais.*

58 – Equipamentos de comunicação	
5805	Acessórios e equipamentos telefônicos e telegráficos
5835	Acessórios e equipamentos para gravação e reprodução de som
59 – Componentes e equipamentos elétricos e eletrônicos	
5905	Resistores
5910	Capacitores
5915	Filtros e redes
5920	Fusíveis e pára-raios
5925	Disjuntores
5930	Chaves, interruptores e conectores elétricos
5940	Terminais elétricos
5945	Relés, contatores e solenóides
5950	Bobinas e transformadores
5960	Válvulas eletrônicas, transistores e cristais retificadores
5970	Isoladores elétricos e materiais isolantes
5975	Ferragens e artigos para eletricidade
5977	Escovas de contato e eletrodos
5985	Antenas, antenas direcionais e equipamentos correlatos
5999	Componentes diversos elétricos e eletrônicos

Figura 4.3   *Exemplos de classes de materiais.*

Com pequenas adaptações, o FSC é adotado no Brasil por diversas empresas e instituições do governo, dentre as quais destacam-se: Petrobrás, Companhia Siderúrgica Nacional (CSN), Ministério da Marinha e Ministério da Aeronáutica.

3.3 Chambre Syndicale de la Sidérurgie Française (CSSF)

O sistema de codificação francês emprega 8 dígitos e considera uma análise mista. Foi utilizado por longo tempo na Companhia Siderúrgica Paulista, com excelentes resultados. Para sua aplicação, é necessário adotar-se outra forma de classificação, ainda propositadamente não ventilada, qual seja a subdivisão de materiais em normalizados e específicos.

3.3.1 MATERIAIS NORMALIZADOS

Trata-se de materiais, quer sejam mecânicos, elétricos, eletrônicos ou de instrumentação, comuns a todas as máquinas e equipamentos; portanto, fabricados em série e encontrados normalmente a venda.

Exemplos:

a. de materiais: rolamentos retentores, gaxetas, anéis de vedação, correias em V, parafusos, contrapinos, rebites, motores, relés, lâmpadas, cabos elétricos, transistores, disjuntores, capacitores etc.;

b. de código: 36.131.061, como elucidação na Figura 4.5.

3.3.2 MATERIAIS ESPECÍFICOS

Trata-se de material próprio de determinada máquina ou equipamento, sem aplicabilidade em outra qualquer. Sua codificação sempre é iniciada pelo dígito 8.

Exemplos:

1. bocal da lança de oxigênio da Aciaria;
2. cilindros de trabalho de laminadores;
3. *line-shafts* (eixo–árvores) de laminação;
4. algaravizes de alto-forno;
5. 80.104.040, com elucidação na Figura 4.7.

A Figura 4.4 demonstra o significado do primeiro dígito:

0	Produtos da empresa
1	Produtos da empresa
2	Produtos da empresa
3	Matérias-primas e materiais secundários
4	Órgãos constituintes de montagem
5	Transmissão de fluido e eletricidade
6	Ferramentas e utensílios
7	Sobressalentes para veículos e máquinas pesadas
8	Sobressalentes específicos mecânicos
9	Outros

Figura 4.4 *Significado do primeiro dígito no código francês.*

Para a definitiva compreensão do código francês, ainda é necessário o entendimento dos dois primeiros dígitos de material normalizado e do segundo grupo de dígitos de material específico, adiante do 8 já identificado, como demonstrado nas Figuras 4.5, 4.6, 4.7 e 4.8.

3 6 .	1 3 1 .	0 6 1
1º Grupamento	2º Grupamento	3º Grupamento

Grupamento	Dígitos Correspondentes	Identificação
1º	36	Grupo do material.
2º	131	Classes de material pertencentes à família do grupo.
3º	061	Número de identificação do material, seqüencial dentro da classe.

Figura 4.5 *Montagem da codificação de materiais normalizados.*

Faixa de Códigos	Descrição
30.42 a 30.44	Metais brutos
30.45 a 30.47	Ligas metálicas brutas
30.48	Sucatas metálicas brutas
30.75	Materiais diversos para modelagem de fundição
31.21	Tubos mecânicos
31.22	Aços redondos SAE-1020, 1030, 1035, 1040, 1045, 1050
31.28	Aços para concreto
31.31	Aços quadrados SAE-1020, 1030, 1040, 1045, 1050, 1060
31.33	Aços sextavados SAE 1020, 1035, 1040, 1045, 1060, 1080
31.41 a 31.46	Aços chatos SAE-1020, 1045, 6150
31.50 a 31.54	Perfilados
31.74 a 31.79	Chapas de aço
61.61 a 61.85	Marretas, martelos, ponteiros
61.89	Ferramentas de marcar e gravar, sobressalentes e acessórios
62.21 a 63.67	Ferramentas de corte, usinagem, abrasivas, insertos de widia
64.67 a 65.33	Porta-bit, porta-bedame, porta-ferramenta, mandris p/ tornos
65.61 a 66.54	Ferramentas manuais diversas

Figura 4.6   *Identificação do 2º e 3º grupamentos de dígitos da codificação normalizada (parcial).*

8	0 . 1	0 4	. 0 4 0
1º Grupamento	2º Grupamento	3º Grupamento	4º Grupamento

Grupamento	Dígitos Correspondentes	Identificação
1º	8	Sobressalente específico mecânico, conforme visto na Figura 4.4.
2º	01	Indica o equipamento. Foram extraídos da PO (*Purchase Order*), conforme a Figura 4.8, a seguir.
3º	04	Indica a máquina ou conjunto de máquinas do equipamento. Foram extraídos do item da PO.
4º	040	Número de identificação da peça ou conjunto, seqüencial dentro da máquina ou conjunto de máquinas. No caso de peças, a numeração segue em ordem crescente a partir de 001, e no de conjuntos, segue em ordem decrescente a partir de 999.

Figura 4.7   *Montagem da codificação de materiais específicos.*

Dígito	Identificação
01	Laminador de tiras a frio nº 1
02	Laminador desbastador
03	Laminador de chapas grossas e linha de acabamento
04	
05	Estripador de lingotes
06	Fornos poço
07	Fornos de recozimento nº 1
08	Laminador de encruamento
09	Laminador de acabamento de bobinas a quente
10	Linha de decapagem contínua nº 1
11	Estações de compressores de ar fixos e redes de distribuição
12	Laminador de tiras a quente nº 1
13	Fornos de reaquecimento de placas, pátios de placas e escarfagem
14	Pontes rolantes
15	Linha de tesouras a frio nº 1
16	Pontes rolantes
17	Pontes rolantes
18	Fornos de reaquecimento de placas e pátio de placas
19	Laminador de chapas grossas
20	Linha de acabamento e pátio de embarque
21	Tratamento térmico e processos paralelos
22	
23	Linha de tesouras a quente
24	
25	
26	Estruturas de pontes rolantes isoladas
27	
28	
29	
30	Oficinas elétricas
31	Oficinas mecânicas
32	

Dígito	Identificação
33	
34	
35	Usina de subprodutos
36	Pátio e manuseio de carvão e coque
37	Coqueria nº 1 e usina de subprodutos
38	Coqueria nº 2
39	Turbo soprador nº 1
40	Linha de decapagem contínua nº 2
41	Alto-forno nº 1
42	Máquinas de moldar gusa e quebrador de cascão
43	Casa de força nº 1
44	Transferidor de bobinas
45	Turbo soprador nº 2
46	Fábrica de oxigênio
47	
48	Aciaria nº 1
49	Pontes rolantes
50	Sinterização nº 1
51	Sinterização nº 2
52	Alto-forno nº 2
53	Pátio e manuseio de carvão e coque nº 2
54	Pátio de minérios nº 1
55	Calcinação nº 1
56	Casas de bomba, poços de carepa
57	Fundição
58	Fornos de recozimento nº 2, transferidores de bobinas e dessulfurização
59	Fábrica de refratários
60	Sinterização nº 3
61	Torres de circulação e resfriamento de água
62	Linhas de inspeção de bobinas
63	
64	Linha de tesouras a frio nº 2

Dígito	Identificação
65	
66	
67	
68	Oficinas de cilindros
69	
70	Estações elevatórias de águas pluviais e de esgoto
71	Máquinas pesadas (guindastes, empilhadeiras, tratores)
72	Transporte ferroviário (equipamento de transporte)
73	
74	
75	Estação de tratamento de água e elevatória de água tratada
76	
77	
78	
79	
80	Porto e descarregadores de navio
81	Pontes rolantes
82	
83	
84	Estações recebedoras, distribuidoras e subestações
..	

Figura 4.8 *Identificação do 2º grupamento de dígitos da codificação específica da Cosipa.*

4 APLICAÇÃO PRÁTICA – MONTAGEM DE UM PLANO DE CODIFICAÇÃO

Torna-se oportuno demonstrar por meio de exemplo real a elaboração do Plano de Codificação, que, como já foi visto, é a chave para a decodificação de materiais.

Em face do entendimento dos produtos existentes, selecionamos, para a demonstração em pauta, uma empresa do ramo de farmácia, adotando um sistema de codificação composto por três grupamentos de dígitos, a saber:

a. 1º grupamento: grupo;
b. 2º grupamento: classe;
c. 3º grupamento: descrição efetiva do material.

Definidas as preliminares, seguem-se as três etapas de elaboração:

a. 1ª etapa: identificar os grupos de materiais da empresa;
b. 2ª etapa: identificar as classes de materiais pertinentes aos grupos já identificados;
c. 3ª etapa: identificar por seqüência numérica grupos e classes.

Assim, perfeitamente definido, o Plano de Codificação para Farmácia encontra-se esquematizado resumidamente na Figura 4.9.

Grupo	Descrição do grupo	Classe	Descrição da classe
85	Antibióticos de uso sistêmico	15	Amicacina
		20	Amoxicilina
		25	Ampicilina
		30	Cefazalina
86	Antibióticos de uso tópico	35	Uso dermatológico
		40	Uso oftalmológico
		45	Uso otorrinolaringológico
87	Analgésicos	10	Ácido acetil salicílico
		15	Ácido mefenânico
		20	Dipirona
		25	Morfina
88	Antiinflamatórios	30	Não hormonais
		35	Ação lenta
		40	Fármacos especiais
		45	Uso oftalmológico
89	Antibacterianos	50	Ácido nalidixo
		55	Nitrofurantoína
90	Diuréticos	60	Teazídico
		65	Diuréticos de alça

CODIFICAÇÃO **105**

Grupo	Descrição do grupo	Classe	Descrição da classe
91	Hormônios	10	Insulina humana
		15	Insulina bovina
		20	NPH-U40-U80
92	Vitaminas	10	Vitamina A
		15	Complexo B
		20	Vitamina C
		25	Vitamina E
93	Primeiros socorros	30	Algodão
		35	Esparadrapo
		40	Gases, compressas, ataduras
		45	Seringas e agulhas
		50	Soros e hidrantes
94	Higiene pessoal	55	Xampu
		60	Sabonete
		65	Creme dental
		70	Absorventes higiênicos
95	Perfumaria	75	Perfumes
		80	Baton
		85	Esmaltes
		90	Maquiagem
		95	Tintura
		00	Alizadores e permanentes
96	Artigos infantis	10	Mamadeira
		15	Chupeta
		20	Fraldas
		25	Mordedores
97	Medicamentos controlados	99	Psicotrópicos
98	Artigos diversos	10	Produtos dietéticos
		15	Chás e infusões
		20	Água mineral

Figura 4.9 *Plano de codificação para farmácia (resumido).*

5 QUESTÕES E EXERCÍCIOS

1. Qual a utilidade da codificação de materiais?

2. Elaborar Plano de Codificação para empresa do ramo de supermercados.

5 Fundamentos do Gerenciamento de Estoques

VOCÊ VERÁ NESTE CAPÍTULO:

- *A importância do gerenciamento de estoques*
- *Razões fundamentais para a existência de estoques*
- *Formação dos estoques*
- *Sistemas auxiliares no gerenciamento de estoques*
- *Problema da obsolescência*

1 CONSIDERAÇÕES INICIAIS

Função do sistema de administração de materiais, o gerenciamento de estoques reflete quantitativamente os resultados obtidos pela empresa ao longo do exercício financeiro, o que, por isso mesmo, tende a ter sua ação concentrada na aplicação de instrumentos gerenciais baseados em técnicas que permitam a avaliação sistemática dos processos utilizados para alcançar as metas desejadas. Em conseqüência, podemos afirmar que, manter em níveis economicamente satisfatórios o atendimento às necessidades em material de qualquer empresa constitui seu mais amplo objetivo.

Um dos primeiros livros que se conhece tratando especialmente de problemas de estoque foi publicado por George Becquart, na França, em 1939. Alguns autores atribuem o sucesso inicial da Alemanha na Segunda Guerra Mundial a seu perfeito sistema de abastecimento das tropas em todas as frentes. O *boom* tecnológico do pós-guerra gerou a necessidade de uma evolução crescente e nos últimos 40 anos tem sido acumulado em considerável conjunto de técnicas e procedimentos.

No Brasil, os primeiros estudos sobre a moderna teoria de gerenciamento de estoques são da década de 50 e de lá até hoje muito tem sido feito, com resultados satisfatórios.

Quando as características físicas e os detalhes de comportamento do estoque são conhecidos, em geral, pode-se tratar e formular a demanda e o suprimento por meio de modelos estatísticos reconhecíveis. Nesse enfoque, pode-se programar o custo de manter-se ou de recompor-se o estoque, considerando-se, ao mesmo tempo, os custos de aquisição, da posse e da falta de estoques para suprir os consumidores, a fim de atingir as metas que maximizem os lucros ou benefícios.

Assim, em qualquer empresa, os estoques representam componente extremamente significativo, seja sob aspectos econômico-financeiros ou operacionais críticos. Nas empresas industriais ou comerciais, os materiais concorrem, quase sempre, com mais de 50% do custo do produto vendido, o que faz com que os recursos financeiros alocados a estoques devam ser empregados sob a forma mais racional possível.

Por outro lado, nas empresas típicas de prestação de serviços públicos, como eletricidade, água e gás, por exemplo, ou de serviços em geral, não há participação maior dos materiais em relação ao custo do serviço produzido; porém, a confiabilidade e a qualidade desses mesmos serviços dependem, em muito, dos suprimentos de materiais para manutenção, reparo e operação. O planejamento e o controle dos estoques representam, portanto, fatores ponderáveis para a confiabilidade operacional dessas empresas.

Por ser uma atividade intermediária, vital para o processo industrial, o gerenciamento de estoques sofreu forte impacto de mudanças, tendo como conseqüência a necessidade de estruturar-se convenientemente. Durante os últimos anos, desenvolveram-se e acumularam-se experiências em grande variedade de situações, por meio de técnicas especiais, como Pert-CPM, programação linear, teoria das filas, técnicas de simulação e outras, as quais têm sido de considerável ajuda na resolução de problemas que afligem o gerenciamento de estoques.

Para enriquecer o exposto, apresentamos a Figura 5.1, que revela a amplitude da gestão de estoques.

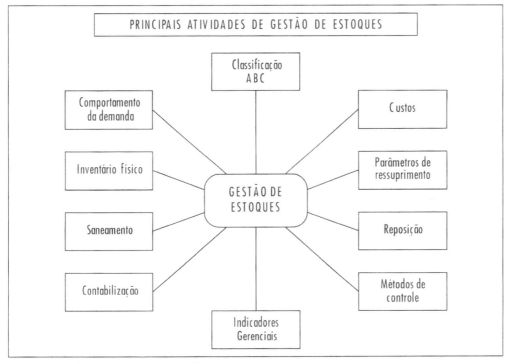

Figura 5.1 *Principais atividades de gestão de estoques.*

2 DEFINIÇÕES IMPORTANTES

Para pleno entendimento, é oportuno emitirmos os conceitos adotados para estoque, consumo e demanda.

2.1 Estoque

O alcance do termo estoque é muito elástico. Do ponto de vista mais tradicional, podemos considerá-lo como representativo de matérias-primas, produtos semi-acabados, componentes para montagem, sobressalentes, produtos acabados, materiais administrativos e suprimentos variados.

Nas organizações mais atípicas quanto ao ponto de vista da produção ou comercialização, estoque poderá adquirir outros significados, como estoque de livros, de dinheiro em banco, de professores, de consultores e assim por diante.

Considerando-se o exposto anteriormente, pode-se definir estoque assim:

a. materiais, mercadorias ou produtos acumulados para utilização posterior, de modo a permitir o atendimento regular das necessidades dos usuários para a continuidade das atividades da empresa, sendo o estoque gerado, conseqüentemente, pela impossibilidade de prever-se a demanda com exatidão;

ou

b. reserva para ser utilizada em tempo oportuno.

2.2 Consumo

Quantidade de material requerido para o atendimento das necessidades de produção e de comercialização, relacionada a determinada unidade de tempo. Assim, conforme o ritmo em que se processa a utilização, pode-se classificar o consumo da seguinte forma:

2.2.1 CONSUMO REGULAR

Caracteriza-se por materiais utilizados significativamente, em quantidades de pequena variação entre sucessivos intervalos de tempo constantes. Nessas condições, materiais com comportamento regular, dependendo da situação, podem passar a ter consumo crescente ou decrescente, conforme demonstra a Figura 5.2.

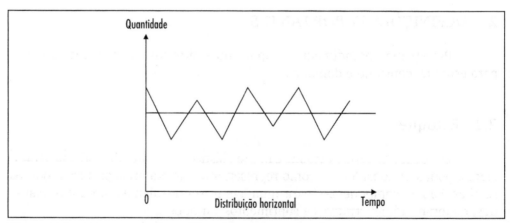

Figura 5.2 *Demonstração gráfica de consumo regular.*

2.2.1.1 Consumo com tendência crescente

Caracteriza-se pelo crescimento vegetativo da utilização de materiais, de forma crescente e ordenada, conforme demonstra a Figura 5.3.

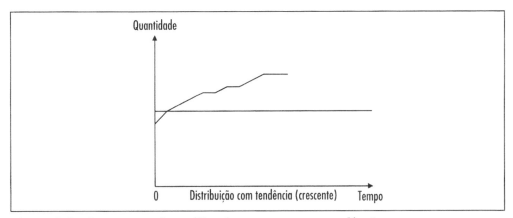

Figura 5.3 *Demonstração gráfica de consumo com tendência crescente.*

2.2.1.2 Consumo com tendência decrescente

Caracteriza-se pelo decréscimo da utilização, anteriormente definida e perfeitamente regular, sendo seu comportamento inverso ao demonstrado graficamente na Figura 5.3.

2.2.2 CONSUMO IRREGULAR

Caracteriza-se por materiais utilizados em quantidades aleatórias, por meio de grande variação entre sucessivos intervalos de tempo, conforme demonstra a Figura 5.4.

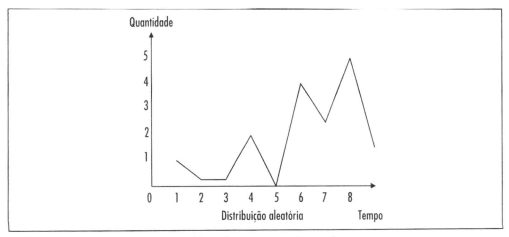

Figura 5.4 *Demonstração gráfica de consumo irregular.*

2.2.3 CONSUMO SAZONAL

Caracteriza-se por padrão repetitivo de demanda, que apresenta alguns períodos de considerável elevação em determinado período.

2.3 Demanda

A demanda caracteriza intenção de consumo e tem o objetivo básico de fazer previsões, levando-se em consideração dois aspectos relevantes, quais sejam sua evolução histórica e seus afastamentos, que podem ser identificados analisando-se tipos de funções (distribuições) da própria demanda.

2.4 Previsão da demanda

Como não poderia deixar de ser, a previsão da demanda é de competência do usuário, quando o material será adquirido pela primeira vez. Normalmente, essa primeira previsão é fixada por estimativa, estando sujeita a distorções pela falta de dados anteriores que o auxiliem a prever com exatidão.

Após a ocorrência de movimentação do estoque, a reposição passa a ser automática, com base nos dados de consumo, prazo de aquisição e demais índices de classificação, objeto do Capítulo 2.

3 INCLUSÃO DE ITENS NO ESTOQUE

A previsão de demanda deve ser elaborada pelo usuário, por meio do formulário *Proposta de inclusão de material no estoque*, demonstrado na Figura 5.5, em que são fornecidos os elementos necessários à perfeita identificação do material e, conseqüentemente, à gestão eficaz do estoque.

Alguns cuidados devem ser observados no processamento e conseqüente cadastramento de novos materiais no estoque, tanto da parte do usuário como da gestão.

(Logomarca da empresa)	PEDIDO DE INCLUSÃO DE MATERIAL NO ESTOQUE		Data
Órgão solicitante		Centro de custo	Nº

Informações sobre a solicitação

Implantação	Alteração	Cancelamento	Alienar	Utilizar até esgotar	Código do material substituído

Informações do material

Código	Un.	QI	X	Y	Z	Material crítico	Recondicionar	Analisar	Coeficiente de troca

Informações sobre a cota

Trimestral	Semestral	Anual	Bienal

Quantidade	Data de utilização	Consumo estimado	Período de consumo

Aplicação do material

Especificação

Justificativa da solicitação

Preparado por	Aprovado por

Figura 5.5 *Proposta de inclusão de material no estoque.*

3.1 Informações do usuário

O usuário deve fornecer as seguintes informações, condição *sine qua non* para que a gestão exerça suas atribuições:

a. especificação, incluindo-se exigências e recomendações especiais;
b. aplicação;
c. classificações sugeridas;
d. unidade de compra;
e. quantidade estimada para consumo;
f. valor estimado.

3.2 Atribuições do gerenciamento

O órgão gerenciador procede à análise da solicitação considerando os seguintes aspectos:

a. necessidade do material;
b. padronização da especificação;
c. codificação;
d. fixação de níveis de estoque;
e. cadastramento do item no sistema.

4 SOLICITAÇÃO DE MATERIAIS NÃO DE ESTOQUE

A aquisição de materiais de consumo eventual, portanto, classificados como não de estoque, deve sempre ser efetuada por meio da interveniência direta do usuário, sempre que se constatar a necessidade, por meio do formulário *Pedido de compra*, demonstrado na Figura 5.6.

Independentemente de as compras que envolvem materiais com tal classificação não serem passíveis de parâmetros de ressuprimento, pois enquadram-se para aplicação imediata ou também estocagem temporária, o órgão gestor deve conhecer as necessidades do usuário neste campo, a fim de questionar a solicitação, verificar possibilidade de utilização de similar e identificar a freqüência dos pedidos, visando à análise da regularidade das solicitações, checando o comportamento para enquadrá-lo como material de estoque, efetuando a mudança de classificação, se for o caso.

	PEDIDO DE COMPRA			Data		Número	
Usuário	Prazo da compra						
Setor	Centro de custo	Normal	Urgente (Q. dias)	Emergência	Aplicação imediata	Estocagem temporária, até	
Características do material							
Item	Especificação resumida (Detalhar especificação completa no verso)				Código	Un.	Quantidade
Aplicação							
Motivo da compra							
	Preparado por				Aprovado por		

Figura 5.6 *Pedido de compra.*

5 RAZÕES PARA A EXISTÊNCIA DOS ESTOQUES

A manutenção de estoques requer investimentos e gastos elevados. Evitar sua formação ou, quando muito, tê-los em número reduzido de itens e em quantidades mínimas, sem que, em contrapartida, aumente o risco de não ser satisfeita a demanda dos usuários, consumidores em geral, representa um ideal conflitante com a realidade do dia-a-dia.

As principais causas que exigem estoque permanente para o imediato atendimento do consumo interno e das vendas nas empresas são:

a. necessidade de continuidade operacional;

b. incerteza da demanda futura ou de sua variação ao longo do período de planejamento;

c. disponibilidade imediata do material nos fornecedores e cumprimento dos prazos de entrega.

O ideal seria a inexistência de estoques, à medida que fosse possível atender ao usuário no momento em que ocorressem as demandas. Entretanto, na prática isso não acontece, tornando imperativa a existência de um nível de estoques que sirva de amortecedor entre os mercados supridor e consumidor, a fim de que os consumidores possam ser plena e sistematicamente atendidos.

Existem alguns procedimentos, como veremos posteriormente nos Capítulos 7 e 10, que podem ser empregados com o objetivo de transferir, sempre que possível, os custos de estocagem para o fornecedor. O procedimento mais utilizado é a aquisição por meio da contratação em aberto que, ao ser empregada, reduz os custos administrativos da compra e o custo de manutenção dos estoques, contratação esta definida na estipulação prévia da quantidade ou valor e do prazo de validade do contrato.

Para concluir, podemos alinhar, entre outras, as seguintes razões para a existência dos estoques:

a. impossibilidade de ter-se os materiais em mãos na ocasião em que as demandas ocorrem;

b. benefício obtido em função das variações dos custos unitários (esta razão torna-se altamente significativa em economias inflacionárias, quando a manutenção de elevados estoques de materiais estratégicos poderá, até determinado limite, beneficiar o detentor);

c. redução da freqüência dos contatos com o mercado externo, que muitas vezes é prejudicial à atuação formal do órgão comprador;

d. segurança contra os riscos de produção do mercado fornecedor.

6 NATUREZA DOS ESTOQUES

Pode-se classificar, conforme já foi visto no Capítulo 2, os materiais que compõem o estoque sob vários aspectos. No entanto, a classificação de materiais quanto à aplicação, em materiais produtivos e improdutivos, auxilia a política de formação de estoques.

Então, para subsidiar o gerenciamento, os estoques têm sua natureza compreendida em materiais produtivos e improdutivos.

7 FUNDAMENTOS DA GESTÃO

Gestão é um conjunto de atividades que visa, por meio das respectivas políticas de estoque, ao pleno atendimento das necessidades da empresa, com a máxima eficiência e ao menor custo, através do maior giro possível para o capital investido em materiais. Assim, seu objetivo fundamental consiste essencialmente na busca do equilíbrio entre estoque e consumo, o que será obtido mediante as seguintes atribuições, regras e critérios:

a. impedir entrada de materiais desnecessários, mantendo em estoque somente os de real necessidade da empresa;

b. centralizar as informações que possibilitem o permanente acompanhamento e planejamento das atividades de gestão;

c. definir os parâmetros de cada material incorporado ao sistema de gestão de estoques, determinando níveis de estoque respectivos (máximo, mínimo e segurança);

d. determinar, para cada material, as quantidades a comprar, por meio dos respectivos lotes econômicos e intervalos de parcelamento;

e. analisar e acompanhar a evolução dos estoques da empresa, desenvolvendo estudos estatísticos a respeito;

f. desenvolver e implantar política de padronização de materiais;

g. ativar o setor de compras para que as encomendas referentes a materiais com variação nos consumos tenham suas entregas aceleradas; ou para reprogramar encomendas em andamento, em face das necessidades da empresa;

h. decidir sobre a regularização ou não de materiais entregues além da quantidade permitida, portanto, em excesso;

i realizar freqüentemente estudos, propondo alienação, para que os materiais obsoletos e inservíveis sejam retirados do estoque.

7.1 Política de gerenciamento de estoques

Entende-se por política de estoques o conjunto de atos diretivos que estabelecem, de forma global e específica, princípios, diretrizes e normas relacionados ao gerenciamento. Em qualquer empresa, a preocupação da gestão de estoques está em manter o equilíbrio entre as diversas variáveis componentes do sistema, tais como: custos de aquisição, de estocagem e de distribuição; nível de atendimento das necessidades dos usuários consumidores etc.

Logo, gerir estoques economicamente consiste essencialmente na procura da racionalidade e equilíbrio com o consumo, de tal maneira que:

a. as necessidades efetivas de seus consumidores sejam satisfeitas com mínimo custo e menor risco de falta possível;

b. seja assegurada a seus consumidores a continuidade de fornecimento;

c. o valor obtido pela continuidade de fornecimento deve ser inferior a sua própria falta.

A grande dificuldade em selecionar um modelo eficaz de gestão reside principalmente na obtenção de dados corretos que servirão como parâmetros nas equações matemáticas.

7.2 Análise do comportamento de consumo

Para acompanhar a evolução dos estoques, a fim de manter o equilíbrio estoque *versus* consumo, deve-se continuamente analisar o comportamento de consumo de materiais da empresa. Assim, o relatório *Materiais com demanda anormal*, conforme demonstra a Figura 5.7, deverá conter os materiais com consumo anormal, fora dos limites de atualização automática, o qual servirá como ponto de partida para análise, utilizando-se as ferramentas disponíveis mencionadas neste livro, visando à adequação de classificações e parâmetros, conforme demonstra a Figura 5.8, *Fluxo de análise do comportamento de consumo*.

Uma variável de considerável importância na análise do comportamento de consumo e também de alienação, objeto do item 11, adiante, é a sensata decisão de utilizar o material até esgotar, considerando-se que os materiais assim enquadrados não podem ser confundidos como obsoletos, pois ainda têm aplicação, com especificação perfeitamente adequada.

Algumas causas determinam a existência de materiais integrantes do grupo utilizar até esgotar:

a. desconhecimento da vida útil: o estabelecimento da vida útil resulta do conhecimento a que estão sujeitos os materiais quanto a desgaste, fadiga, deterioração resultante da ação de agentes agressivos, como calor, umidade, poeira, ácidos etc. O desconhecimento da vida útil colabora para que haja superdimensionamento nos parâmetros de ressuprimento de alguns materiais, tornando, posteriormente, as quantidades excedentes, em supérfluas;

b. compra em quantidade além da necessária: trata-se de compras caracterizadas pelo excesso de segurança;

c. desconhecimento da existência de estoque: a especificação incompleta dificulta a perfeita identificação, deficiência que faz com que os materiais assim dispostos não sejam utilizados, podendo haver compra indevida dos mesmos, por meio de outra especificação e mesmo de outro código;

d. compra para aplicação imediata: embora adquiridos para aplicação imediata, alguns materiais podem ser armazenados sob a classificação de estocagem temporária e ficar sem utilização;

e. nacionalização: materiais importados em via de nacionalização, portanto, sem condições de reposição original, cujos saldos ficam classificados na categoria *utilizar até esgotar*, até que a substituição por nacionais seja completada.

Os materiais assim enquadrados devem ter a reposição automática cancelada, bem como, sendo o caso, cancelados os processos de compra, porventura, em andamento.

Código Especificação	Unidade	Classificação	Demanda		3 meses anteriores			Mês Atual
			Projetada	Real				

Figura 5.7 *Materiais com demanda anormal.*

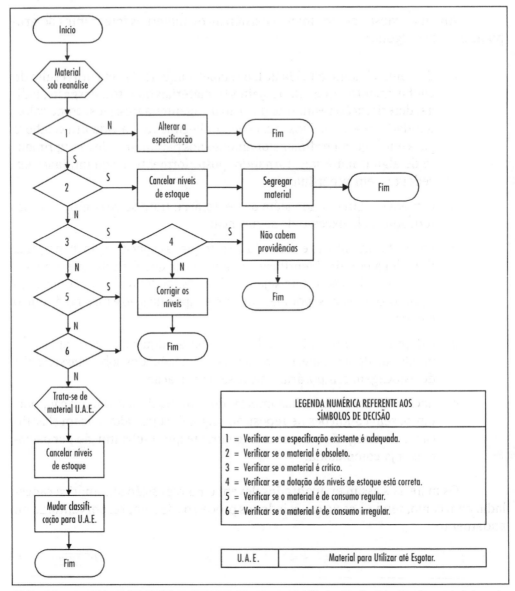

Figura 5.8 *Fluxo de análise do comportamento do consumo.*

7.3 Modelos de gerenciamento de estoques

Os estoques são gerenciados por meio de dois modelos fundamentais:

a. gerenciamento manual: utilizado em empresas que utilizam controle manual por meio de fichas de prateleira e/ou de controle de estoque;

b. gerenciamento mecanizado: adotado em empresas que utilizam controle por meio da informática.

8 FORMAÇÃO DOS ESTOQUES

Se as entregas das encomendas de compras de materiais fossem instantâneas e ajustadas às necessidades quantitativas e qualitativas das empresas, não haveria necessidade de formação de estoques. Assim, então, o ideal é a inexistência de estoques. No entanto, na prática esta situação é utópica, motivo pelo qual desenvolve-se cada vez mais a política de estabelecimento de contratos de compra de longo prazo, assunto a ser abordado nos Capítulos 7 e 10, que permitem maior agilidade nos procedimentos da empresa que compra e atendimento imediato pelos fornecedores. Dessa forma, transfere-se aos fornecedores o encargo da formação de estoques.

Os problemas do estoque resumem-se à questão fundamental: quanto vamos consumir? ou quanto vamos vender?, que pode ser equacionada de três formas:

a. palpites;
b. programas de produção;
c. previsões matemáticas.

Descartando-se os palpites, a formação do estoque está essencialmente pautada nas previsões de demanda, que possibilitam estabelecer estimativas futuras de consumo.

Por outro lado, conforme abordado no Capítulo 1, item 3.1, o tamanho e a formação de estoques também depende dos componentes logísticos, em face do custo que os envolve.

Embora não faça parte do conteúdo deste livro, é bom, mais uma vez, ressaltar, conforme também aludido no referido Capítulo 1, item 3.2, que a adoção das modernas técnicas de administração japonesas já começam a produzir resultados em algumas empresas.

Em face dos motivos descritos, a formação do estoque, considerando-se nossos sistemas tradicionais, depende de alguns fatores, internos ou externos à própria empresa.

8.1 Influências internas

As influências internas na formação de estoques são representadas por alguns fatos que propiciam o conflito interno de interesses *produção* x *materiais* x *fi-*

nanceiro, os quais podem ser contornados com ações administrativas apropriadas. Destacamos, a seguir, alguns dos mais importantes desses fatos:

   a. necessidade de espaço para armazenamento;
   b. possibilidade de deterioração do material armazenado;
   c. capital empatado em sua manutenção;
   d. variação das quantidades consumidas;
   e. disponibilidade imediata;
   f. risco de falta que prejudique a produção, com perda de vendas ou de clientes.

8.2 Influências externas

As influências externas na formação de estoques são representadas por alguns fatos, os quais são contornados por meio da inserção de fatores de segurança nas previsões matemáticas. Destacamos, a seguir, alguns dos mais importantes desses fatos:

   a. segurança contra riscos de produção (greves);
   b. cumprimento dos prazos de entrega (distância dos fornecedores);
   c. disponibilidade de mercado (fornecedor exclusivo, escassez).

9 ACOMPANHAMENTO DE CONSUMO POR MEIO DO SISTEMA DE COTAS

Para aprimorar o controle efetivo de consumo de materiais, adota-se a cota, que é a quantidade de material estabelecida pelo usuário para ser consumida em determinado período, funcionando como se fosse um fundo de crédito à disposição do interessado, com utilização regulada por uma série de dispositivos que vão desde a permissão até o bloqueio, o que leva a afirmar que a falta de disponibilidade de cota pode impedir o atendimento do requisitante.

Assim, o controle de limite máximo requisitável por usuário, principalmente para determinados materiais especiais, é utilizado com o intuito de se evitar piques de consumo, rotina perfeitamente aplicável, conforme é demonstrado na Figura 14.43.

O consumo assim controlado fornece as seguintes anormalidades:

a. material sem cota de consumo;
b. consumo maior que a cota;
c. consumo menor que a cota;
d. material sem consumo no período (da cota);
e. material sem consumo no período anterior (da cota).

As Figuras 5.9 e 5.10 refletem e demonstram o controle de consumo exercido por meio da cota por parte de cada usuário, e a Figura 5.11 elucida as ferramentas para o efetivo controle do órgão gestor.

DEMONSTRATIVO DE COTAS E CONSUMO DE MATERIAIS					Usuário			Data	
Código especificação	Un.	Importância	Data utilização	Cota	Saldo de cota	Consumo últimos 12 meses	Preço unitário	Valor total

Figura 5.9 *Demonstrativo de cotas e consumo de materiais por usuário.*

ANORMALIDADES DE CONSUMO DE MATERIAIS			Usuário		Data
Código especificação	Un.	Importância operacional	Data de utilização	Cota	Anormalidade no período

Figura 5.10 *Anormalidades de consumo de materiais por usuário.*

DEMONSTRATIVO DE COTAS E ANORMALIDADES NO CONSUMO DE MATERIAIS					Usuário			Data
Código especificação	Un.	Req.	Imp.	Data de utilização	Cota	Saldo de cota	Consumo 12 meses	Anormalidade no período

Figura 5.11 *Demonstrativo de cotas e anormalidades no consumo de materiais.*

10 MATERIAIS SUJEITOS A RECONDICIONAMENTO

Qualquer que seja a metodologia empregada, a gestão de estoques, em última análise, recai numa função inerente que é a da reposição. Nas empresas que adotam modelos matemáticos para gerir automaticamente o ressuprimento, portanto, com grande massa de itens, figuras como a do recondicionamento, envolvendo controles especiais, tornam-se importantes dispositivos de gerenciamento, na prevenção de compras indevidas.

O modelo de gestão dos materiais classificados como sujeitos a recondicionamento está fundamentado em suas respectivas características biunívocas, qual seja:

"Para toda quantidade de material dessa natureza retirada do Almoxarifado, deve haver uma outra, correspondente do mesmo material, já usado, disponível e sujeita à recuperação para reposição."

A possibilidade de recuperação permite redução de custos e prazos de reposição menores. O recondicionamento é recomendável para materiais de valor de aquisição significativos, quando viável econômica e tecnicamente. A decisão é sempre oriunda de uma peritagem por técnicos que irão diagnosticar a conveniência ou não da recuperação.

10.1 Sistema de recondicionamento

O modelo de gestão adotado para materiais sujeitos a recondicionamento implica esquema funcional com as seguintes características:

a. os usuários e fornecedores são co-responsáveis no processo de recuperação e, portanto, na reposição do material;
b. a gestão assume o controle no processo e o papel de cobradora do material a recondicionar.

As unidades envolvidas, usuários e fornecedores, são igualmente responsáveis no processo de ressuprimento, pois os primeiros detêm a posse do material a ser entregue para recuperação para entrega no fornecedor e os segundos assumem o serviço de recondicionamento e, portanto, a entrega do material recuperado ao estoque. A gestão assume a administração do processo, controlando os prazos de entrega estabelecidos, gerando informações gerenciais e de controle do processo e ativando as entregas do material com os respectivos fornecedores.

O modelo tem início, conforme demonstra a Figura 5.12, *Fluxo de recondicionamento*, com a geração, a partir da requisição de material, da ordem de recondicionamento, que, encaminhada ao usuário, serve, inclusive, como lembrete para as providências necessárias. A Ordem de Recondicionamento emitida, conforme demonstrado na Figura 5.13, participa os dados pertinentes ao material e solicita as informações necessárias à realimentação do sistema para controle do processo. Paralelamente, é alimentado o arquivo de informações que gera os relatórios do processo.

Os relatórios do sistema, conforme demonstram as Figuras 5.14 e 5.15, controlam:

a. a posse do material, pela unidade requisitante, aguardando providências cabíveis de recuperação e envio ao fornecedor;
b. a posse do material em recondicionamento nos fornecedores;
c. as pendências dos fornecedores;
d. prazos vencidos e a vencer.

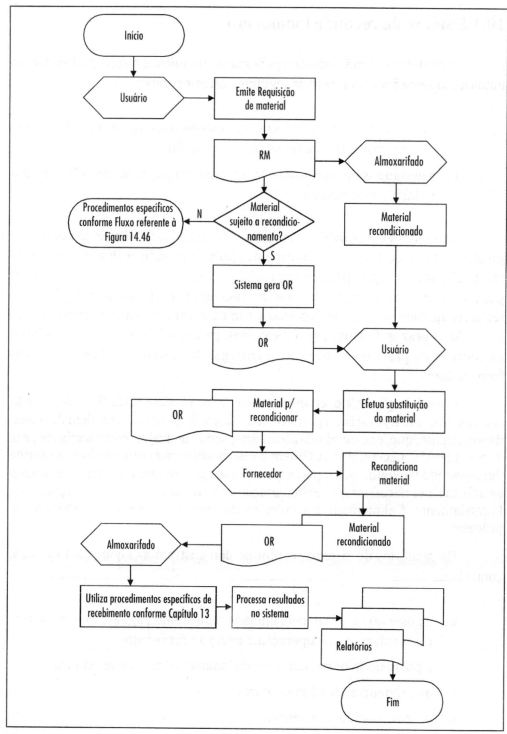

Figura 5.12 *Fluxo de recondicionamento.*

ORDEM DE RECONDICIONAMENTO		Nº	Data de emissão

Usuário		Informações de requisição de material		
Setor	Centro de custo	Número	Data	Quantidade

Código	Aplicação

Especificação

Motivo da substituição do material – A ser descrito pelo usuário

Resultado da peritagem

Decisão da peritagem

Recondicionar	Sucatar	Comprar	

Parecer do órgão gestor sobre a necessidade de Comprar

Aprovado por

Usuário	Peritagem	Órgão Gestor	Setor de compras
Data	Data	Data	Data

Assinaturas

Figura 5.13 *Ordem de recondicionamento.*

CARTEIRA DE RECONDICIONAMENTO PENDÊNCIA DE FORNECEDORES								Data
Fornecedor						Código do fornecedor		
Código material	Especificação	Un.	RM nº	Q	OR nº	Data da OR		Data recuperação
Resumo do relatório – Quantidades de ORs								
A vencer		Vencidas até 30 dias		Vencidas de 31 a 60 dias		Vencidas há mais de 60 dias		Total da carteira

Figura 5.14 *Relatório pendência de fornecedores – carteira de recondicionamento.*

CARTEIRA DE RECONDICIONAMENTO ATIVAÇÃO DE FORNECEDORES								Data
Código do material	Especificação	Un.	RM número	Q	OR número	Data recuperação		Fornecedor
Ordens de recondicionamento a vencer								
Ordens de recondicionamento vencidas há 30 dias								
Ordens de recondicionamento vencidas de 31 a 60 dias								
Ordens de recondicionamento vencidas há mais de 60 dias								
Compras oriundas de sucatamento								
Código material	Especificação	Un.	OR nº	Q	CP/AF nº	Fornecedor		Data da entrega

Figura 5.15 *Ativação de fornecedores – carteira de recondicionamento.*

10.2 Variáveis do sistema de recondicionamento

Como depreende-se, a operacionalidade do sistema de recondicionamento é extremamente simples e de fácil controle em seus casos rotineiros de recuperação. Porém, ocorrem variáveis no processo que interferem na rotina formal, cujo controle exige procedimentos particularizados. As variáveis mais significativas são:

10.2.1 MATERIAIS SIMILARES

Similares, para efeitos de aplicação, são os materiais intercambiáveis entre si, que se substituem mutuamente. Assim, o sistema deve dispor de um cadastro de materiais similares entre si, como subsídio para auxiliar os usuários na utilização alternativa. A detecção de material similar, no momento da troca, implica correções nos controles, o qual deve ser realimentado com a informação da similaridade.

10.2.2 RECONDICIONAMENTO PARCIAL

Determinados serviços de recuperação podem ser efetuados parcialmente em mais de um fornecedor, ou seja, parte do serviço é executada por determinado fornecedor e outra parte por outro.

O recondicionamento parcial, que implica a utilização de múltiplos fornecedores, implica igualmente correções no sistema, que deve ser realimentado com informações do fornecedor responsável para controle da posse e do prazo de entrega do material.

10.2.3 SUCATAMENTO* DO MATERIAL

Como já vimos, o material sujeito a recondicionamento é objeto de peritagem, a qual conclui por sua viabilidade, motivo pelo qual quando a recuperação é desaconselhada, técnica ou economicamente, o sucatamento é proposto. Por outro lado, o sucatamento também pode ocorrer, inclusive, durante a execução dos serviços de recuperação, por fatores não identificados na peritagem.

Ocorrendo o sucatamento, a reposição pode ficar comprometida em função do tempo decorrido. Assim, nos casos em que haja impossibilidade de reposição do estoque por recondicionamento, a aquisição fica iminente. Tendo-se em vista viabilizar a reposição, em tempo hábil, sem comprometer os níveis de estoque, esses motivos induzem ao estabelecimento de prazos, nas diversas fases do processo, para decisão da sucatagem.

---

* Embora a palavra registrada em dicionário seja *sucatagem*, a expressão utilizada no meio é *sucatamento*.

Nesse contexto, visando a considerável ganho de tempo, o processo de compra pode ser acionado por meio da própria ordem de recondicionamento, que adquire, nesses casos, a função de pedido de compra, motivo pelo qual, em conseqüência, a decisão de sucatamento deve estar sujeita aos níveis de aprovação compatíveis aos exigidos para o processo de compra.

10.2.4 SUCATA NOBRE

O material em processo de recondicionamento ou sucatamento pode gerar sucata de materiais nobres, como cobre, latão, bronze, alumínio e outros, cujo controle fica configurado em procedimentos específicos a serem analisados no item 11, a seguir.

Como vimos, a importância da recuperação é cabalmente evidenciada, principalmente tendo-se em conta evitar compras supérfluas ou dispensáveis.

11 OBSOLESCÊNCIA E ALIENAÇÃO DE MATERIAIS INSERVÍVEIS

O ritmo de desenvolvimento, imperativo para as grandes empresas, tem como conseqüência a alienação de objetos substituídos pela inovação tecnológica, além da geração de uma massa ditada pelo próprio desgaste natural dos materiais utilizados. Assim, a geração de inservíveis compreende bens móveis, sucatas diversas, sucatas ferrosas, sucatas de material nobre, materiais usados diversos, materiais obsoletos sem-uso, equipamentos, máquinas diversas, veículos, materiais em estado precário, materiais de pouco valor etc.

O descarte de materiais inservíveis, obsoletos e sucatados objetiva:

a. eliminar os materiais que não mais atendam às exigências técnicas da empresa;
b. desocupar áreas de armazenagem;
c. reduzir os custos de armazenamento;
d. reduzir o valor das imobilizações em materiais.

Nesse enfoque, para controlar os materiais considerados como inservíveis, deve-se segregá-los no estoque por meio dessas denominações:

a. materiais a serem beneficiados;
b. sucata;
c. venda;
d. utilizar até esgotar.

11.1 Experiência da Cosipa no beneficiamento de materiais

Uma forma de promover razoável economia nas aquisições é representada pelo beneficiamento de materiais usados, destarte, assim, a compra.

Em meados de 1981, a venda em leilão de sucata de fios e cabos de cobre encapado foi suspensa com o objetivo de analisar formas mais econômicas de aproveitamento, nascendo, assim, o beneficiamento externo, modalidade de beneficiamento de inservíveis e gerador de economia significativa.

Destacamos, para ilustrar a modalidade, três exemplos significativos:

a. Recuperação de cobre:
- material fornecido: fios e cabos de cobre encapado, em retalhos;
- material a ser recebido: cobre, em lingotes de 20 a 30 kg.

b. Transformação de sucata de platina:
- beneficiamento e transformação de sucata de platina em fios de pt-pt-rh (10% rh) para termopares;
- material fornecido: sucata de platina;
- material a ser recebido: fio rígido em platina e platina-rhodia (10% rh) para confecção de termopares, diâmetro de 0,5 mm, comprimento de 15.000 mm por embalagem, acondicionado em carretel especial, lacrado em caixa plástica e transparente.

c. Serviço de lavagem química de trapo beneficiado usado:
- material fornecido: trapo beneficiado, usado, impregnado de óleos, graxas, sujeiras e substâncias diversas;
- material a ser recebido: trapo beneficiado lavado, limpo, isento de substâncias oleosas e de partículas metálicas.

11.2 Natureza dos materiais a alienar

Alienação é o ato de liberação, após a devida análise, de qualquer material para outras aplicações, consumo como sucata ou venda, podendo acontecer por ser o material excedente, obsoleto, sucatado ou inservível. Para melhor entendimento, apresentamos as definições respectivas.

11.2.1 MATERIAL EXCEDENTE

Trata-se de material cuja quantidade existente em estoque seja superior às necessidades do usuário.

11.2.2 MATERIAL OBSOLETO

Trata-se de material que, embora em condições de utilização, não mais satisfaz às exigências da empresa, pois foi substituído por outro.

11.2.3 MATERIAL SUCATADO

Trata-se de material deteriorado pelo tempo de uso, sem qualquer outra utilização, que não apresenta outro valor, senão o intrínseco de sua composição.

11.2.4 MATERIAL INSERVÍVEL

Trata-se de material que, em conseqüência do tempo de utilização, avaria ou deterioração, torna-se inútil ou de recuperação técnica e/ou economicamente inviável.

Portanto, em decorrência das definições anteriores, ficam sujeitos à análise de obsolescência e à conseqüente alienação os seguintes materiais:

a. materiais substituídos por outros e que não serão mais utilizados em face dos resultados econômicos alcançados com os novos materiais;

b. sobressalentes de equipamentos que não estão mais em uso;

c. materiais não mais consumidos pelo usuário tradicional e sem aplicação em outros setores da empresa;

d. materiais sem movimentação há mais de um ano;

e. materiais com excesso de estoque em relação ao consumo histórico;

f. materiais inutilizados por acidentes ou por outras causas;

g. materiais perecíveis com quantidades em estoque acima das necessárias, para enfrentar o tempo de estocagem;

h. materiais não vitais aos equipamentos ou de alto valor e de fácil aquisição no mercado.

11.3 Processo de alienação

A análise técnica referente ao processo de alienação está demonstrada na Figura 5.16, *Fluxo de alienação de materiais*.

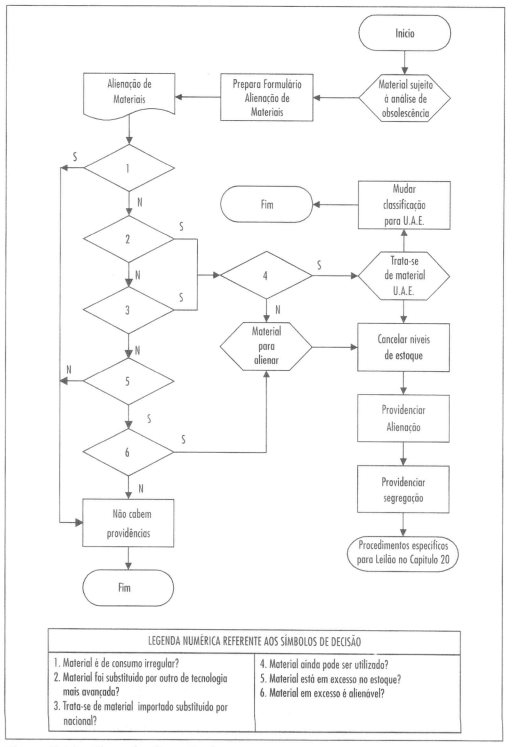

Figura 5.16 *Fluxo de alienação de materiais.*

Os procedimentos fundamentais que envolvem os materiais sujeitos à análise de obsolescência e passíveis de alienação são relacionados a seguir.

a. Geração e emissão de Relatório de materiais sujeitos à análise de obsolescência, conforme demonstra a Figura 5.17, consoante critérios já definidos.

Por meio do histórico de consumo, verifica-se a descontinuidade, o que torna o material potencialmente alienável. A análise da descontinuidade de consumo conduz a duas alternativas:

1ª O material é de consumo irregular, portanto deve ser mantido em estoque.

2ª O material é alienável.

Existem outros fatores facilmente identificáveis, como:

- material de vida útil limitada ou deteriorada;
- nacionalizações ou padronizações com aplicação de similares;
- excessos de estoque.

O excesso de estoque pode ser determinado por meio da seguinte fórmula:

$$E = saldo - (PR + LEC)$$

onde: E = Excesso;
PR = Ponto de ressuprimento;
LEC = Lote econômico de compra.

Considerando-se o exposto, a análise dos materiais contidos no relatório em pauta poderá redundar em:

1º alienar o material, recomendando sucatar ou vender;
2º manter o material em estoque;
3º alienar o excesso, recomendando sucatar ou vender.

b. Emissão do formulário Alienação de Materiais, conforme demonstra a Figura 5.18, fundamentada nas informações do relatório *Materiais sujeitos à análise de obsolescência*, objeto da Figura 5.17, o qual, após análise criteriosa, permitirá, conforme o caso, a correspondente decisão de sucatar e vender; a partir desse ponto, os procedimentos referentes à segregação do estoque, controle e venda são atribuições do almoxarifado, conforme assunto a ser abordado no Capítulo 17.

Código especificação	Un.	Clas.	Data da última saída	\multicolumn{4}{c	}{Quantidades}	Valor
				Previsão	Saldo	S/M	Excesso	

MATERIAIS SUJEITOS À ANÁLISE DE OBSOLESCÊNCIA — Data

Figura 5.17 *Materiais sujeitos à análise de obsolescência.*

ALIENAÇÃO DE MATERIAIS — Número — Data

Código	Unidade	Quantidade	Localização

Especificação

Condições do material

Completo, sem uso	Incompleto	Desmontado	Sucata	Usado, recuperável	Usado, ainda em condições de uso

Peso e dimensões estimados	Material construtivo

Informações referentes à compra do material

Número da AF	Data da AF	R$ Valor

Motivos da alienação

Parecer técnico

Decisão final

Preparado por	Aprovado por

Figura 5.18 *Alienação de materiais.*

11.3.1 ALIENAÇÃO DE MATERIAIS EM ESTOQUE

Os materiais em estoque, considerados excedentes e/ou obsoletos, com decisão de alienação, serão baixados do respectivo estoque por meio do formulário *Relação de materiais inservíveis*, conforme demonstra a Figura 5.19.

RELAÇÃO DE MATERIAIS INSERVÍVEIS					Número	Data	
Código Especificação	Un.		Q.	Estado do material	Preço		Observações
^	^		^	^	Unitário	Total	^
					Soma total		
Justificativa						
Preparado por				Aprovado por			

Figura 5.19   *Relação de materiais inservíveis.*

11.3.2 ALIENAÇÃO DE BENS PATRIMONIAIS

Os materiais enquadrados na categoria de *Bem patrimonial*, considerados excedentes e/ou obsoletos, com decisão de alienação, serão baixados do respectivo estoque por meio do formulário *Transferência de bem patrimonial*, conforme demonstra a Figura 5.20.

TRANSFERÊNCIA DE BEM PATRIMONIAL			Número	Data
Setor	Centro de custo		Número de patrimônio	
Código	Unidade	Quantidade	Localização do bem patrimonial	
Especificação do bem patrimonial				
Motivo da transferência				
Preparado por			Aprovado por	
Para uso do Setor de Contabilidade			Para uso do Setor de Patrimônio	

Figura 5.20   *Transferência de bem patrimonial.*

11.3.3 ALIENAÇÃO DE MATERIAIS FORA DO ESTOQUE

a. tratando-se de material obsoleto ou inservível em poder do usuário, o interessado deverá providenciar a emissão do formulário *Devolução de material*, objeto da Figura 13.14. Assim, os procedimentos passam a seguir o fluxo operacional demonstrado na Figura 13.15;

b. tratando-se de material já considerado como sucata em poder do usuário, o interessado deverá emitir o formulário *Relação de materiais para sucatar*, conforme demonstra a Figura 5.21.

RELAÇÃO DE MATERIAIS PARA SUCATAR					Número	Data	
Código Especificação	Un.	Q.	Estado do material	Preço		Observações
					Unitário	Total	
				Soma total			
Justificativa							
Preparado por				Aprovado por			

Figura 5.21 *Relação de materiais para sucatar.*

12 CONTROLES NAS ATIVIDADES DE ADMINISTRAÇÃO DE MATERIAIS

Controle é a função administrativa que consiste em medir e corrigir o desempenho de qualquer atividade, visando aos interesses da empresa. Assim, o controle prioriza dois objetivos, quais sejam: correção e prevenção de falhas, sendo um processo cíclico e repetitivo, composto por quatro etapas:

1. estabelecimento de padrões;
2. avaliação do desempenho;
3. comparação do desempenho com o padrão estabelecido;
4. ação corretiva.

No âmbito de materiais, respeitando-se a abrangência determinada anteriormente, o controle funciona como um centro de informações e processamento de dados, facilitando a tomada de decisões, em seus diversos níveis, planejando a aquisição e regulando as atividades de todos os setores.

Embora não haja menção nos organogramas apresentados, o controle representa ponto determinante na estrutura organizacional de administração de materiais, o qual depende de um sistema eficiente, que deve fornecer, a qualquer momento, as informações necessárias para atuar operacionalmente, tomando decisões e corrigindo desvios e, gerencialmente, para fixação de metas e acompanhamento. Em face da importância que representa para o gerenciamento, a atividade de controlar deve ser atribuição da gestão de estoques.

Posto isso, e considerando a apresentação do modelo de um sistema informatizado de controle no Capítulo 18, o qual contempla uma série de relatórios de controle, cabe agora a divulgação dos principais índices de avaliação pertinentes a cada nível hierárquico apresentado nos organogramas analisados anteriormente.

12.1 Índices de avaliação na gestão

O gerenciamento da gestão de estoques é efetuado por meio de técnicas que permitem manter o equilíbrio entre estoque e consumo, definindo parâmetros e níveis de ressuprimento e acompanhando a evolução de seus níveis. Assim, os principais parâmetros de controle para esta atividade devem ser:

a. rotatividade do estoque;

b. índice de cobertura;

c. materiais sem giro e obsoletos;

d. itens não movimentados;

e. ociosidade do capital aplicado;

f. custo de posse do estoque.

12.2 Índices de avaliação em compras

O gerenciamento de compras é efetuado por meio de procedimentos que permitam suprir as necessidades por meio da aquisição de materiais e/ou serviços, objetivando identificar no mercado as melhores condições comerciais e técnicas para a empresa. Assim, os principais parâmetros de controle para essa atividade devem ser:

a. avaliação da carteira de compras;
b. quantidade de coletas de preço (planejadas/emergência);
c. quantidade de pedidos por fornecedor;
d. controle dos prazos de entrega;
e. itens em compra não entregues (atrasados);
f. controle por comprador;
g. controle de valores (colocados, ganhos obtidos por negociação).

12.3 Índices de avaliação na armazenagem

O gerenciamento do almoxarifado é exercido por meio de procedimentos que visem garantir a fiel guarda dos materiais confiados pela empresa, incluindo-se em suas atribuições o recebimento, atividade que zela para que os materiais adquiridos reflitam a quantidade estabelecida, na época certa, ao preço contratado e na qualidade especificada nas encomendas. Assim, os principais parâmetros de controle para essa atividade devem ser:

a. quantidade de itens recebidos;
b. quantidade de itens inspecionados;
c. quantidade de itens liberados;
d. quantidade de itens pendentes no recebimento;
e. quantidade de itens devolvidos ao fornecedor, por divergência técnica ou por divergência de quantidade;
f. quantidade de itens requisitados;
g. quantidade de itens distribuídos;
h. quantidade de itens pendentes de distribuição;
i. quantidade de ajustes de estoque efetuados, negativos e positivos.

13 CUSTOS NAS ATIVIDADES DE ADMINISTRAÇÃO DE MATERIAIS

Da mesma forma que estabelecido para controle e considerando-se a importância que representa para o gerenciamento, a atividade de acompanhar e controlar os custos oriundos dos vários segmentos que compõem a administração de materiais também deve ser atribuição da gestão de estoques.

O material armazenado gera determinados custos, que dependem de algumas variáveis, como:

a. quantidade em estoque;
b. tempo de permanência no estoque;
c. mão-de-obra utilizada;
d. encargos sociais;
e. custos indiretos (luz, força, seguro e outras despesas);
f. depreciação.

Para efeito de compreensão, apresentaremos detalhadamente três planilhas para determinação dos custos de comprar e armazenar e a fórmula para determinar o custo total de administração de materiais, demonstradas, respectivamente, por meio das Figuras 5.22, 5.23 e 5.24.

13.1 Custo de comprar

\multicolumn{4}{c}{PLANILHA PARA DETERMINAÇÃO DO CUSTO DE COMPRAR}
REF.	DESCRIÇÃO	VALOR – R$	VALOR
1	DADOS		
	a. Efetivo de gestão: _____ funcionários		
	b. Salário médio mensal dos funcionários da gestão		
	c. Efetivo de compras: _____ funcionários		
	d. Salário médio mensal dos funcionários de compras		
	e. Número médio mensal de itens comprados: _____		
2	VALOR DA MÃO-DE-OBRA (fixo)		
	a. Gestão: _____ × R$ _____		
	b. Compras: _____ × R$ _____		
	c. Gestão + Compras		A
	d. Encargos e leis sociais (1,15 × A)		
	e. Valor total da mão-de-obra (A + d)		B
3	LUZ, FORÇA, SEGURO (fixo)		
	0,15 × B		
4	DESPESAS GERAIS (variável)		
	0,15 × B		
5	TOTAL		
	B + 2 (3 + 4)		

CUSTO DE COMPRAR (CC)

$$CC = \frac{R\$ _____}{_____ \text{ itens}} = R\$ _____ / \text{ITEM/ANO}$$

Figura 5.22   *Planilha para determinação do custo de comprar.*

13.2 Custo de armazenar

REF.	HISTÓRICO	VALOR – R$	VALOR
1	DADOS		
	a. Efetivo do almoxarifado: _____ funcionários		
	b. Salário médio mensal/funcionários do almoxarifado		
2	VALOR DA MÃO-DE-OBRA (fixo)		
	a. _____ × R$ _____		A
	b. Encargos e leis sociais ($1,15 \times A$)		
	c. Valor total da mão-de-obra ($a + b$)		B
3	MATERIAIS – limpeza, manutenção etc. (variável)		
	$0,20 \times B$		
4	EQUIPAMENTOS – carga e transporte (variável)		
	$0,30 \times B$		
5	DEPRECIAÇÃO – Edifícios e equipamentos de armazenagem (fixo)		
	$D = \dfrac{1,3 \times R\$}{50 \text{ anos} \times 12 \text{ meses}}$		
	Onde: R$ = valor dos edifícios; 1,3 = fator para considerar equipamentos de armazenagem		
6	SUBTOTAL		
	(B) + (3) + (4) + (5)		C
7	LUZ, FORÇA, SEGURO (fixo)		
	$0,15 \times C$		
8	DESPESAS GERAIS (variável)		
	$0,15 \times C$		
9	TOTAL		
	$C + 2 \times (7 + 8)$		

CUSTO DE ARMAZENAR (CA)

$$CA = \frac{12 \times R\$}{k}$$

Onde k = quantidade de itens em estoque.

= R$ _____ / ITEM/ANO

Figura 5.23 *Planilha para determinação do custo de armazenar.*

13.3 Custo total

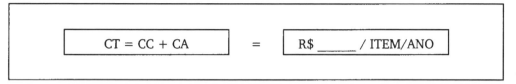

Figura 5.24 *Fórmula para cálculo do custo total de administração de materiais.*

14 QUESTÕES E EXERCÍCIOS

1. Por que as empresas formam estoques?
2. Esclarecer a condição *manter equilíbrio entre estoque e consumo*.
3. Como tratar o problema da obsolescência no estoque?

6 Sistemas de Gestão de Estoques

VOCÊ VERÁ NESTE CAPÍTULO:

- *A problemática da gestão dos estoques*
- *Sistemas de gestão*
- *Dimensionamento de estoques*
- *Como repor estoques*

1 CONSIDERAÇÕES INICIAIS

Os estoques são recursos ociosos que possuem valor econômico, os quais representam um investimento destinado a incrementar as atividades de produção e servir aos clientes. Entretanto, a formação de estoques consome capital de giro, que pode não estar tendo nenhum retorno do investimento efetuado e, por outro lado, pode ser necessitado com urgência em outro segmento da empresa, motivo pelo qual o gerenciamento deve projetar níveis adequados, objetivando manter o equilíbrio entre estoque e consumo.

O gerenciamento moderno avalia e dimensiona convenientemente os estoques em bases científicas, substituindo o empirismo por soluções. Assim, os níveis devem ser revistos e atualizados periódica e constantemente para evitar problemas provocados pelo crescimento de consumo ou vendas e alterações dos tempos de reposição.

Nesse sentido, convém aliar os conceitos logísticos aos princípios que regem o dimensionamento dos níveis de estoque. A intensidade da logística difere do que muitos ainda acreditam. Não é apenas a armazenagem, nem é sinônimo de distribuição, transporte ou movimentação de cargas. Logística é o processo estratégico que gerencia o fluxo de materiais e informações entre o fornecedor e seu cliente, desde a aquisição da matéria-prima até a entrega do produto acabado no ponto-de-venda, uso ou consumo. Conseqüentemente, o sucesso do gerenciamento de materiais nas empresas depende da aplicabilidade dos conceitos logísticos, motivo pelo qual realçamos sua importância.

A exposição e esclarecimentos anteriores tornam-se necessários, em virtude da demonstração detalhada das modernas técnicas de gestão, objeto do item 7 adiante, as quais levam em consideração a logística integrada à estratégia empresarial.

2 PROBLEMÁTICA DA FORMAÇÃO DE ESTOQUES

Uma das primeiras medidas práticas, válidas até hoje, para equacionar a problemática do quanto e quando ressuprir foi a adoção de procedimentos como grau de controle, tamanho do estoque e quantidades de reposição, norteados pelos critérios da classificação ABC, conforme demonstra a Figura 6.1.

Classe	Média registrada nas empresas		Grau de controle	Tamanho do Estoque	Procedimentos e constância de reposição
	Quantidade (% de itens)	Valor (% de R$)			
A	10-20%	70-80%	Rígido	Baixo	Freqüentes, revisões constantes e rigorosas.
B	30-40%	15-20%	Normal	Moderado	Pedidos normais, algum acompanhamento
C	40-50%	5-10%	Simples	Grande	Pedidos espaçados, suprimento para 1 a 2 anos.

Figura 6.1 *Ressuprimento em função da classificação ABC.*

No passado, apesar do critério propiciado pela classificação ABC, o controle e a reposição do estoque realizavam-se manualmente, de forma precária, pelas informações das Fichas de Controle de Estoque, por meio dos níveis ali consignados, conforme demonstra a Figura 6.2.

FICHA DE CONTROLE DE ESTOQUE			Nº
Código	Unidade	Localização	Requisitantes

Material

Estoque máximo	Estoque de segurança	Nível de reposição

Retirada máxima	Retirada mínima	Observações

Data	Doc.	Entrada	Saída	Saldo	Data	Doc.	Entrada	Saída	Saldo

Figura 6.2   *Ficha de controle de estoque.*

Os cálculos dos níveis de estoque (máximo, mínimo, segurança, ponto de reposição) eram manuais e transcritos para a mencionada ficha (ficando a reposição na dependência do controlador do estoque), sujeitos, evidentemente, a constantes falhas.

Ao analisarmos os modelos matemáticos que davam suporte à tarefa, constata-se a inexistência de mudanças importantes. A evolução significativa é devida à introdução da informática, que, praticamente, eliminou a constância das falhas e implementou outro ritmo ao gerenciamento.

Independentemente dessa colocação, também não há como ficar ancorado e estruturado a esses grilhões tradicionais. As empresas, por meio das imposições do mercado, desenvolvem outras formas mais eficientes e eficazes na busca do equilíbrio entre estoque e consumo, objetivando otimizar o tamanho do estoque.

Nesse contexto, é oportuno ampliarmos o raio de ação, analisando os problemas inerentes à formação do estoque.

Dois aspectos importantes, o conhecimento da demanda e a obtenção dos materiais influenciam sobremaneira o estoque. Assim, deve-se analisar sua formação, consoante os quatro fatores demonstrados na Figura 6.3, em cada uma de suas particularidades.

Conhecimento da demanda	Obtenção do material	Processo de decisão	Tempo de obtenção do material
Certeza	Autofornecimento	Estático	Fixo e conhecido
Aleatória	Fornecimento externo	Dinâmico	Variável
Incerteza			

Figura 6.3 *Classificação de problemas para formação de estoque.*

2.1 Demanda

O propósito básico de qualquer previsão é reduzir a incerteza. A decisão correta a ser tomada hoje depende de se conhecer, tanto quanto possível, as condições que prevalecerão no futuro. Infelizmente, não se pode eliminar a incerteza. Não obstante, as previsões necessitam ser elaboradas.

Pode-se distinguir três tipos de demanda relacionados a seguir:

a. demanda perfeitamente conhecida: é o caso normal em montagens, obras e similares. Ainda nesta categoria, podemos ter demandas constantes no tempo, portanto com comportamento regular de consumo; por exemplo, em linhas de montagem;

b. demanda aleatória: é o caso em que o material foi estocado durante um tempo suficiente para acumular registros de consumo. Assim, a demanda é aleatória, porém a distribuição de probabilidades pode ser conhecida, por meio do comportamento irregular, em que os consumos, ainda que perfeitamente identificados, são irregulares com relação ao tempo;

c. demanda sob incerteza: existe ignorância completa com relação às probabilidades dos vários níveis de demanda futura. Pode-se também denominar esta situação como demanda sob risco.

2.2 Processo de obtenção do material

Em algumas empresas, o material é obtido de um fornecedor externo, enquanto em outras é produzido internamente. A diferença é importante, pois no último caso as decisões de estoque afetam também o processo de programação da produção.

2.3 Processo de decisão

Pode-se decidir pela compra uma única vez ou de forma contínua. Alguns produtos de moda são comprados no início da temporada e não é possível nenhuma compra adicional posterior. Por outra parte, certos materiais para manutenção de equipamentos devem ser adquiridos freqüentemente.

2.4 Tempo de obtenção do material

O processo de obtenção do material, período que vai desde a emissão do pedido de compra até o momento do efetivo recebimento, gera duas variáveis. Para alguns itens esse tempo é praticamente constante; entretanto, para outros existe uma variação, às vezes regular, às vezes totalmente aleatória.

Obviamente, a análise de cada decisão com respeito a estoque será baseada nos conceitos anteriormente apresentados. Contudo, deve-se mencionar um critério comum e abrangente, que é a existência de custos opostos, caracterizada por um custo por estocar "muito" e, também, por um custo por estocar "pouco". A maior parte dos esquemas racionais de gerenciamento de materiais baseia-se na identificação e determinação desses custos.

Em conseqüência, deparamo-nos com duas questões primordiais:

a. quando ou com que freqüência devemos pedir o material?

b. quantas unidades devem ser encomendadas em cada pedido?

Na tentativa de respondê-las, deve-se entender o sentido dos "custos opostos" que mencionamos antes.

Em relação à primeira indagação, inevitavelmente concluímos que existe um custo por pedir muito freqüentemente e um custo por não pedir com a freqüência necessária. Se nenhum desses dois custos existisse, não existiria razão para se preocupar com essa questão.

Em relação à segunda indagação, a quantidade a ser pedida também leva-nos ao reconhecimento dos custos opostos, um originado por pedir muito e o outro por não pedir o suficiente.

Como conseqüência dos conceitos até então expostos, torna-se oportuno conceituar os parâmetros por meio dos quais o estoque é gerenciado.

3 PARÂMETROS E MODELOS MATEMÁTICOS DE RESSUPRIMENTO

As estimativas exageradas por excesso implicam a imobilização desnecessária de recursos financeiros, além do congestionamento de áreas de armazenagem e da sobrecarga de trabalho de manuseio de materiais e realização de inventários. As reposições em quantidades reduzidas acarretam compras repetidas e urgentes, em condições geralmente desfavoráveis. Por tais circunstâncias, atendendo às condições peculiares da empresa, analisam-se previamente os fatores essenciais à determinação da quantidade a ser ressuprida, a fim de evitar os prejuízos decorrentes dos exageros nas estimativas, por excesso ou por falta, e para a fixação, com propriedade, das épocas em que deva ser diligenciado o ressuprimento.

Para contornar tais problemas, otimiza-se o estoque por meio dos parâmetros de ressuprimento, a seguir definidos, os quais têm por finalidade manter os níveis permanentemente ajustados em função da lei de consumo, do prazo de reposição, da importância operacional e do valor de cada material.

Além de otimizar, o gerenciamento também objetiva evitar a ruptura do estoque, ou seja, impedi-lo de atingir o nível zero, programando o abastecimento de modo que haja uma reserva. Essa reserva, o estoque de segurança, aparentemente excesso de material, previamente calculada, formará um lastro de emergência, que será utilizado após o nível de estoque ter atingido seu ponto mínimo.

A fim de ilustrar as questões fundamentais, *quando e quanto ressuprir*, a Figura 6.4 demonstra graficamente os efeitos da variação do estoque.

A seguir, conceituamos os principais parâmetros de ressuprimento, bem como as formulações matemáticas referentes aos cálculos respectivos, envolvendo tão-somente materiais com consumo regular e consumo irregular, deixando para o item 7 adiante as considerações sobre comportamentos de consumo fora dessas duas categorias. Não sendo objeto desse trabalho, deve-se ressaltar que não houve preocupação de demonstrar o desenvolvimento das várias equações, as quais, utilizadas pela maioria de nossas grandes empresas, são apresentadas em sua forma final.

3.1 EM – Estoque máximo

Quantidade máxima de estoque permitida para o material. O nível máximo pode ser atingido pelo estoque virtual, quando da emissão de um pedido de compra. Assim, a finalidade principal do estoque máximo é indicar a quantidade de ressuprimento, por meio da análise do estoque virtual. No cálculo de sua quantidade, também é considerado o intervalo de cobertura.

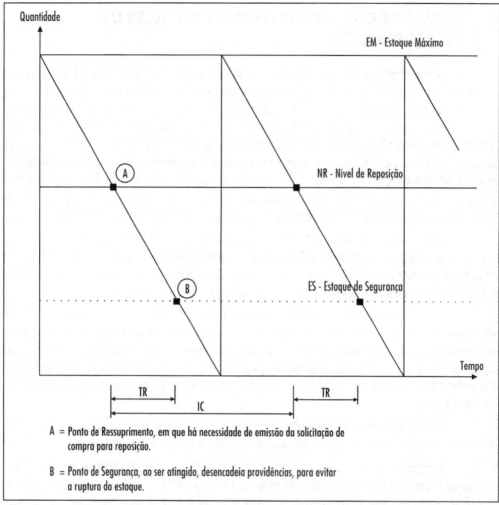

Figura 6.4 *Gráfico da variação do estoque.*

$$EM = NR + TU \times IC \quad ①$$

onde: TU = Taxa de Uso: quantidade prevista para ser consumida em determinado intervalo de tempo, o que pode ser interpretado como consumo estimado.

3.2 ES – Estoque de segurança

Também denominado estoque mínimo. Quantidade mínima possível capaz de suportar um tempo de ressuprimento superior ao programado ou um consumo desproporcional. Ao ser atingido pelo estoque em declínio, indica a condição crítica do material, desencadeando providências, como, por exemplo, a ativação das encomendas em andamento, objetivando evitar a ruptura do estoque. Sua quantidade é calculada em função do nível de atendimento fixado pela empresa, em função da importância operacional e do valor do material, além dos desvios entre os consumos estimados e os realizados e o prazo médio de reposição.

$$ES = K \times TR \times CMM \quad ②$$

3.3 K – Fator de segurança

A diversificação dos materiais, agravada por fatos, entre os quais merecem destaque crises periódicas de fornecimento e consumo imprevisto, sugere a adoção de fator de segurança para corrigir essas distorções, o qual é estabelecido em função do nível de serviço desejado, de acordo com a distribuição normal de probabilidades. O fator de segurança é função da importância operacional e do valor de consumo, conforme exemplo demonstrado na Figura 6.5.

Importância Operacional	Valor de Consumo	K
Z	A	0,5
Z	B	0,7
Z	C	0,9
Y	A	0,3
Y	B	0,4
Y	C	0,8
X	A	0,1
X	B	0,2
X	C	0,6

Figura 6.5 *Tabela de exemplo do fator de segurança.*

3.4 ER – Estoque real

Quantidade (saldo) de material existente em estoque no almoxarifado da empresa.

3.5 EV – Estoque virtual

Estoque real acrescido das quantidades de encomendas em andamento.

$$EV = ER + \text{Encomendas} \quad ③$$

3.6 EC – Estoque de cobertura

Relação entre estoque e consumo, indicando por quanto tempo o estoque suportará o consumo sem que haja reposição.

$$EC = \frac{VE}{VC} \quad ④$$

onde: VE = valor do estoque no mês;
VC = valor do consumo no mês.

3.7 NR – Nível de reposição

Quantidade na qual, ao ser atingida pelo estoque virtual em declínio, indica-se o momento de ser providenciada a emissão do pedido de compra para reposição normal do material. Essa quantidade deve garantir o consumo do material durante o tempo de ressuprimento, de tal forma que o estoque real em declínio não atinja o estoque de segurança.

$$NR = ES + CMM \times TR \quad ⑤$$

A Figura 6.6 representa a curva clássica em "dente de serra", demonstrando e analisando algumas simulações com referência a possíveis situações da variação do estoque, cujas quantidades oscilam entre o estoque máximo, nível de reposição, estoque de segurança e ponto de ruptura.

- **Situação 1 – pedido inicial**

Nesse caso, está configurada inclusão inicial de material no estoque. Após análise e concordância em incluí-lo, sua reposição dar-se-á com base na formulação *quantidade a comprar*, item 3.11.1, fórmula 8, adiante.

SISTEMAS DE GESTÃO DE ESTOQUES 153

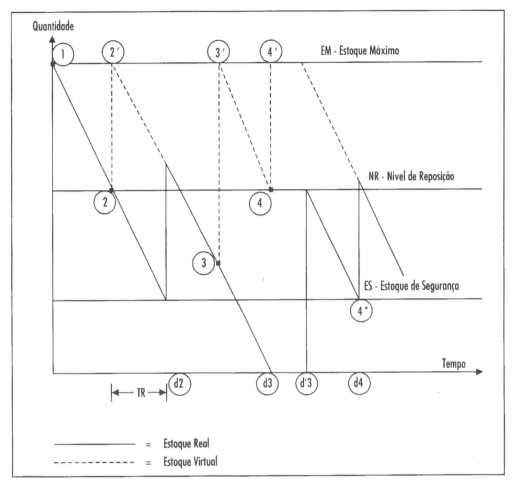

Fonte: CSN.
Figura 6.6 *Gráfico representativo da reposição do estoque.*

- **Situação 2 – saldo em estoque igual ao nível de reposição**

Nesse caso, estoque está sendo consumido e encontra o nível de reposição no ponto **2**, momento no qual é gerada uma solicitação de compra, que eleva o estoque virtual para o ponto **2'**. Decorrido o tempo de ressuprimento, a encomenda é entregue na data referente ao ponto **d2**, assumindo o estoque real um valor acima do nível de reposição.

- **Situação 3 – saldo em estoque abaixo do nível de reposição**

Iniciado novo ciclo de saídas do estoque, por qualquer motivo aconteceu um pique no consumo ou a solicitação de compra foi gerada com atraso, com a providência efetiva de reposição sendo decidida no ponto **3**. Independentemente dessa anormalidade, ocorre atraso no fornecimento, havendo ruptura do estoque, com o que, novamente, há o encontro da reta representativa do estoque virtual com o ponto de reposição, sendo, no ponto **4**, gerada uma segunda solicitação de compra, que, acumulada com a que se encontra em andamento, eleva o estoque virtual para o ponto **4'**. Decorrido certo tempo, uma encomenda é entregue no ponto **d3** e outra no ponto **d4**.

- Situação 4 – estoque real em ruptura

Com o estoque real em ruptura, representado pelo encontro da reta representativa da variação do estoque virtual com o nível de reposição, no ponto **4**, atinge-se o momento imprescindível para a geração de nova solicitação de compra. A encomenda em andamento será entregue na data referente ao ponto **d'3**, elevando o estoque real a uma quantidade abaixo do nível de reposição. No ponto **4"**, o estoque real encontra o estoque de segurança, indicando ao gestor uma situação crítica, com a necessidade de apressar a entrega da encomenda referente ao ponto **4**, o que é feito, assumindo o estoque real seu valor normal, acima do nível de reposição, no ponto **d4**.

A partir daí, reinicia-se o ciclo, podendo-se definir as seguintes condições de reposição:

a. quando **EV > NR**: não emitir solicitação de compra (Situação 1);

b. quando **EV ≤ NR**: emitir solicitação de compra (Situações 2, 3 e 4);

c. quando **ER ≤ ES**: ativar encomenda (Situação 4").

A Figura 6.7 demonstra graficamente e analisa mais cinco situações, que complementam a época da reposição.

- Situações *A* e *B*

Em ambos os casos, o estoque virtual (ER + EN) está acima do nível de reposição.

Logo, quando **EV > NR**: não há necessidade de solicitação de compra.

- Situação *C*

Tratando-se de **EV = NR**: emitir solicitação de compra.

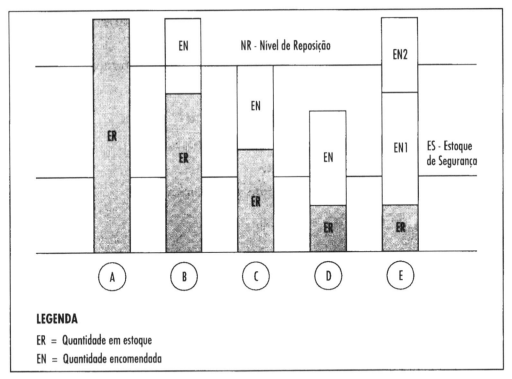

Fonte: CSN.

Figura 6.7   *Gráfico representativo da época da reposição.*

- Situação *D*

Em se tratando de **EV < NR** e **ER < ES**: emitir solicitação de compra e ativar a que se encontra em andamento.

- Situação *E*

Tratando-se de:

a. **EV > NR**: não emitir solicitação de compra;
b. **ER < ES**: uma das encomendas deve ser ativada, normalmente a mais antiga.

3.8 TR – Tempo de ressuprimento

Intervalo de tempo compreendido entre a emissão do pedido de compra e o efetivo recebimento, gerando a entrada do material no estoque. O tempo de ressuprimento representa importante fator na determinação do nível do estoque e, conseqüentemente, no capital imobilizado.

O tempo de ressuprimento é composto por tempos internos da empresa, como também por externos:

a. TPC – Tempo de Preparação da Compra
b. TAF – Tempo de Atendimento do Fornecedor
c. TT – Tempo de Transporte
d. TRR – Tempo de Recebimento e Regularização

De onde:

$$TR = TPC + TAF + TT + TRR \quad \text{⑥}$$

3.9 PR – Ponto de ruptura

É o ponto em que o estoque torna-se nulo. Ocorre quando o consumo faz com que o estoque chegue a seu nível zero e, ainda, continua a demanda do material. Portanto, a ruptura do estoque apresenta-se, na prática, quando o usuário requisita um material do almoxarifado e não pode ser atendido em virtude do estoque encontrar-se em nível zero.

3.10 IC – Intervalo de cobertura

Intervalo de tempo, em meses, programado para duas compras consecutivas, para o qual pretende-se cobrir o consumo com a quantidade de uma aquisição. No cálculo de sua quantidade, devem ser levadas em consideração a imobilização financeira, a capacidade de armazenamento, a perecibilidade do material e as condições de mercado. Assim, o intervalo de cobertura funciona como limitador, de acordo com o critério adotado, no cômputo da quantidade a comprar, conforme exemplo demonstrado na Figura 6.8.

A			B			C		
X	Y	Z	X	Y	Z	X	Y	Z
2	2	4	6	6	9	24	24	12

Figura 6.8   *Tabela exemplo para intervalo de cobertura.*

3.11 QC – Quantidade a comprar

Quantidade de material otimizada solicitada para aquisição, quando atingido o nível de reposição e prevista para consumo durante o intervalo de cobertura. A fórmula clássica da quantidade a comprar, a seguir determinada, nem sempre atende, pois existem quatro situações perfeitamente distintas a considerar.

$$\boxed{QC = EM - EV} \quad ⑦$$

3.11.1 PEDIDO INICIAL

Quantidade a pedir inicialmente, tratando-se de primeira aquisição para materiais recém-incluídos no estoque. Como já vimos no Capítulo 5, item 2.4, para materiais adquiridos pela primeira vez, a previsão da demanda é elaborada pelo usuário por estimativa, por meio das informações consignadas no formulário demonstrado na Figura 5.5, *Proposta de inclusão de material no estoque*.

Portanto, para esses casos, adota-se a fórmula a seguir, com uma margem de segurança para as estimativas feitas, duplicando o valor do estoque de segurança.

$$\boxed{QC = CMM \times TR \times 2ES} \quad ⑧$$

3.11.2 SALDO EM ESTOQUE IGUAL AO NÍVEL DE REPOSIÇÃO

Quantidade de material a pedir quando o saldo remanescente em estoque for igual ao nível de reposição.

$$\boxed{QC = NR + IC \cdot CM - EV} \quad ⑨$$

3.11.3 SALDO EM ESTOQUE ABAIXO DO NÍVEL DE REPOSIÇÃO

Quantidade de material a pedir quando o saldo remanescente em estoque estiver abaixo do nível de reposição.

Para esses casos, adota-se a fórmula 9, anterior, acrescida da quantidade que ultrapassou o nível de ressuprimento.

3.11.4 POR MEIO DO LEC – LOTE ECONÔMICO DE COMPRA

Suponhamos que o abastecimento de determinado material deva ser feito à razão de 20.000 unidades por ano. Far-se-á uma compra da quantidade total ou em parcelas mensais, trimestrais ou semestrais? Qual será, então, a freqüência das compras? Teoricamente, as alternativas são infinitas. Torna-se impraticável efetuar uma aquisição diariamente, como também a compra única dependerá da capacidade de armazenamento. Entre esses dois extremos, é necessário um critério para decidir a quantidade e a periodicidade.

Daí a introdução do lote econômico, em 1915, por meio da simples idéia de encontrar uma quantidade para minimizar o custo total de reposição.

O lote econômico para compra representa a quantidade de material, de tal forma que os custos de obtenção e de manutenção sejam mínimos.

A Figura 6.9 demonstra a idéia do lote econômico de compra.

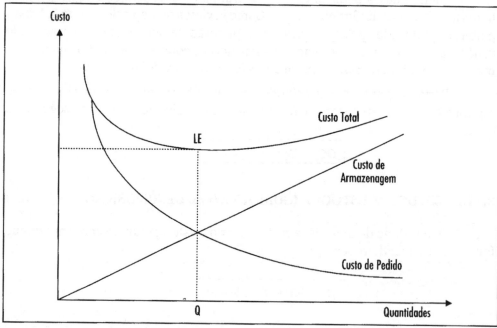

Figura 6.9   Lote econômico de compra.

$$LEC = \sqrt{\frac{2 \cdot CA \cdot CC}{CPA \cdot PU}}$$ ⑩

de onde: CA = consumo anual em quantidades;
   CC = custo unitário do pedido de compra;
   CPA = custo do material armazenado;
   PU = preço unitário do material.

3.11.4.1 Simulação do lote econômico de compra

O lote econômico de compra será perfeitamente entendido por meio da simulação a seguir. Para tanto, serão fixados alguns valores hipotéticos.

a. CA = 3.000 peças;
b. CC = R$ 130,00;
c. CPA = 0,25;
d. PU = R$ 25,00.

Aplicando a fórmula, obtém-se 353,27. A Figura 6.10 apresenta uma tabela em que se comprova que o resultado encontrado é o mais econômico possível.

	TABELA DEMONSTRATIVA DE VALORES IDEAIS DO LEC						
A	100	200	353,27	400	500	1.000	2.000
B	30	15	8,49	7,5	6	3	1,5
C	1.250,00	2.500,00	4.415,87	5.000,00	6.250,00	12.500,00	25.000,00
D	312,50	625,00	1.103,96	1.250,00	1.562,50	3.125,00	6.250,00
E	3.900,00	1.950,00	1.103,70	975,00	780,00	390.00	195,00
F	4.212,50	2.575,00	2.207,66	2.225,00	2.342,50	3.515,00	6.445,00
	LEGENDA						
A	Quantidade pedida, em cada compra.						
B	Número de pedidos anuais = Consumo anual : Quantidade pedida.						
C	Estoque médio. R$ = (Quantidade pedida: 2) × PU.						
D	Custo de posse do estoque. R$ = CPA × estoque médio.						
E	Custo do pedido. R$ = CC × número de pedidos anuais.						
F	Custo total do pedido. R$ = custo de posse + custo do pedido.						

Figura 6.10 *Tabela demonstrativa de valores ideais para o lote econômico de compra.*

Por meio da análise da tabela, confirmando os cálculos efetuados, constata-se que a compra mais econômica será a de 353,27 unidades realizada 8,49 vezes num ano. Nenhum outro valor se apresenta mais baixo que R$ 2.207,66.

Evidentemente, para efeitos práticos, os valores quebrados deverão ser arredondados para números inteiros mais próximos.

3.11.4.2 Críticas ao modelo do lote econômico de compra

Diversas críticas têm sido feitas ao modelo do lote econômico. A mais comum é a de que o modelo não é sensível com relação à variação da quantidade no lote. Mesmo que o tamanho do lote adquirido seja diferente do obtido economicamente, o custo total sofre variações insignificantes, como constata-se ao observar a tabela objeto da Figura 6.10. Ao optar pela decisão de adquirir 500 peças no lugar do LEC, 353,27, o que representa 42% a mais na quantidade prevista para o lote econômico, o custo total passaria de R$ 2.207,66 para R$ 2.342,50, o que representa 6% de elevação, justificando a crítica.

O método fornece com precisão, desde que não haja alterações de comportamento, os elementos para a determinação da quantidade a comprar; porém, na prática, não só o consumo como também os prazos de entrega são freqüentemente modificados, motivo pelo qual o gráfico "dente de serra", objeto da Figura 6.6, não corresponderá à realidade.

A fórmula assume que todos os custos são lineares, quando verdadeiro é de fato o oposto. O custo de armazenagem é mínimo se houver disponibilidade de espaço e pode elevar-se havendo escassez.

Parece que o conceito de otimização matemática está na raiz do problema. Mudando-se o tamanho dos lotes, os resultados podem vir a apresentar mudanças sensíveis no estoque, pois ter todos os tamanhos dos lotes individuais "corretos" não significa que os totais serão corretos.

Essas são as razões pelas quais quem utiliza o LEC não atinge os resultados almejados.

Pelos motivos expostos, deve-se reconhecer o LEC como ferramenta de trabalho, aproveitando o cálculo como **simulador** e não como **otimizador**. Em conseqüência, para decidir ou não pela opção de utilização do LEC, alguns critérios merecem destaque, como a existência de fundamentos significativos ou, quando possível, solicitação da quantidade necessária, nunca uma maior.

3.12 CMM – Consumo médio mensal

Valor médio dos diversos consumos verificados em uma unidade de tempo.

3.13 IR – Índice de rotatividade do estoque

Indica quantas vezes o estoque foi renovado no ano, calculado pelo quociente entre a somatória dos consumos e o valor médio (V) dos estoques no período considerado.

$$IR = \frac{CM1 + \ldots + CM12}{\dfrac{VE1 + \ldots + VE12}{12}} = \frac{12 \Sigma CM1 + \ldots + CM12}{VE1 + \ldots + VE12}$$

onde: $CM1$ = Consumo no primeiro mês;
$VE1$ = Valor do estoque no primeiro mês.

A apreciação do índice de rotatividade fornece elementos para a aferição do comportamento do estoque, por meio da comparação com índices de anos anteriores ou mesmo com índices de empresas congêneres, fornecendo subsídios valiosos para ações e decisões que se fizerem necessárias.

4 APLICAÇÃO PRÁTICA

Para facilitar o entendimento e considerando-se o exposto, é necessário um exemplo.

Determinado material B-Z, correspondente, respectivamente, às classificações referentes ao valor de consumo e importância operacional, apresentou nos últimos 12 (doze) meses os seguintes consumos:

a. janeiro = 25 peças
b. fevereiro = 27 peças
c. março = 26 peças
d. abril = 23 peças
e. maio = 24 peças
f. junho = 25 peças
g. julho = 26 peças
h. agosto = 24 peças
i. setembro = 23 peças
j. outubro = 26 peças
k. novembro = 25 peças
l. dezembro = 23 peças

Pelas últimas aquisições, observou-se que o TR fixado em três meses estava de acordo com a estimativa. O NR foi atingido, não havendo ainda encomenda em andamento. Complementando as informações disponíveis, adotaremos os valores fixados para simulação do LEC, quais sejam:

a. custo unitário do pedido de compra: R$ 130,00;

b. custo do material armazenado: 0,25;

c. preço unitário do material: R$ 25,00.

Em função dos dados especificados e consoante as fórmulas anteriormente relacionadas, temos:

a. estoque de segurança (Fórmula 2)

$$ES = K \times TR \times CMM$$

onde: $ES = 0{,}7 \times 3 \times 25 = 52$ peças;

b. nível de reposição (Fórmula 5)

$$NR = ES + CMM \times TR$$

onde: $NR = 52 + 25 \times 3 = 127$ peças;

c. estoque virtual (Fórmula 3)

$$EV = RS + \text{Encomendas}$$

no caso, $ER = NR = 127$ peças, pois não há encomendas em andamento;

d. estoque máximo (Fórmula 1)

$$EM = NR + TU \times IC$$

onde: $EM = 127 + 25 \times 9 = 352$ peças;

e. quantidade a comprar, saldo em estoque igual a *NR* (Fórmula 9)

$$QC = NR + IC \cdot CM - EV$$

onde: $127 + 9 \times 25 - 127 = 225$ peças;

f. quantidade a comprar por meio do LEC (Fórmula 10)

$$LEC = \sqrt{\frac{2 \cdot CA \cdot CC}{CPA \cdot PU}}$$

onde:

$$LEC = \sqrt{\frac{2 \times 300 \times 130}{0{,}25 \times 25}} = 112 \text{ peças}$$

g. observações:
   1. diante da falta de informações, não há como determinar EC e IR, pois os cálculos de tais índices envolvem situações globais do estoque;
   2. percebe-se nitidamente o conflito entre os resultados calculados das quantidades a comprar por meio do saldo em estoque igual a NR e mediante o LEC, conforme comentado no tópico 3.11.4.2.

5 CONSUMO IRREGULAR

Como depreende-se, o modelo apresentado no tópico anterior não contempla, em sua plenitude, os materiais com comportamento irregular de consumo. Assim, para contornar o problema, pode-se utilizar o conceito de consumo aleatório, com base no qual o usuário espera consumir determinada quantidade no período de um ano, por meio da previsão representada pelo **L/S** – Lote de Segurança. Como regra geral, adota-se o valor de **S** como metade de **L**.

Dessa forma, os principais parâmetros passam a ter os seguintes critérios para ressuprimento:

5.1 EM – Estoque máximo

O estoque máximo terá o valor de **L**.

5.2 ES – Estoque de segurança

O estoque de segurança passa a representar o mínimo por meio do valor de **S**.

5.3 NR – Nível de reposição

A reposição deverá ser desencadeada sempre que o saldo atingir a quantidade de **S**.

5.4 QC – Quantidade a comprar

A quantidade de compra para reposição será obtida por meio da diferença entre **L**, estoque máximo e o saldo remanescente no estoque, **S**.

5.5 AD – Análise da demanda

Para efeito de análise de demanda, serão considerados como consumos anormais os materiais que em determinado período apresentarem:

a. consumo maior que Dnormal $(1 + \alpha)$;
b. consumo menor que Dnormal $(1 + \alpha)$.

Nota: essa regra não se aplica para materiais classificados como **C**, em que $\dfrac{Dr}{Pr} \times$ Preço de Custo < 1 salário mínimo.

Sendo:

$$D\text{normal} = \frac{L}{Pn} \times Pr$$

onde: Dnormal = demanda normal no período normal Pn;
Pr = período real, período para análise, por exemplo de 6 a 24 meses;
Pn = período normal, obtido por meio da Figura 6.11:

CLASSIFICAÇÃO	TR (meses)	PERÍODO NORMAL Pn (meses)
A	TR < 3	6
A	3 ≤ TR ≤ 6	2 TR
A	6 < TR ≤ 10	12
A	TR > 10	2 TR
B e C	1 ≤ TR ≤ 10	12
B e C	TR > 10	2 TR

Figura 6.11   *Tabela do período normal.*

Dr = demanda real relativa ao período real de análise, no caso 6 a 24 meses;

α = fator de tolerância, conforme exemplo demonstrado na Figura 6.12:

CLASSIFICAÇÃO	FATOR DE TOLERÂNCIA
A	$\alpha A = 0{,}05$
B	$\alpha B = 0{,}10$
C	$\alpha C = 0{,}20$

Figura 6.12 *Fator de tolerância.*

5.6 ATUALIZAÇÃO AUTOMÁTICA

As previsões referentes aos materiais enquadrados em consumo aleatório, portanto, por meio de **L/S**, poderão ser atualizadas automaticamente, desde que:

a. $Dr > Dnormal\ (1 + \alpha)$; e

b. $\dfrac{Dr}{Pr} \times 12 \times$ Preço de custo < 1 salário mínimo

Consoante a seguinte fórmula:

$$L_{novo} = \frac{Dr}{Pr} \times Pn \qquad \text{e} \qquad S = \frac{L}{2}$$

6 CRÍTICAS AOS MODELOS ANALISADOS

Como depreende-se, o modelo matemático de ressuprimento apresentado funciona perfeitamente desde que não haja oscilações de comportamento no consumo, o que proporciona algumas desvantagens, quais sejam:

a. não é possível gerir os materiais críticos e o plantel dos sujeitos a recondicionamento;
b. não analisa tendências;
c. não sugere novos níveis quando os anteriores estiverem fora dos limites de tolerância;
d. não gera alertas que poderiam impedir a ruptura do estoque;
e. não permite atuar por exceções;
f. não avalia as falhas de previsão;
g. não permite atuar com menor ou maior risco.

7 MODERNO GERENCIAMENTO

Assim, procurando atenuar e equacionar as dificuldades relacionadas e visando otimizar o desempenho do gerenciamento, há que se contar com o auxílio da informática. As fórmulas permanecem válidas. Apenas algumas adaptações e modificações, por meio da introdução de fatores que contemplem as dificuldades, aliados às formulas matemáticas apresentadas, em *softwares* desenvolvidos especificamente para atendimento às particularidades de cada empresa, possibilitarão melhorar a eficiência. O macrofluxo demonstrado na Figura 6.13 especifica as principais funções, entrada e saída de dados, proporcionados por um sistema que utiliza a informática como o instrumento gerenciador da administração de materiais. Independentemente de não nos aprofundarmos, por não ser este o objetivo, o Capítulo 18 trata o assunto detalhadamente, apresentando fundamentos indispensáveis ao desenvolvimento de um eficaz sistema informatizado de gerenciamento de estoque.

Considerando-se a utilização de materiais bem diversificados, a necessidade de se contar com gestão mais eficiente em relação à análise de risco, à eliminação de controles paralelos e à análise de tendência, torna-se necessário estabelecer procedimentos personalizados e adequados, os quais, visando otimizar os estoques para permitir a redução do imobilizado e utilizando plenamente os recursos da informática, devem estar ancorados nas seguintes premissas:

a. ser simples;
b. estar voltado para decisões e resultados;
c. permitir à gestão atuar por exceções;
d. avaliar e minimizar os erros de previsão;
e. permitir à gestão atuar com maior ou menor risco por meio de parâmetros de correção, medidos e colocados à disposição do analista.

Em vista do exposto, as dificuldades referentes ao modelo matemático exposto no item 3 deste capítulo podem ser atenuadas, aperfeiçoando-se, por conseguinte, o gerenciamento, por meio da adoção de uma divisão racional da demanda, contemplando os diversos comportamentos de consumo, modelos tais que relacionam os coeficientes, fórmulas e parâmetros utilizados no controle de estoques, por meio de critérios a seguir definidos. Assim, temos:

7.1 Demanda regular

Destina-se a atender aos materiais com comportamento regular de consumo.

SISTEMAS DE GESTÃO DE ESTOQUES **167**

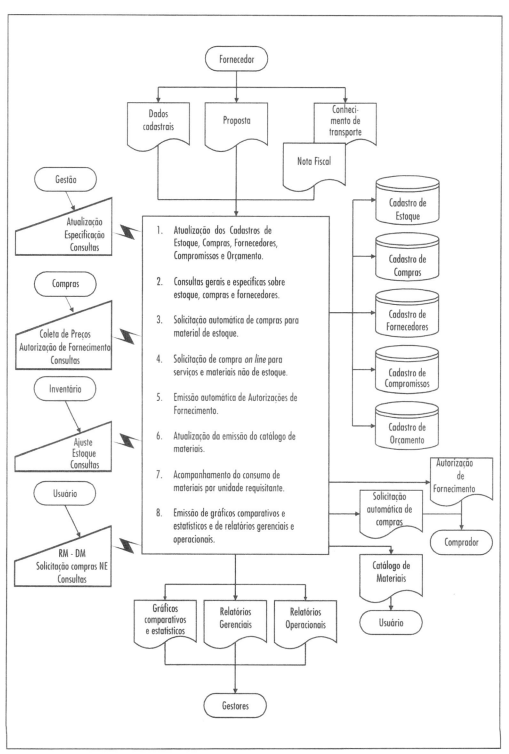

Figura 6.13 *Macrofluxo de sistema integrado de administração de materiais.*

7.2 Demanda irregular

Destina-se a atender aos materiais de comportamento aleatório, que possuam longo intervalo entre trocas e/ou com pequena taxa de uso e em especial os que tenham um plano de trocas.

7.3 Demanda incerta

Destina-se a atender aos materiais sujeitos a recondicionamento.

7.4 Demanda sob risco

Destina-se a atender aos materiais classificados como críticos, conforme conceito definido no Capítulo 2, item 3.2, cuja demanda não é previsível, decidindo-se pela condição de armazená-lo em função do risco que a empresa corre, caso estes materiais não estejam disponíveis quando necessário.

Uma vez classificado em um dos quatro tipos de demanda, o sistema passa a controlar cada material cadastrado automaticamente por meio de modelos probabilísticos, permitindo o controle automático das variáveis reais para possibilitar decisões, mediante comando do gestor, com maior ou menor risco, e fundamentalmente alertando e/ou propondo medidas, tais como:

a. tendência de falta ou excesso de estoque para períodos futuros;
b. cobrança de antecipação ou urgência de compras em andamento de acordo com o tamanho do estoque;
c. quando e quanto ressuprir;
d. nova previsão, quando a anterior estiver fora dos limites de tolerância;
e. permitir o controle automático das variáveis reais;
f. atuar automaticamente com maior ou menor risco, mediante *input* da gestão.

Nesse contexto, o estoque será otimizado mediante o gerenciamento dos seguintes tópicos:

a. análise da variação e tendências de consumo;
b. uso do modelo de demanda adequado;
c. otimização das quantidades de reposição;
d. emissão de compras econômicas;

e. programação e reprogramação das entregas;
f. ativação das encomendas.

8 POLÍTICA DE ESTOQUES

8.1 Manter ou não manter estoque

Independentemente da empresa, a decisão para manter estoque passa por uma série de variáveis, algumas ainda a serem expostas no decorrer deste trabalho.

O ideal almejado é o "estoque zero", ou seja, transportar para o fornecedor todos os encargos advindos de sua manutenção, como capital imobilizado, edifícios para armazenagem, máquinas, equipamentos, acessórios, funcionários etc.

As técnicas de administração japonesas possibilitam a implantação dessa política, à medida que se estabelecem parcerias entre clientes e fornecedores, com vantagens para ambas as partes.

Mesmo não sendo nosso objetivo, para elucidar a questão, apresentaremos adiante os conceitos de *just in time* e *Kanban*, comparando-os com nosso modelo convencional, bem como relato da experiência da Ford a respeito do sistema de funcionamento de estoque zero.

8.2 *Just in time*

Just in time é a produção na quantidade necessária, no momento necessário, para atender à variação de vendas com o mínimo de estoque em produtos acabados, em processos e em matéria-prima. Em outras palavras, trata-se de filosofia de manufatura baseada na eliminação de toda e qualquer perda e desperdício por meio da melhoria contínua da produtividade. Envolve a execução com sucesso de todas as atividades de manufatura necessárias para gerar um produto final, da engenharia do projeto à entrega, incluindo as etapas de conversão de matéria-prima em diante. Os elementos principais do *just in time*, entre outros, são: ter somente o estoque necessário e melhorar a qualidade tendendo a zero defeito. De forma ampla, aplica-se a todas as formas de manufatura, seções de trabalho e processos, bem como atividades repetitivas.

8.3 *Kanban*

Técnica japonesa de gestão de materiais e de produção no momento exato, ambas (gestão e produção) controladas por meio visual e/ou auditivo. Trata-se de um sistema de "puxar" no qual os centros de trabalho sinalizam com um cartão, por exemplo, que desejam retirar peças das operações de alimentação entre o início da primeira atividade até a conclusão da última, em uma série de atividades.

8.4 Comparação entre sistemas *Kanban* e convencional

É interessante apontar as profundas diferenças entre os modelos de gerenciamento convencional e o japonês, no tocante aos aspectos pertinentes a materiais, quais sejam, estoque, fornecedores e qualidade, apresentadas nas Figuras 6.14, 6.15 e 6.16.

Destacam-se como ponto comum a conscientização, motivação e persistência dos envolvidos, por meio de técnicas que tornam visíveis os problemas, permitindo que se aponte o defeito, estabelecendo parceria com fornecedores e implementando o controle estatístico do processo.

ENFOQUE ESTOQUE	
Sistema *Kanban*	Modelo convencional
Por que é necessário?	Quanto é necessário?
Giro do estoque = 70 a 100 / ano	Giro do estoque = 10 a 20 / ano
Controle por métodos visual e manual	Controle mecanizado
Pontualidade, Qualidade, Preço	Preço, Qualidade, Pontualidade

Figura 6.14 *Comparação referente ao estoque entre* Kanban *e modelo convencional.*

ENFOQUE FORNECEDOR	
Sistema *Kanban*	Modelo convencional
Co-fabricantes	Adversários
Único e especialista	Multifontes é a regra
Múltiplas entregas diárias	Entregas únicas e antecipadas
Estreito relacionamento	Mínimas relações
Transporte solidário, dividido	Transporte exclusivo

Figura 6.15 *Comparação referente a fornecedores entre* Kanban *e modelo convencional.*

| ENFOQUE QUALIDADE ||
Sistema *Kanban*	Modelo convencional
Zero defeito	Toleram-se refugos
Qualidade < 100 % para o processo	Por métodos históricos
Eficiência do processo	Inspetor de qualidade
TQC (*Total Quality Control*)	Qualidade sem responsabilidade

Figura 6.16   *Comparação referente à qualidade entre* Kanban *e modelo convencional.*

9 QUESTÕES E EXERCÍCIOS

"Por que sempre nos falta estoque?" Assim são as queixas de muitos empresários que enfrentam os dilemas e frustrações de procurar, ao mesmo tempo, manter as operações estáveis, suprir os consumidores por meio de um adequado atendimento e manter os investimentos em estoques em níveis razoáveis. Este é o problema fundamental que aflige o gerente de materiais, estando relacionado com administração e controle de estoques.

Vejamos, agora, alguns comentários do Presidente do Instituto Brasileiro de Executivos de Finanças (IBEF), seção São Paulo:

"Além do mais, a curva de crescimento da demanda por automóveis, equipamentos eletrônicos, móveis e utensílios domésticos também parece ter atingido um teto, o que contribui bastante para a redução da produção industrial, pois já se observam vendas ao comércio com prazos de até 180 dias. Nesse cenário, é evidente que qualquer mudança futura da economia comprometa toda a dinâmica do processo.

Os efeitos aqui mencionados, agregados à brusca mudança de atitude do consumidor brasileiro, acabaram provocando estoques excessivos especialmente naqueles segmentos que basearam seus planos logísticos em expectativas, muito otimistas, da manutenção das vendas nos níveis verificados em meses anteriores. Em outras palavras, acreditaram demais no chamado 'custo de oportunidade'.

Finalmente, não podemos nos esquecer que ainda estamos em meio a uma mudança de comportamento, decorrente da troca da instabilidade pela estabilidade, o que significa que todo cuidado é pouco."

Considerando-se seu conhecimento a respeito:

1. Por que devemos ter estoques?
2. O que afeta o equilíbrio dos estoques que mantemos?

7
Noções Fundamentais de Compra

VOCÊ VERÁ NESTE CAPÍTULO:

- *Atribuições e funções básicas*
- *Estrutura organizacional*
- *Atribuições do setor de compras*
- *Modalidades de compras*
- *Contratações de longo prazo*
- *Necessidade do regulamento de compras*

1   CONSIDERAÇÕES INICIAIS

Embora todos saibamos comprar, em função do cotidiano de nossas vidas, é imprescindível a conceituação da atividade, que significa procurar e providenciar a entrega de materiais, na qualidade especificada e no prazo necessário, a um preço justo, para o funcionamento, a manutenção ou a ampliação da empresa.

O ato de comprar inclui as seguintes etapas:

   a. determinação do que, de quanto e de quando comprar (ver Capítulo 5, Fundamentos do Gerenciamento de Estoques);

b. estudo dos fornecedores e verificação de sua capacidade técnica, relacionando-os para consulta;

c. promoção de concorrência, para a seleção do fornecedor vencedor;

d. fechamento do pedido, mediante autorização de fornecimento ou contrato;

e. acompanhamento ativo durante o período que decorre entre o pedido e a entrega;

f. encerramento do processo, após recebimento do material, controle da qualidade e da quantidade (ver Capítulo 13, Recebimento).

Assim, já se pode analisar, em maior profundidade, a amplitude de uma compra, identificada esquematicamente na Figura 7.1, para, em seguida, estruturar sua organização.

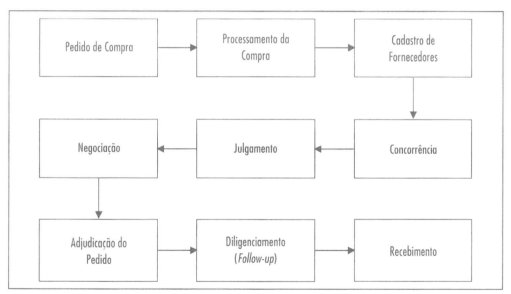

Figura 7.1   *Amplitude da compra.*

2   ORGANIZAÇÃO DO SETOR DE COMPRAS

Independentemente do porte da empresa, alguns princípios fundamentais devem ser considerados na organização do setor, como:

a. autoridade para compra;

b. registro de compras;

c. registro de preços;

   d. registro de fornecedores.

Completando a organização e visando aos objetivos primordiais, quais sejam, material na especificação, qualidade e quantidade desejadas, melhor preço de mercado e prazo desejado, pode-se também mencionar outras atividades correlatas à organização em pauta:

- Pesquisa

   a. estudo do mercado;

   b. estudo dos materiais;

   c. análise de preços;

   d. investigação das fontes de fornecimento;

   e. vistoria dos fornecedores.

- Aquisição

   a. análise das cotações;

   b. entrevistas com vendedores;

   c. promoção de contratos, sempre que possível, em substituição aos processos individuais;

   d. negociação;

   e. efetivação das encomendas.

Assim, a Figura 7.2 demonstra o organograma padrão de um Setor de Compras, o qual contempla as particularidades acima mencionadas.

Mediante a análise da Figura 7.2, pode-se resumir as principais atribuições do setor de compras:

   a. manter atualizadas as informações dos fornecedores cadastrados;

   b. efetuar as licitações, de conformidade com as necessidades da empresa, identificando no mercado as melhores condições comerciais;

   c. garantir o cumprimento das cláusulas contratuais, mediante diligenciamento;

   d. manter atualizados os registros necessários à atividade.

É oportuno e conveniente analisarmos os órgãos componentes da estrutura funcional do Setor de Compras.

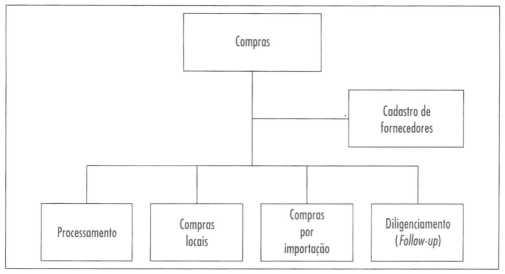

Figura 7.2 *Organograma do Setor de Compras.*

2.1 Cadastro de fornecedores

Órgão responsável pela qualificação, avaliação e desempenho de fornecedores de materiais e serviços. Para o exercício de suas atribuições, acompanha a evolução do mercado, apóia com informações as tarefas do comprador e, fundamentalmente, efetua a manutenção dos dados cadastrais.

2.2 Processamento

Órgão responsável pelo recebimento dos documentos referentes aos pedidos de compra e montagem dos respectivos processos.

Embora não demonstrado na estrutura organizacional do Setor de Compras referente à Figura 7.1, a efetivação de compras depende de um sistema eficiente, o qual deve fornecer, a qualquer momento, as informações necessárias relativas ao andamento dos processos, às compras em processo de recebimento, às devoluções ao fornecedor e às compras recebidas e aceitas.

Para agilização das atividades, o órgão de processamento, além de suas atividades peculiares, deve controlar todo o processo desde seu início, a partir do protocolo do pedido, até o efetivo recebimento do material. Mesmo assim, o controle também deve ser exercido pelos outros órgãos da estrutura funcional.

2.3 Compras

Considerando-se as peculiaridades que envolvem compras efetuadas no Brasil, portanto locais, e compras por importação, preferimos adotar a subdivisão da atividade comprar. O comprador envolvido com o mercado externo necessita conhecer fluentemente o idioma inglês, além de dominar a legislação pertinente, tanto do país importador como do exportador. O comprador local dispensa essa característica. Portanto, os perfis são totalmente diferenciados.

2.3.1 COMPRAS LOCAIS

As atividades de compras locais podem ser exercidas na iniciativa privada e no serviço público.

A diferença fundamental entre tais atividades é a formalidade no serviço público e a informalidade na iniciativa privada, muito embora com procedimentos praticamente idênticos, independentemente dessa particularidade. As Leis n°s 8.666/93 e 8.883/94, que envolvem as licitações no serviço público, exigem total formalidade. Seus procedimentos e aspectos legais estão detalhados no Capítulo 11, Compras no Serviço Público.

2.3.2 COMPRAS POR IMPORTAÇÃO

As compras por importação envolvem a participação do administrador com especialidade em comércio exterior, motivo pelo qual não cabe aqui nos aprofundarmos a esse respeito. Seus procedimentos encontram-se expostos a contínuas modificações de regulamentos, que compreendem, entre outras, as seguintes etapas:

a. processamento de faturas *pro forma*;

b. processamento junto ao Departamento de Comércio Exterior – Decex – dos documentos necessários à importação;

c. compra de câmbio, para pagamento contra carta de crédito irrevogável;

d. acompanhamento das ordens de compra (*purchase order*) no exterior;

e. solicitação de averbações de seguro de transporte marítimo e/ou aéreo;

f. recebimento da mercadoria em aeroporto ou porto;

g. pagamento de direitos alfandegários;

h. reclamação à seguradora, quando for o caso.

2.4 Diligenciamento (*follow-up*)

A realidade do mercado fornecedor brasileiro obriga o setor de compras a se prevenir de eventuais desvios por meio da implantação do diligenciamento, atividade que objetiva garantir o cumprimento das cláusulas contratuais, com especial atenção para o prazo de entrega acordado, acompanhando, documentando e fiscalizando as encomendas pendentes em observância aos interesses da empresa.

3 ETAPAS DO PROCESSO

Os procedimentos de compras estão consubstanciados em várias etapas, conforme demonstra a Figura 7.3.

Analisemos, então, as principais fases do fluxo básico da compra, objeto da Figura 7.3.

a. preparação do processo: etapa que compreende o recebimento dos documentos e a montagem do processo de compra;

b. planejamento da compra: etapa que compreende a indicação de fornecedores e a elaboração de condições gerais e específicas;

c. seleção de fornecedores: etapa que compreende a seleção de fornecedores para a respectiva concorrência, considerando-se a avaliação do desempenho de cada fornecedor envolvido em todas as concorrências promovidas pela empresa, quer durante a consulta, quer durante o pedido adjudicado, com o objetivo de pontuação com méritos e deméritos;

d. concorrência: etapa que compreende a expedição de consulta, abertura, análise e avaliação de propostas, bem como a negociação com fornecedores;

e. contratação: etapa que compreende o julgamento da concorrência, por meio da equalização das propostas, a conseqüente negociação com o fornecedor vencedor e a adjudicação do pedido;

f. controle de entrega: etapa que compreende a ativação, por meio do diligenciamento do fornecedor envolvido, o recebimento do material e o respectivo encerramento do processo.

178 ADMINISTRAÇÃO DE MATERIAIS

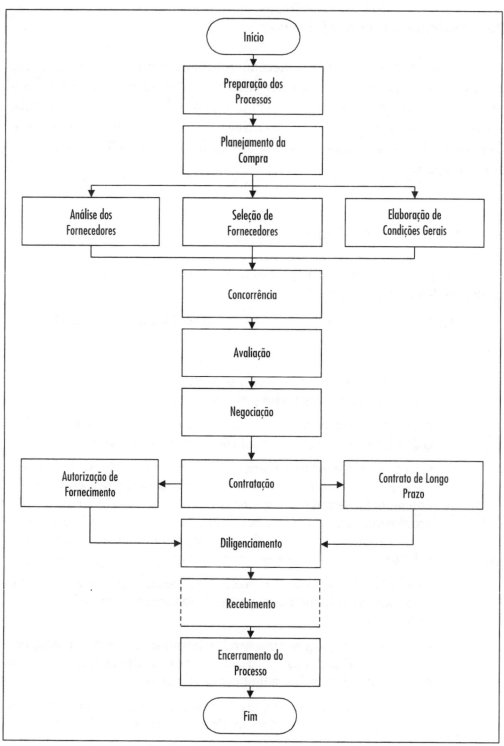

Figura 7.3   *Fluxo básico da compra.*

4 PERFIL DO COMPRADOR

Comprar é uma arte, talvez das mais antigas, motivo pelo qual o padrão atual exige que o comprador possua qualificações, demonstrando conhecimentos dos procedimentos a serem adotados, das características dos materiais, bem como da arte de negociar, essencial na prática das transações.

O comprador deverá ter responsabilidade de seus atos acompanhada da indispensável autoridade, condições indispensáveis para o exercício de suas funções. O comprador sem autoridade jamais conseguirá levar a bom termo sua atividade, pois não poderá, por exemplo, responsabilizar-se por negociação efetuada com fornecedores, pois o vendedor confia no acordo firmado, o qual estará sujeito a interferências e outros fatores.

Ser bom negociador, ter iniciativa e capacidade de decisão, bem como objetividade e idoneidade, são as principais características do comprador, as quais norteiam sua conduta profissional.

5 MODALIDADES DE COMPRA

A compra pode ter dois trâmites: normal ou em caráter de emergência.

5.1 Compra normal

Procedimento adotado quando o prazo for compatível para obter as melhores condições comerciais e técnicas na aquisição de materiais, por meio de todas as etapas demonstradas no fluxo básico da compra, objeto da Figura 7.3. É a mais vantajosa, pois permite ao comprador o estabelecimento de condições ideais para a empresa.

5.2 Compra em emergência

Acontece quando a empresa falha na elaboração do planejamento ou no atendimento de necessidade oriunda de problemas operacionais, conforme demonstrado no fluxo da compra de emergência, objeto da Figura 7.4. Comparando-se esse fluxo com o da compra normal, demonstrado pelo fluxo básico da compra, objeto da Figura 7.3, observa-se a perda de várias etapas fundamentais, o que torna a compra em emergência desvantajosa, porque os preços obtidos são elevados em relação aos da compra normal.

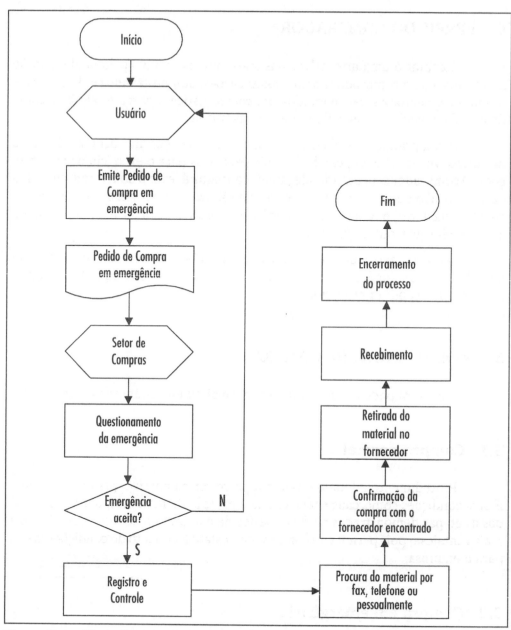

Figura 7.4   *Fluxo da compra em emergência.*

6   COMO COMPRAR

Pode-se comprar de duas formas distintas:

6.1 Por meio de concorrências repetitivas

Procedimento adotado para os pedidos de compra, independentemente da análise do comportamento periódico em que acontecem. Por sua vez, podem-se classificar as compras repetitivas em inconstantes e constantes.

6.1.1 INCONSTANTES

Podem-se enquadrar nessa categoria as compras isoladas e que não se repetem, ou que pelo menos não permitem o estabelecimento de data e quantidades de suas novas necessidades.

6.1.2 CONSTANTES

Podem-se enquadrar nessa categoria todos os materiais com política de ressuprimento definida, portanto de consumo regular, de uso constante e compras repetitivas.

6.2 Por meio de contratos de longo prazo

Procedimento adotado para fornecimento de materiais de consumo regular, com vigência por determinado período de tempo, para entregas parceladas, por meio de autorização.

É oportuno analisar em maior profundidade essa forma, originária nas concorrências repetitivas constantes, a qual se distingue e se caracteriza pelas quantidades de materiais e/ou itens adquiridos e, principalmente, como induz a própria modalidade, pelo longo prazo de vigência que a norteia, normalmente, por um período igual ou superior a 12 meses.

A prática garante que, para encomendas maiores, obtêm-se preços unitários mais baixos. Tal redução de preços está intimamente ligada às economias de produção em grande escala, redução dos detalhes de vendas, cotações repetitivas, deslocamento de vendedores, bem como ao fato de a referida venda representar para o fornecedor uma comodidade em termos de transação comercial.

6.2.1 VANTAGENS

Dessa forma, a aquisição de grandes lotes de materiais, por intermédio da modalidade contrato, produz as seguintes vantagens:

6.2.1.1 Para a empresa contratante

a. redução da imobilização em estoques, em decorrência da redução dos níveis de segurança, havendo casos em que eles serão totalmente eliminados;
b. simplificação dos procedimentos de compras com a eliminação de coletas de preços, consultas, análise de propostas e emissão de autorização de fornecimento para cada pedido de reposição;
c. ampliação do poder de negociação e, conseqüentemente, das vantagens obtidas na compra, em decorrência das maiores quantidades envolvidas;
d. redução dos atrasos nas entregas em face da programação.

6.2.1.2 Para a empresa contratada

O sistema apresenta um grande atrativo para o fornecedor contratado, que terá assegurado um fornecimento programado durante a validade do contrato.

6.2.2 DESENVOLVIMENTO

Para a concretização de um programa de contratação, devem-se selecionar diversas famílias e grupos de materiais, com consumo regular e freqüência de concorrência repetitiva, por meio de pesquisa e do apontamento de:

a. quantidade de itens, por família e por grupos;
b. quantidades estimadas de materiais, por item e para um período de fornecimento durante 12 meses, considerando-se, inclusive, suas respectivas projeções para o futuro;
c. pesquisa e seleção de fornecedores, com potenciais reais de participação e atendimento;
d. tradição e costume, por meio de pesquisa do comércio no relacionamento preço/quantidade.

A partir daí, podem-se efetuar as concorrências preliminares para a efetivação das contratações, que devem orientar-se de conformidade com as seguintes características básicas:

a. preços unitários obtidos inferiores aos das últimas concorrências repetitivas;
b. prazo de vigência mínimo de 12 meses e máximo de 36 meses;

c. prazo de entrega dos materiais, por meio de solicitação do representante do comprador, mediante aviso prévio, com antecedência mínima de três dias;

d. sem concessão de exclusividade, evitando, dessa forma, a criação de riscos de tendências monopolistas.

6.2.3 RESULTADOS OBTIDOS PELA COSIPA EM CONTRATAÇÕES DE LONGO PRAZO

A proximidade do mercado fornecedor norteou, no início da década de 80, o incremento da modalidade de compra por contratação de longo prazo, objetivando a redução dos processos e dos preços, bem como a transferência do ônus da armazenagem para o fornecedor.

É necessário demonstrar o universo que vai comprovar a opção pela modalidade. A Cosipa mantinha cadastrado algo em torno de 60.000 itens de materiais de estoque e imensa quantidade de itens de materiais que não eram de estoque, os quais demandavam, por sua vez, um número incomensurável de processos de compra sistemáticos e repetitivos para sua reposição.

A adoção dessa modalidade de compra tornou necessário o estabelecimento de dois tipos de contratos distintos, para materiais classificados como de estoque e para materiais classificados como não de estoque.

6.2.3.1 Contratação envolvendo materiais de estoque

Foram contratados cerca de 5.580 itens de materiais de estoque, por intermédio de 122 contratos firmados, em que se destacam: cabos de aço, lâmpadas, tubos metálicos flexíveis, escovas eletrografíticas, filtros diversos, luvas de segurança, resistores, retentores, gaxetas, fios e cabos elétricos, aços, ligas para construção mecânica, formulários contínuos, uniformes, disjuntores, fusíveis, tubos de aço, eletrodos, selos de aço, fitas de aço, botinas de segurança, anéis de vedação, resinas etc.

6.2.3.2 Contratação envolvendo materiais que não são de estoque

Foram contratados cerca de 148.000 itens de materiais que não são de estoque, portanto referentes a compras inconstantes, por intermédio de 46 contratos firmados, em que se destacam: componentes diversos para máquinas pesadas, talhas, *tirfors*, baterias à base de troca, cartões de visita, materiais isolantes em geral etc.

As contratações aludidas permitiram:

a. redução de preços de forma geral, de cerca de 12,5%, em relação às últimas aquisições pelo sistema anterior ao dessa modalidade;
b. redução de elevado número de processos de compra constantes, portanto repetitivos;
c. redução da ação do diligenciamento e acompanhamento de compras;
d. redução de dispêndios anteriormente empregados na confecção de modelos, moldes, desenhos, envelopes e impressos;
e. redução de valores imobilizados em estoque, como também de área de armazenagem, pois, para os materiais contratados, a Cosipa passou a utilizar o estoque do fornecedor;
f. maior rotatividade do estoque;
g. maior agilização no atendimento aos usuários;
h. maior segurança e confiabilidade de atendimento pelo fornecedor.

É evidente que o êxito obtido pela Cosipa deu-se em virtude de seu grande potencial como empresa compradora e, evidentemente, do interesse despertado pelos fornecedores, que, a partir do conhecimento do sistema, só para citar, passaram a oferecer descontos adicionais para contratações por períodos superiores ao inicialmente determinado.

7 REGULAMENTO DE COMPRAS DA EMPRESA – MANUAL DE COMPRAS

Como vimos, no serviço público as compras estão regulamentadas pela Lei nº 8.666/93, alterada pela Lei nº 8.883/94, ao passo que a maioria das grandes empresas da iniciativa privada possui um manual de compras, ficando as outras categorias de empresas com regras e condutas de tradição, sem a devida transcrição.

O manual define o alcance da função e seus métodos, tornando-se instrumento orientador da política de compras da empresa e, por conseguinte, norteando e delimitando as atribuições e responsabilidades do comprador.

O manual deve conter:

7.1 Prefácio

O conteúdo introdutório define claramente a autoridade para o exercício da atividade, formalizando a política de compras, por meio dos procedimentos adotados, devendo, entre outros, serem considerados:

- as contratações referentes a compras, serviços, obras e locações, realizadas de conformidade com este regulamento;
- as compras, serviços, obras e locações da empresa, quando contratadas com terceiros, necessariamente precedidas de concorrência, ressalvadas as hipóteses previstas neste regulamento.

7.2 Cadastro de fornecedores

As relações comerciais iniciam-se mediante o respectivo cadastro, que tem como objetivo averiguar a capacidade e as instalações dos fornecedores interessados, classificá-los de acordo com a política de compras vigente e avaliar o desempenho de cada fornecedor envolvido em todas as concorrências, devendo, entre outros, serem mencionados:

- as empresas interessadas em participar de concorrências, as quais deverão requerer sua inscrição no cadastro de fornecedores, mediante o fornecimento dos documentos exigidos;
- os aprovados, classificados por categorias, tendo-se em vista sua especialização, subdivididos em grupos, segundo a capacidade técnica e financeira, avaliada pelos dados constantes na documentação apresentada para a inscrição;
- a qualquer tempo, alteração, suspensão ou cancelamento do registro da empresa cujo desempenho em contratações anteriores tenha sido considerado insatisfatório.

7.3 Autoridade de compras

Delimitam-se os contatos com fornecedores somente por intermédio dos compradores, definindo-se os compromissos e suas restrições, bem como a possibilidade de reciprocidade e negociação, cabendo ao comprador receber representantes para aberturas de concorrência, fazer entrevistas de qualquer natureza, acolher sugestões, efetuar negociações, emitir comunicados sobre rejeições etc.

7.4 Concorrência

Define-se a necessidade de as aquisições de qualquer natureza se efetuarem por intermédio de concorrência, exceto nos casos previstos na seção 7.5, além de se estipular a quantidade de fornecedores a serem consultados, de conformidade com a classificação aludida na seção 7.2.

7.5 Dispensa de concorrência

Definem-se as regras para dispensa de concorrência e os trâmites da aquisição de mercadorias nos casos em que se caracterizem:

a. emergência: quando comprovada a urgência de atendimento em situações que possam causar prejuízos ou comprometer a segurança de pessoas, obras, serviços ou bens;

b. fornecedor exclusivo: quando comprovado que a aquisição só pode ser efetuada por meio de fornecedor exclusivo.

7.6 Relações com fornecedores

Delimitam-se as relações com fornecedores, conforme já definido na seção 7.3, por intermédio dos compradores, que, de acordo com esse regulamento, convocam os representantes dos fornecedores para esclarecimento de dúvidas, negociação, cobranças de pendências, comunicados de rejeição etc.

7.7 Propostas

As propostas dos fornecedores deverão ser apresentadas no mesmo formulário promotor da concorrência, qual seja, a coleta de preços, nos campos destinados, da seguinte forma:

a. redigidas em português e datilografadas sem emendas, rasuras, entrelinhas ou borrões em partes essenciais;

b. com as condições comerciais de praxe, além do prazo de validade das propostas;

c. com as ofertas claramente especificadas.

7.8 Avaliação das propostas

Procedimentos pelos quais as propostas serão avaliadas:

- serão desclassificadas as que estiverem em desacordo com esse regulamento ou com as condições específicas, que se revelarem inexeqüíveis ou, ainda, que apresentarem preços manifestamente excessivos;
- a qualquer tempo, antes da contratação, poderá ser desqualificado fornecedor ou proposta, sem que caiba direito à indenização ou reembolso;
- serão desclassificadas as propostas dos proponentes convocados para prestar esclarecimentos ou informações complementares que não atendam a tal solicitação;
- serão classificadas as propostas de acordo com os critérios estabelecidos nas condições específicas, selecionando-se a que for considerada mais vantajosa.

7.9 Formas de contratação

Observado o disposto na seção 7.8, o proponente selecionado será contratado, mediante uma das seguintes formas, não se admitindo, em hipótese nenhuma, o contrato verbal:

a. por autorização de fornecimento, para concorrências repetitivas, conforme a seção 6.1;

b. por contrato de longo prazo, conforme a seção 6.2.

O instrumento de contratação deverá mencionar, no preâmbulo, os nomes das partes e de seus representantes.

7.10 Reajuste

Definem-se os procedimentos pelos quais poderá haver reajuste dos preços contratados, quando cabível e mediante aplicação de índices definidos no instrumento de contratação.

7.11 Penalidades

Definem-se os procedimentos pelos quais penalidades poderão ser aplicadas, devendo o instrumento contratual conter estipulação expressa, prevendo a aplicação de sanções por ambas as partes contratantes.

8 QUESTÕES E EXERCÍCIOS

1. Por que se devem evitar compras em caráter de emergência? Quais suas implicações? O que deve ser feito para não haver repetição?
2. Detalhar a importância do cadastro de fornecedores no processo licitatório.
3. Qual o perfil ideal para o comprador?
4. Esclarecer a importância do regulamento de compras para a empresa.

8 CADASTRO DE FORNECEDORES

VOCÊ VERÁ NESTE CAPÍTULO:

- Importância do cadastro de fornecedores
- Qualificação de fornecedores
- Avaliação de fornecedores
- Cadastro de fornecedores como banco de dados

1 CONSIDERAÇÕES INICIAIS

O cadastro de fornecedores tem as atribuições de qualificar e avaliar o desempenho de fornecedores de materiais e serviços. No exercício de suas atividades, acompanha a evolução do mercado, subsidia as informações e tarefas do comprador e, fundamentalmente, efetua a manutenção dos dados cadastrais, inclusive pontuando cada fornecedor com méritos e deméritos, obtidos por meio da análise da atuação respectiva durante as fases de consulta e de fornecimento.

Justifica-se a existência do setor pela necessidade fundamental de saber de quem comprar. Assim, o ato de cadastrar representa muito mais que a manutenção em arquivos da documentação relativa aos fornecedores da empresa, devendo o cadastro, por conseguinte, disponibilizar informações atualizadas e confiáveis que possibilitem, a qualquer tempo, a adequada seleção de fornecedores para cada concorrência promovida.

Assim, já se pode analisar, em maior profundidade, a amplitude do cadastro de fornecedores, identificado esquematicamente na Figura 8.1.

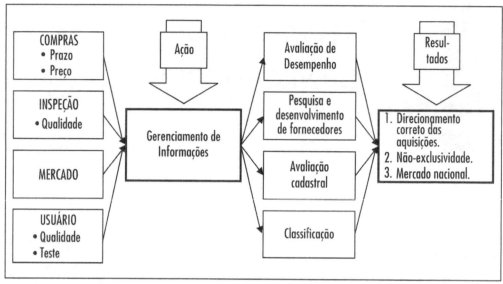

Figura 8.1   *A amplitude do cadastro de fornecedores.*

Estabelecida a amplitude, podem-se determinar as premissas do cadastro de fornecedores, as quais estão consubstanciadas na Figura 8.2.

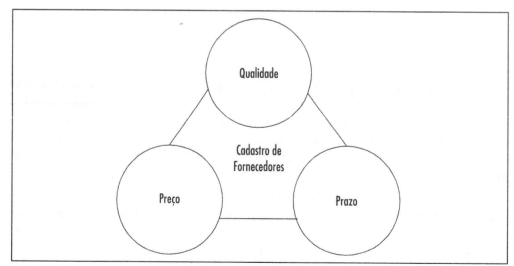

Figura 8.2   *Premissas do cadastro de fornecedores.*

Analisando-se a Figura 8.2, constatamos que as premissas estão fundamentadas no tripé qualidade – preço – prazo, o qual, por sua vez, determina os pontos importantes de atuação do setor:

a. ter registrado fornecedores cujos produtos ou serviços possam ser de interesse efetivo ou potencial da empresa;

b. garantir um plantel de fornecedores com padrão acima do mínimo necessário;

c. despertar o interesse do fornecedor em manter-se atualizado perante as metas da empresa;

d. antecipar-se às necessidades de aquisição da empresa.

2 CRITÉRIOS DE CADASTRAMENTO

A quantidade de empresas mantidas no cadastro varia em função do número e da diversidade dos materiais consumidos. Então, se, por um lado, esse número não deve ser tão reduzido, o que poderá resultar em poucas alternativas de fornecimento, com riscos de aferições inadequadas e, conseqüentemente, compras a preços elevados, por outro lado, não deve ser tão elevado, de forma a dificultar o estreito controle do desempenho dos fornecedores cadastrados.

Nesse contexto, o cadastro deve pautar sua atuação no sentido de não ficar saturado, mantendo uma quantidade equilibrada e suficiente de fornecedores para todos os materiais utilizados, impedindo o registro de fornecedores que pouco ou nada têm a contribuir para o abastecimento da empresa.

Os critérios para cadastramento podem ser assim classificados:

2.1 Critérios políticos

Geralmente, são definidos pela administração da empresa. Enquadram-se nessa categoria os seguintes fatores: estabelecimento de prioridades para cadastramento de empresas da região ou do Estado, prioridade nas consultas a empresas de pequeno a médio porte etc.

2.2 Critérios técnicos

Envolvem as carências de abastecimento, na procura de desenvolvimento de novas alternativas de fornecimento, visando, por exemplo, evitar exclusividade.

2.3 Critérios legais

Aplicados exclusivamente às empresas estatais, autárquicas e do serviço público, conforme análise no Capítulo 11, Compras no Serviço Público.

De conformidade com esses princípios e para obtenção da máxima eficácia do cadastro, deve-se estabelecer um período fixo para a abertura de inscrições, como, por exemplo, os primeiros meses de cada ano, ficando os demais meses para controle, avaliação e pesquisas de novas alternativas de mercado. Obviamente, havendo interesse do cadastro, podem ocorrer cadastramentos fora do período fixado.

3 PROCEDIMENTOS PARA CADASTRAMENTO

Cada empresa adota procedimentos próprios para inclusão de fornecedores em seu rol. No entanto, basicamente, os fatores de decisão fundamentam-se na estabilidade econômico-financeira, na idoneidade comercial, na capacidade produtiva, na capacidade técnica e na tradição no mercado das empresas interessadas no cadastramento.

Os critérios para cadastramento envolvem procedimentos típicos de qualificação técnica, podendo-se adotar uma regra geral adaptável às condições peculiares de cada empresa em duas fases distintas:

a. fase inicial – análise preliminar;
b. fase final – análise complementar.

3.1 Fase inicial – análise preliminar

Consiste na análise sumária e rápida dos documentos preliminares apresentados pelo interessado no cadastramento, visando definir, em função da análise em pauta, o andamento ou não do processo.

Para tanto, os interessados devem apresentar:

a. ato constitutivo da empresa, estatutos ou contrato social e alterações;
b. atestados de capacidade técnica e/ou de fornecimento a outras empresas de ramo e porte equivalente;
c. atestados de capacidade e idoneidade financeira;

d. cópias dos dois últimos balanços;

e. linha de produtos e/ou serviços oferecidos.

A documentação anteriormente relacionada propiciará as seguintes análises:

3.1.1 ANÁLISE SOCIAL

É realizada por meio do ato constitutivo, verificando-se seu objetivo, capital e composição acionária, fase em que podem ser adotados critérios para vedar o cadastramento de empresas em cuja composição acionária constem funcionários da empresa que está cadastrando, sócio e ex-sócio de empresas excluídas do cadastro por falta grave, sócio de empresa já cadastrada para a mesma linha de materiais etc.

3.1.2 ANÁLISE ECONÔMICO-FINANCEIRA

É constatada por meio dos balanços, referências bancárias e cartas de crédito, cadastrando-se somente as empresas tidas como solventes.

3.1.3 ANÁLISE TÉCNICA PRELIMINAR

É realizada com base nos atestados de capacidade técnica e na relação de equipamentos, visando tão-somente constatar a tradição comercial da empresa em análise e o interesse nos materiais e serviços oferecidos, definindo-se também nessa fase a necessidade ou não de visita técnica, qualificação de produtos ou testes de materiais, os quais, se necessários, serão efetivados durante a fase final.

3.2 Fase final – análise complementar

Procede-se à análise complementar para as empresas aprovadas na fase preliminar, a qual definirá ou não o registro.

As análises realizadas nessa fase visam atender, para as empresas estatais e autárquicas e para o serviço público em geral, aos aspectos legais, bem como, para as empresas da iniciativa privada, qualificar tecnicamente os pretendentes ao cadastramento e incluí-los nos grupos de compra para os quais estão aptos a atender.

3.2.1 ANÁLISE JURÍDICA

É realizada utilizando-se as certidões positivas dos cartórios de feitos executivos, certidões negativas de falência ou concordata e inscrições fiscais de âmbito federal, estadual e municipal, com o pleno apoio do órgão de assessoria jurídica da empresa.

3.2.2 ANÁLISE TÉCNICA CONCLUSIVA

Varia em função da linha oferecida pelo pretendente, podendo-se adotar alguns critérios de simplificação, como, por exemplo, a dispensa de visitas técnicas a empresas já fornecedoras tradicionais de congêneres.

Sendo necessária, realiza-se visita técnica, em companhia de especialistas no campo envolvido, a qual segue um questionário-padrão, por meio do qual obtêm-se os seguintes elementos para avaliação:

a. recursos humanos: destacam-se os seguintes fatores: quantidade, qualidade e especialização;

b. recursos materiais: destacam-se os seguintes fatores: maquinário, ferramental e instalações;

c. organização: destacam-se os seguintes fatores: programação, controle da produção, segurança e *layout*;

d. produção: destacam-se os seguintes fatores: capacidade, flexibilidade e diversificação;

e. controle de qualidade: destacam-se os seguintes fatores: recebimento, produção e produto.

O formulário *planilha de qualificação técnica* facilita a tabulação dos critérios anteriormente analisados, visando determinar a qualificação referente ao conceito técnico do fornecedor em análise, conforme demonstra a Figura 8.3.

PLANILHA DE QUALIFICAÇÃO TÉCNICA		Data da avaliação
Avaliador		
Empresa		
Endereço		
Atividade		
Funcionário contatado		

Avaliação da capacidade da empresa			
Itens avaliados no fornecedor	Resultado obtido			
	Insatisfatório	Satisfatório	Bom	Excelente
Instalações				
Capacidade técnica				
Controle de qualidade				
Organização industrial				
Layout				
Recursos humanos				
Recursos logísticos				
Segurança				

Avaliação subjetiva do porte e apresentação da empresa					
Porte			Apresentação		
Pequeno	Médio	Grande	Muito boa	Boa	Razoável

Resultado final da avaliação		
Não cadastrar	Recomendar medidas p/ nova avaliação	Cadastrar sem restrições

Observações

Preparado por	Aprovado por

Figura 8.3   *Planilha sumária para qualificação técnica.*

4 APROVAÇÃO DO CADASTRO

O formulário da Figura 8.3 contempla a adoção de pontuação para cada item avaliado, conforme demonstrado na Figura 8.4.

Resultado	Insatisfatório	Satisfatório	Bom	Excelente
Pontuação	0	1	2	3

Figura 8.4 *Pontuação para itens avaliados.*

A decisão final fica condicionada ao total de pontos obtidos, conforme demonstra a Figura 8.5.

Total de pontos obtidos	Decisão
2 a 8	Não cadastrar
9 a 16	Recomendar medidas para nova avaliação
17 a 24	Cadastrar sem restrições

Figura 8.5 *Decisão final da avaliação.*

De posse dos dados coletados, elabora-se a análise, atribuindo-se o conceito técnico do fornecedor: deficiente, regular, bom e excelente.

As empresas com conceito bom e excelente deverão ser cadastradas; as com conceito regular poderão vir a sê-lo, desde que atendam às exigências e superem as restrições; e as deficientes não deverão obter registro.

Cumpridas as formalidades, a empresa deve ser comunicada a respeito.

5 CLASSIFICAÇÃO DE FORNECEDORES

As empresas cadastradas são classificadas consoante a classe de materiais de sua linha, de conformidade com os critérios estabelecidos pelo setor de compras, objetivando o inter-relacionamento entre fornecedores e grupos de materiais, originando, em conseqüência, os grupos de compra, que objetivam facilitar o processo de seleção de fornecedores para a concorrência.

6 SELEÇÃO DE FORNECEDORES PARA A CONCORRÊNCIA

A classificação analisada anteriormente propiciará a seleção de fornecedores, visando à promoção da concorrência. Independentemente da quantidade selecionada, podendo ser três, cinco ou sete, critério que depende da administração da empresa, adotam-se os seguintes critérios de seleção:

a. o fornecedor da última compra deve sempre ser indicado, exceto nos casos analisados no tópico "Avaliação de fornecedores", a seguir;

b. não indicar fornecedores com atrasos na entrega superiores a 20% de sua carteira;

c. evitar a concentração de consultas em grupos reduzidos de fornecedores;

d. priorizar as consultas aos fabricantes;

e. em função do resultado de coletas anteriores, evitar a consulta a fornecedores com baixo índice de cotação.

7 AVALIAÇÃO DE FORNECEDORES

Independentemente da avaliação objeto de análise na seção 3, "Procedimentos para cadastramento", os fornecedores devem ser constante e sistematicamente avaliados quanto ao desempenho de seus fornecimentos, por meio dos seguintes critérios:

a. desempenho comercial;

b. cumprimento de prazos de entrega;

c. qualidade do produto;

d. desempenho do produto em serviço.

7.1 Desempenho comercial

O fornecedor é avaliado sob os seguintes aspectos:

- **Coleta de preços**

Oportunidade em que o fornecedor é avaliado quanto a:

a. índice de cotação ou número de vezes em que o fornecedor responde positivamente às consultas realizadas;
b. obediência às condições gerais de fornecimento, em função do número de propostas desclassificadas.

- **Cumprimento das condições contratuais**

Oportunidade em que o fornecedor é avaliado, observando-se os seguintes aspectos:

a. condições de pagamento;
b. reajustes de preços;
c. preços propostos;
d. ética comercial.

7.2 Cumprimento dos prazos de entrega

Oportunidade em que o fornecedor é avaliado quanto a:

a. cumprimento dos prazos de entrega;
b. presteza no atendimento de emergências.

7.3 Qualidade do produto

Oportunidade em que o fornecedor é avaliado por meio da quantidade de devoluções efetuadas.

7.4 Desempenho do produto em serviço

O fornecedor é avaliado por meio das ocorrências de desempenho insatisfatório no serviço.

Os dados coletados são processados e tabulados por meio de pontuações ponderadas, estabelecendo-se um *ranking* de fornecedores em função de seu desempenho, o que pode gerar, em casos negativos:

a. suspensão temporária;
b. exclusão do cadastro.

As ocorrências significativas referentes aos fornecedores do rol do cadastro devem ser apontadas em formulário adequado para aprovação superior e registro respectivo. A Figura 8.6 demonstra a ficha de ocorrência.

FICHA DE OCORRÊNCIA CADASTRAL		Data da Ocorrência
AF/Contrato	Fornecedor	
Ocorrência		
Ação Proposta		
1	Impedimento do Fornecedor (mediante fato grave)	
2	Desimpedimento do Fornecedor	
3	Suspensão de consultas até a data __/__/__, retornar para análise.	
4	Suspensão de consultas até ordem em contrário.	
5	Revogação da suspensão de consultas.	
6	Outras:	
7	Exclusão para consulta do Código.	
8	Revogação da exclusão para consulta do Código.	
9	Advertência verbal.	
10	Advertência escrita.	
11	Registro de ato positivo.	
12	Registro de ato negativo.	
Preparado por		Aprovado por

Figura 8.6 *Ficha de ocorrência cadastral.*

8 A EXPERIÊNCIA DA COMPANHIA DO METROPOLITANO DE SÃO PAULO – METRÔ – NA QUALIFICAÇÃO TÉCNICA DE FORNECEDORES[1]

Por ser um dos mais exigentes a respeito, selecionamos, para apresentação em estudo de caso, o modelo de qualificação técnica de fornecedores da Companhia do Metropolitano de São Paulo, o qual está inteiramente voltado para a avaliação de fornecedores do ramo industrial, o que não invalida sua adaptação para avaliação de empresas de outros ramos.

A Companhia do Metropolitano de São Paulo utiliza metodologia própria para o processo de avaliar e qualificar tecnicamente os fornecedores, objetivando sanear os inabilitados.

A metodologia em pauta consiste no estabelecimento dos seguintes pontos:

8.1 Nível de aplicação

Classificação do fornecedor quanto a força de trabalho, tecnologia e patrimônio líquido e/ou faturamento da unidade envolvida e responsável pela fabricação dos materiais de interesse da empresa, conforme ilustra a Figura 8.7, que, na coluna faturamento líquido, foi adaptada para valores em US$.

GRADUAÇÃO	NÚMERO DE FUNCIONÁRIOS	TECNOLOGIA	FATURAMENTO LÍQUIDO (2 a 3) X PATRIMÔNIO LÍQUIDO	SEGMENTO
2,5	n° ≤ 25	Baixa	< US$ 8.000,00	Comércio e Serviços
			< US$ 20.000,00	Indústria
5,0	25 < n° < 100 =	Média	US$ 8.000,00 a US$ 64.000,00	Comércio e Serviços
			US$ 20.000,00 a US$ 160.000,00	Indústria
7,5	100 < n° < 500 =	Alta	US$ 64.000,00 a US$ 160.000,00	Comércio e Serviços
			US 160.000,00 a US$ 400.000,00	Indústria
10,0	n° > 500	Diferenciada com sofisticação	> US$ 160.000,00	Comércio e Serviços
			> US$ 400.000,00	Indústria
SOMATÓRIA DE PONTOS			NÍVEL DE APLICAÇÃO	
7,5 A 10,0			I	
12,5 A 17,5			II	
20,0 A 25,0			III	
27,5 A 30,0			IV	

Figura 8.7 *Classificação do fornecedor para determinar o nível de aplicação.*

---

1. *Fonte:* Anais do IX Seminário de Abastecimento. São Paulo : Associação Brasileira de Metais, 1988.

8.2 Pontuação

Obtida por meio de sistema de pesos para avaliar quantitativamente as condições obtidas, conforme ilustra a Figura 8.8.

CÓD.	RESULTADO	EVENTO	PESO
A	Sim	Atende completamente ao quesito.	2
B	Sim parcialmente	Atende ao quesito com restrições.	1
C	Não	Não atende ao quesito.	0

Figura 8.8 *Tabela de pesos para avaliação quantitativa do fornecedor.*

8.3 Planilha de avaliação

Instrumento destinado ao agrupamento das informações obtidas, com a aplicação dos valores de pontuação, para a avaliação e definição do processo de qualificação técnica do fornecedor, conforme ilustra a Figura 8.9.

8.4 Metodologia para a tabulação da planilha de avaliação

Para facilitar o preenchimento do formulário, elaborou-se um roteiro com indagações, composto pelas 16 questões relacionadas na planilha referente à Figura 8.9, incorporando-se, para cada uma, até oito quesitos, previamente numerados de 1 a 8, para subsidiar e auxiliar o avaliador a tabular corretamente a planilha de avaliação, de conformidade com os enunciados anteriores.

8.4.1 ORGANIZAÇÃO GERAL

Quesitos a serem respondidos pelo avaliador:

1. existe organograma funcional e atualizado, definindo claramente as linhas e níveis de autoridade na empresa?
2. as instalações industriais e o arranjo físico são adequados à produção do fornecimento em análise?
3. a empresa mantém sistema adequado de manutenção de suas instalações?

PLANILHA DE AVALIAÇÃO DE FORNECEDOR															Número	
^															
Fornecedor								Avaliador					Data		
													PONTUAÇÃO	SUBTOTAIS	
NÍVEL DE APLICAÇÃO		I		II		III		IV		A	B	C	D	E	F	G
QUESTÕES – QUESITOS || 1	2	3	4	5	6	7	8							
NÍVEL DE APLICAÇÃO		I		II		III		IV		A	B	C	D	E	F	G
QUESTÕES – QUESITOS || 1	2	3	4	5	6	7	8							
1	Organização geral														
2	Recursos humanos														
3	Engenharia do produto														
4	Engenharia industrial														
5	Matéria-prima														
6	Armazenagem e expedição														
7	Produção														
8	Organização do controle da qualidade														
9	Planejamento do controle da qualidade														
10	Aferição dos instrumentos de inspeção														
11	Seleção e controle de fornecedores														
12	Inspeção de amostragem de peças														
13	Inspeção na fabricação														
14	Inspeção final														
15	Materiais discrepantes														
16	Confiabilidade no produto final														
									Total Geral						
LEGENDA DE IDENTIFICAÇÃO DE PONTUAÇÃO E SUBTOTAIS															
PONTUAÇÃO								SUBTOTAIS							
A	Sim							D	Pontos aplicáveis						
B	Sim parcial							E	Pontos realizados						
C	Não							F	Percentagem						
Preparado por									Aprovado por						

Figura 8.9 *Planilha de avaliação do fornecedor.*

4. a empresa mantém controle de qualidade formado por grupo único, independentemente da produção, e situado, no mínimo, no mesmo nível de autoridade da produção?
5. as funções, responsabilidades e autonomia do controle de qualidade estão claramente definidas e documentadas em instruções e/ou procedimentos e no organograma da empresa?
6. a empresa possui esquema de segurança industrial e prevenção contra incêndios?
7. a empresa tem previsão e condições de expansão?
8. são realizadas auditorias periódicas em relação a pessoal, procedimentos e operações do controle de qualidade para avaliar sua eficiência e detectar irregularidades?

8.4.2 RECURSOS HUMANOS

Quesitos a serem respondidos pelo avaliador:

1. existe setor responsável para a seleção de pessoal?
2. o índice de rotatividade de pessoal está na média de mercado para o setor avaliado em que se enquadra a empresa?
3. existe setor responsável para o treinamento de pessoal, mantendo a empresa programas de cursos internos ou externos?
4. os funcionários que integram o setor de produção são experientes e detentores da tecnologia necessária à fabricação de equipamentos e materiais com a qualidade exigida pela empresa?
5. o número de funcionários que compõem a produção e o controle de qualidade é suficiente para acompanhar as oscilações de mercado?
6. os funcionários que integram o controle de qualidade são especificamente selecionados e qualificados para as tarefas?
7. a empresa mantém programa de cursos, internos ou externos, para treinamento e aperfeiçoamento em métodos e processos de controle de qualidade?

8.4.3 ENGENHARIA DO PRODUTO

Quesitos a serem respondidos pelo avaliador:

1. a empresa fabrica e desenvolve produtos por meio de projetos próprios ou subcontratados?

2. existe controle de custo?

3. as alterações e/ou modificações de projetos são eficientemente distribuídas e os documentos obsoletos rapidamente retirados das áreas de utilização?

4. existem registros das modificações técnicas, indicando a data da alteração e sua efetivação, o motivo e a pessoa responsável pela revisão?

5. o setor de controle de qualidade participa no planejamento e desenvolvimento de novos produtos, desenhos e/ou especificações?

6. os métodos de inspeção e os níveis de qualidade são adequadamente estabelecidos para cada produto, de modo que todas as características sejam asseguradas durante a fabricação?

7. as alterações de projeto e/ou desenhos de propriedade de fornecedores ou subcontratados são também avaliadas e aprovadas pelo controle de qualidade?

8. a empresa possui setor organizado voltado para pesquisa e desenvolvimento?

8.4.4 ENGENHARIA INDUSTRIAL

Quesitos a serem respondidos pelo avaliador:

1. a empresa possui setor de elaboração dos processos de industrialização e estudos de tempos e métodos?

2. as alterações e/ou modificações de processos, tempos e métodos são eficientemente distribuídas e os documentos obsoletos rapidamente retirados das áreas de utilização?

3. existem registros das modificações técnicas, indicando a pessoa responsável por sua implementação, ferramental envolvido e disposição de estoque?

4. o sistema de documentação e registros garante a perfeita rastreabilidade da matéria-prima, processos, ensaios e inspeções realizadas e utilizadas na produção, possibilitando ainda acesso de todas as áreas envolvidas?

5. existe setor organizado para prestar assessoria técnica aos clientes?

6. são determinadas medidas corretivas por pessoas credenciadas para evitar repetições dos mesmos defeitos?

8.4.5 MATÉRIA-PRIMA

Quesitos a serem respondidos pelo avaliador:

1. a empresa elabora previsão de aquisição?
2. a empresa elabora especificação de compra?
3. a empresa promove *follow-up* junto a seus fornecedores?
4. as instalações de recebimento permitem a separação física dos materiais em inspeção, identificando os aprovados, os rejeitados e os discrepantes?
5. os pedidos de compra da empresa, bem como os subcontratos, incorporam todos os requisitos de qualidade exigidos pelo material, produto e processo?
6. os materiais recebidos são confrontados com o pedido de compra e analisados quanto às características dos desenhos, normas, especificações, ensaios, e/ou avaliados por meio de certificados ou atestados de qualidade fornecidos?
7. existe um programa de avaliação inicial, qualificação e aprovação pelo controle de qualidade das fontes fornecedoras e subcontratadas com acompanhamento por auditorias periódicas?
8. os resultados de avaliações, auditorias e desempenho dos fornecedores são utilizados como subsídio para planejar o nível de inspeção no recebimento e aprimoramento do processo de aquisição da matéria-prima?

8.4.6 ARMAZENAGEM, MANUSEIO E EXPEDIÇÃO

Quesitos a serem respondidos pelo avaliador:

1. há local adequado para armazenagem do material recebido?
2. as áreas de armazenagem são acessíveis apenas a pessoas autorizadas?
3. os materiais recebidos estão clara e inconfundivelmente identificados na armazenagem, inclusive com indicação do lote, de modo a permitir a rastreabilidade?
4. a empresa possui sistema adequado de controle e administração de estoque?

5. a empresa utiliza sistema de rodízio de estoque, com controle de datas de vencimento tipo FIFO ou similar, para materiais sujeitos à deterioração?
6. as embalagens dos materiais são adequadas ao tipo de manuseio e movimentação a que estão sujeitas?
7. há setor responsável por projeto de armazenagem, embalagem, preservação e movimentação de materiais?

8.4.7 PRODUÇÃO

Quesitos a serem respondidos pelo avaliador:

1. há programação de produção e registros de acompanhamento?
2. há métodos de processos de operação da produção?
3. há identificação dos lotes em produção?
4. o processo de inspeção está estreitamente ligado e acompanhando o processo de fabricação?
5. os materiais refugados são completamente inutilizados ou destruídos para evitar uso indevido?
6. o manuseio e armazenagem dos produtos durante a fabricação são adequados para evitar danos mecânicos, corrosão, deterioração e perdas?
7. a inspeção durante a fabricação é realizada pelo controle de qualidade ou sob sua orientação direta?
8. após a preparação de máquinas, mudança de ferramentas, equipamentos e/ou processos, as peças iniciais produzidas são avaliadas pelo controle de qualidade?

8.4.8 ORGANIZAÇÃO DO CONTROLE DE QUALIDADE

Quesitos a serem respondidos pelo avaliador:

1. existe setor de controle de qualidade?
2. existe laboratório de ensaios?
3. os registros e documentos comprobatórios das atividades do controle de qualidade são arquivados pelo prazo mínimo de dois anos ou conforme requerido pelo cliente?

8.4.9 PLANEJAMENTO DO CONTROLE DE QUALIDADE

Quesitos a serem respondidos pelo avaliador:

1. existe um manual da qualidade disciplinando os métodos, estabelecendo instruções e procedimentos e documentando os registros e impressos?
2. o manual de qualidade é aprovado pela diretoria e atualizado sempre que ocorrem alterações no controle de qualidade, no pessoal e/ou nos procedimentos e registros?
3. são utilizados procedimentos técnicos de inspeção, indicando-se, no mínimo, a seqüência de controle e os meios de verificação para os produtos da empresa?
4. os procedimentos técnicos de inspeção são elaborados e/ou revisados pelo controle de qualidade, assim como atualizados sempre que necessário?
5. os projetos ou pedidos são analisados pelo controle de qualidade, para efetuar-se a necessária previsão de instrumentos, dispositivos, calibradores, ensaios etc.?
6. o planejamento da produção é analisado pelo controle de qualidade, para coordenar, acompanhar e assegurar a seqüência das operações de controle e pontos de inspeção?
7. é utilizado algum método de controle estatístico no controle de qualidade, e o mesmo é submetido aos clientes para aprovação?
8. o controle de qualidade participa no planejamento e desenvolvimento de novos produtos, desenhos e/ou especificações?

8.4.10 AFERIÇÃO DOS INSTRUMENTOS DE INSPEÇÃO

Quesitos a serem respondidos pelo avaliador:

1. existe um sistema planejado de aferição inicial e periódica dos instrumentos utilizados nos ensaios e na inspeção?
2. os instrumentos de inspeção estão identificados por código e com data de aferição e vencimento?
3. a aferição e a calibração dos instrumentos são realizadas por funcionários especialmente treinados e qualificados para a tarefa?

4. o sistema assegura a rastreabilidade dos padrões da empresa por institutos oficiais de metrologia, como, por exemplo, IPT e Inmetro?

5. cada instrumento possui ficha individual indicando nome, código, localização, freqüência e de meios de aferição, validade, desvio das dimensões e assinatura do responsável?

6. a aferição e a calibração são realizadas em áreas restritas, de condições ambientais controladas e com equipamentos adequados aos instrumentos aferidos?

7. quando possível, os elementos de ajuste da calibração são lacrados, após a aferição, para evitar violações?

8. o sistema prevê a imediata retirada dos instrumentos de uso do setor, antes do vencimento da aferição ou quando afetado por modificações de engenharia?

8.4.11 SELEÇÃO E CONTROLE DE FORNECEDORES E SUBCONTRATADOS

Quesitos a serem respondidos pelo avaliador:

1. os funcionários, os equipamentos e as instalações da inspeção de recebimento são adequados e condizentes com o tipo e requisitos dos materiais recebidos?

2. a inspeção por amostragem é realizada com a utilização de tabelas, métodos ou sistemas estatísticos de eficiência comprovada e adequados aos produtos recebidos?

3. a confiabilidade dos certificados de análise ou da qualidade é constatada com freqüência satisfatória internamente ou por terceiros?

4. os resultados das avaliações e auditorias dos fornecedores são utilizados como subsídios para planejar o nível de inspeção no recebimento?

5. o desempenho dos fornecedores é analisado mediante registros de comportamento elaborados ou aprovados pelo controle de qualidade?

6. o controle de qualidade possui autonomia suficiente para sugerir mudanças e cancelamentos de contratos com fornecedores e subcontratados de desempenho irregular?

7. são realizadas auditorias periódicas nos fornecedores e subcontratados por funcionários do controle de qualidade?

8. quando aplicável, existe esquema de inspeção no próprio fornecedor?

8.4.12 INSPEÇÃO DE AMOSTRAS E PEÇAS INICIAIS DE PRODUÇÃO

Quesitos a serem respondidos pelo avaliador:

1. as primeiras amostras são verificadas quantos às características e ensaios específicos antes de serem encaminhadas aos clientes?
2. é exigida aprovação por escrito dos clientes, antes de iniciar os lotes de produção?
3. após a preparação de máquinas, mudança de ferramental, equipamentos e/ou processos, as peças iniciais produzidas são avaliadas pelo controle de qualidade?
4. existe funcionário especificamente responsável pela inspeção de amostras e/ou peças iniciais de produção?

8.4.13 INSPEÇÃO NA FABRICAÇÃO

Quesitos a serem respondidos pelo avaliador:

1. a inspeção durante a fabricação é realizada pelo controle de qualidade ou sob sua orientação direta?
2. os responsáveis pela inspeção possuem os desenhos aplicáveis, normas, especificações e os procedimentos técnicos de inspeção necessários?
3. a inspeção durante a fabricação é suficientemente rigorosa para evitar que produtos discrepantes continuem sendo processados e cheguem à inspeção final?
4. os procedimentos técnicos de inspeção para o processo de industrialização são elaborados ou revisados e aprovados pelo controle de qualidade?
5. o processo de inspeção está estreitamente ligado e acompanhando o processo de fabricação?
6. os métodos de inspeção são adequados para cada produto, assegurando que todas as características sejam inspecionadas durante a fabricação?
7. os níveis de qualidade são adequadamente estabelecidos para cada produto, considerando-se a utilização de método estatístico de inspeção na fabricação?

8. existem postos de inspeção estrategicamente localizados, com funcionários, equipamentos, instalações e documentos adequados às operações durante a fabricação?

8.4.14 INSPEÇÃO FINAL

Quesitos a serem respondidos pelo avaliador:

1. os produtos são inspecionados após o término do processo de acordo com os requisitos do projeto e/ou exigências dos clientes?
2. a inspeção e os ensaios finais são realizados pelo controle de qualidade ou sob sua fiscalização?
3. os funcionários, os equipamentos e as instalações da inspeção final são adequados ao tipo e requisitos dos produtos inspecionados?
4. os resultados dos testes e ensaios do produto final são documentados?
5. o sistema auditado impede, mediante eficiente identificação e/ou separação física, que produtos não aprovados sejam despachados?
6. os procedimentos da inspeção final são revisados e aprovados pelo controle de qualidade?
7. a documentação da inspeção final garante rastreabilidade desde a matéria-prima até o produto final?
8. existe área específica para inspeção final, de acesso restrito e de condições ambientais condizentes com os produtos a serem verificados?

8.4.15 MATERIAIS DISCREPANTES

Quesitos a serem respondidos pelo avaliador:

1. os materiais discrepantes estão claramente identificados e segregados em área restrita, aguardando disposição final?
2. os produtos retrabalhados são reinspecionados sob critérios especiais pelo controle de qualidade?
3. existe comissão de revisão de materiais discrepantes, que deve ter necessariamente representantes da produção e do controle de qualidade?
4. as medidas corretivas são analisadas e fiscalizadas pelo controle de qualidade?
5. os registros de materiais discrepantes indicam, no mínimo, o defeito do lote, o setor responsável, as quantidades, a decisão da comissão de

revisão de materiais discrepantes e as medidas corretivas para o lote analisado?

6. os materiais refugados são completamente inutilizados ou destruídos, para evitar uso indevido?
7. existe sistema planejado de atendimento de reclamações de clientes, com a participação do controle de qualidade?

8.4.16 CONFIABILIDADE NO PRODUTO FINAL

Quesitos a serem respondidos pelo avaliador:

1. os materiais e produtos estocados são auditados periodicamente pelo controle de qualidade, para verificar seu estado de conservação?
2. são emitidos certificados de garantia dos produtos fabricados?
3. a empresa possui tradição e experiência na fabricação dos produtos desejados?

8.5 Resultado final

A planilha de avaliação devidamente preenchida servirá de instrumento para o registro cadastral do fornecedor avaliado que obtiver a percentagem mínima de 55% por questão. Caso o fornecedor tenha obtido no total geral percentagem igual ou superior a 55%, mas não atingido tal valor em alguma questão, deverá ser orientado para investir nas unidades afetadas, o que lhe proporcionará nova oportunidade de qualificação.

No entender da Companhia do Metropolitano de São Paulo, por meio do processo de qualificação técnica corretamente executado será obtida boa *performance* dos fornecedores, reduzindo-se sobremaneira os aborrecimentos e transtornos criados na devolução dos materiais rejeitados.

9   QUESTÕES E EXERCÍCIOS

1. Esclarecer a importância do cadastro de fornecedores.
2. Elaborar planilha de avaliação para qualificação técnica de fornecedor do ramo de metalurgia.

9 Concorrência

VOCÊ VERÁ NESTE CAPÍTULO:

- *A importância da concorrência*
- *Etapas da concorrência*
- *Critérios de avaliação*
- *Formulários envolvidos*

1 CONSIDERAÇÕES INICIAIS

As compras devem ser formalizadas e, em conseqüência, devidamente documentadas, isentando de qualquer suspeita os fornecimentos de materiais à empresa. Assim, a decisão de uma compra requer a análise de vários fatores: o preço, a condição de pagamento e o prazo de entrega necessitam ser obtidos fora da empresa e, sempre que necessário, o setor de compras efetua levantamento formal desses pormenores. Logo, a concorrência é o procedimento inicial para a aquisição de materiais e serviços, por meio de consulta formal ao mercado, compreendendo a expedição de consulta aos fornecedores, abertura, análise e avaliação das propostas. Nesse contexto, torna-se evidente a necessidade de um documento comprobatório do fornecimento dessas informações, documento este conhecido por várias denominações, como *tomada de preços, cotação de preços, pesquisa de preços, coleta de preços* etc. No decorrer deste livro, adotamos a denominação *coleta de preços*.

2 MODALIDADES DE COLETA DE PREÇOS

Consoante as necessidades da empresa, a coleta de preços pode ser efetuada de forma normal ou em caráter de emergência.

2.1 Coleta de preços normal

Trata-se de procedimento adotado na maioria das compras para reposição de estoque e desde que o prazo seja compatível para permitir ao comprador a obtenção das melhores condições comerciais e técnicas.

2.2 Coleta de preços em emergência

Trata-se de procedimento adotado quando o prazo referente às necessidades da empresa for incompatível para o trâmite normal. Essa prática, além de lesiva à empresa, prejudica o andamento dos processos normais e impede a realização da concorrência em sua plenitude, possibilitando a majoração dos preços pelos fornecedores, dada a urgência da entrega.

2.3 Coleta de preços para contratação mediante autorização de fornecimento

Trata-se de modalidade de concorrência, independentemente da análise do comportamento periódico das emissões, visando à contratação dos materiais necessários à empresa por autorização de fornecimento.

2.4 Coleta de preços para contratação por longo prazo

Trata-se de modalidade de concorrência que visa à aquisição dos materiais de consumo regular necessários à empresa por determinado período de tempo, por meio de contrato de longo prazo.

3 DISPENSA DE CONCORRÊNCIA

A dispensa de concorrência, tratada como exceção, é admitida nos casos em que se caracterizem:

a. **pequenos valores:** em se tratando de aquisições de pequena monta, para valores até o limite estabelecido para essa finalidade;

b. **conveniência administrativa:** quando houver comprovada necessidade e conveniência administrativa na contratação direta, para complementação de fornecimento anteriormente efetuado;

c. **concorrência sem resposta:** quando não houver interessados na concorrência ou quando todos os participantes não apresentarem proposta e ela não puder ser repetida sem prejuízo para a empresa;

d. **concorrência com preços superiores aos do mercado:** quando as propostas apresentadas consignarem preços superiores e incompatíveis aos praticados no mercado;

e. **fornecedor exclusivo:** quando se comprovar que a aquisição só pode ser efetuada por meio de fornecedor exclusivo;

f. **compra de imóvel:** para a compra de imóvel destinado a serviço da empresa cujas necessidades de instalação condicionem sua escolha. O regulamento de compras da empresa deve prever regras para a dispensa de concorrência, bem como seus trâmites. Em se tratando de exceção, os pedidos em pauta devem ter o necessário respaldo do gerente da unidade envolvida.

4 CONDIÇÕES GERAIS DA CONCORRÊNCIA

O sucesso da concorrência está alicerçado em regras claras e precisas que norteiem o fornecedor a respeito dos critérios e condições para sua promoção, motivo pelo qual o verso do formulário em questão fica destinado à transcrição de tais regras norteadoras. Assim, entre outros, devem ser citados:

4.1 Preço

Os preços unitários deverão ser cotados por item e incluir todas e quaisquer despesas e ônus, tais como taxas, impostos, embalagem, frete etc., com exceção do IPI, que, se devido, deverá ser indicado na coluna respectiva.

Não sendo indicada a alíquota do IPI na proposta, considerar-se-á o valor do imposto como incluso nos preços cotados.

O preço da embalagem, quando necessária, deve ser destacado do preço total.

O proponente deverá indicar, expressamente, se o preço cotado é reajustável, sendo que a falta dessa indicação representa cotação de preço fixo e irreajustável.

4.2 Alternativas

Cotações para materiais similares aos discriminados ou alternativas de execução dos serviços deverão ser apresentadas à parte, com todas as indicações necessárias a sua competente caracterização.

Deverão ser cotados, preferencialmente, materiais de origem nacional. Se a cotação for para material nacionalizado, deverá constar obrigatoriamente sua procedência.

4.3 Garantia

O proponente deverá garantir o produto ou serviço contra defeitos de fabricação, de material ou de execução, por período mínimo adequado a cada situação.

A garantia incluirá a reposição do material ou o refazimento do serviço, sempre sem quaisquer ônus.

4.4 Aceitação do material

A aceitação do material está condicionada à conferência de quantidade e de qualidade.

Caso o material não seja aprovado, os encargos de frete e de seguro, de ida e volta, correrão por conta do fornecedor.

4.5 Outras condições

Serão desqualificadas as propostas sem prazo de entrega, manuscritas, sem assinatura, entregues fora do prazo estabelecido, com preços ilegíveis ou sujeitos a qualquer tipo de confirmação posterior a critério do proponente, por ocasião da eventual encomenda ou da entrega, ou, ainda, que deixem de atender a quaisquer das exigências contidas nessas instruções.

É vedado anexar à proposta quaisquer "condições de venda" de comércio em geral.

Ficará a critério da empresa julgar as propostas por item, assim como revogar essa concorrência.

A abertura dos envelopes que contêm as propostas dar-se-á em reunião em local, data e horário indicados no anverso dessa coleta de preços.

4.6 Informações adicionais

Visando à obtenção de melhores condições, algumas empresas, conforme o caso, costumam adotar a prática de indicar *preço-teto* ou *preço de referência*.

4.6.1 PREÇO-TETO

Preço-teto é o preço máximo estipulado para aquisição. Muito utilizado em obras civis, onde a composição de custos reúne fáceis condições de apuração.

A utilização da indicação de preço-teto produz vantagens e desvantagens, conforme demonstra a Figura 9.1, as quais deverão ser analisadas pela empresa promotora da concorrência para decidir sobre sua viabilidade.

VANTAGENS	DESVANTAGENS
Estabelece o máximo que será pago por um produto ou serviço.	A variedade de compras não permite, em boa parte dos casos, a determinação de preço-teto com a segurança necessária.
Portanto, *a priori*, o dispêndio poderá ser previsto.	Mal formulado, pode induzir a preços mais elevados.
Pode-se induzir a preços mais vantajosos.	A seqüência de vários preços-teto irreais poderá torná-lo desacreditado.

Figura 9.1   *Características do preço-teto*.

4.6.2 PREÇO DE REFERÊNCIA

Trata-se de preço mencionado como parâmetro, como segue:

a. formalmente, quando nas consultas é indicado o último preço pago e a data respectiva;

b. informalmente, quando na negociação é informado o preço das empresas concorrentes.

Da mesma forma que o preço-teto, a utilização da indicação de preço de referência produz vantagens e desvantagens, conforme demonstra a Figura 9.2, as quais deverão ser analisadas pela empresa promotora da concorrência para decidir sobre sua viabilidade.

VANTAGENS	DESVANTAGENS
Após uma série de consultas, a depuração do preço de referência pode torná-lo o mais real possível.	Indicar em compras de vulto como referência preço de compra de quantidades não significativas pode conduzir a preços mais elevados.
Estabelece parâmetro para julgamento, sem possibilidade de impasses como no caso do preço-teto.	Indicar como referência preço de compra obtido em condições adversas (emergência, por exemplo) pode conduzir a preços mais elevados.

Figura 9.2 *Características do preço de referência.*

5 ETAPAS DA CONCORRÊNCIA

A concorrência é processada por meio das seguintes etapas:

a. montagem do processo: definidas todas as condições, inicia-se a montagem do processo da concorrência pelo órgão de processamento, por meio da expedição e endereçamento aos fornecedores selecionados; esse órgão, além das atividades peculiares, controla o processo em suas diversas fases, subsidiando e auxiliando as tarefas do comprador;

b. estipulação de datas de devolução e de abertura: deve-se definir a data de devolução das propostas dos fornecedores, bem como, se houver, a data da reunião da abertura;

c. expedição e endereçamento: selecionados os participantes pelo cadastro de fornecedores, as coletas de preço são expedidas e endereçadas a cada concorrente;

d. recepção das propostas dos fornecedores: os envelopes que contêm as propostas dos fornecedores, devidamente identificados quanto ao número da coleta de preços, datas de devolução e de abertura, deverão ser arquivados em local apropriado, aguardando a abertura, quer formal, quer informal;

e. abertura: os envelopes que contêm as propostas dos fornecedores deverão ser abertos na data indicada, qualquer que seja a modalidade, formal ou informal;

f. avaliação: mediante a adoção de critérios definidos pela empresa, as propostas dos fornecedores são submetidas à análise e avaliação de seu conteúdo, visando eleger o vencedor da concorrência;

g. negociação: visando obter vantagens para a empresa, quer no aspecto financeiro, quer no aspecto técnico, não se deve formalizar nenhuma aquisição sem a respectiva negociação, o que será analisado em detalhes na seção 9;

h. adjudicação: a adjudicação representa a celebração do contrato de compra firmado entre comprador e vendedor, mediante a impressão, conforme o caso, da autorização de fornecimento ou do contrato de longo prazo, o que será analisado em detalhes no Capítulo 10.

6 PROPOSTA

Para padronizar e facilitar os trâmites, a maioria das empresas adota a praxe de aceitar a proposta de fornecimento no formulário coleta de preços, objeto da concorrência.

Estabelecidos os critérios da concorrência, por meio dos aspectos gerais, comerciais e técnicos, cada fornecedor participante apresenta sua respectiva proposta, consubstanciada nos aspectos mencionados:

6.1 Condições comerciais

A proposta deverá conter clara e precisamente os seguintes itens que caracterizam as condições comerciais:

a. preço;

b. prazo de entrega;

c. frete;

d. embalagem;

e. condições de pagamento;

f. descontos;

g. fórmula de reajuste de preço;
h. multas contratuais;
i. garantia;
j. assistência técnica.

6.2 Condições específicas

A proposta também deverá explicitar clara e precisamente a confirmação dos requisitos técnicos descritos na especificação de compra, ou, se for o caso, apresentar alternativas possíveis de fornecimento.

6.3 Apresentação do BDI – Benefícios e Despesas Indiretas

Na maior parte dos casos, a coleta de preços que visa à contratação de prestação de serviços envolve a exigência da apresentação pelos concorrentes de uma taxa calculada em função de vários fatores internos baseados na estrutura organizacional de cada fornecedor, o BDI – Benefícios e Despesas Indiretas.

Apresentamos, a seguir, um roteiro básico para determinação do BDI, por meio das seguintes figuras:

a. Figura 9.3 *Planilha de composição de preço unitário ou global*;
b. Figura 9.4 *Planilha auxiliar para composição de preço*;
c. Figura 9.5 *Planilha de encargos sociais e trabalhistas*;
d. Figura 9.6 *Planilha resumo de taxa de benefícios e despesas indiretas – BDI*;
e. Figura 9.7 *Planilha de detalhamento do BDI.*

Descrição do Serviço	Unidade	Quantidade	P. Unitário R$	Preço Total R$

1. MÃO-DE-OBRA
   a) Direta
   b) Indireta
ADICIONAIS
   – Horas extras
   – Adicional Noturno
   – Adicional de Turno
   – Insalubridade
   – Periculosidade				

Subtotal				
Encargos Sociais (Indicar a taxa) _____ %				
Total 1				

2. MATERIAIS
   a) Incorporáveis
 	
   b) Consumo				

Total 2				
3. EQUIPAMENTOS, FERRAMENTAL, INSTRUMENTOS				
Total 3				

INDIRETAS
(Utilizar Planilha Auxiliar)
   – EPI'S
   – Alimentação
   – Transporte de pessoal
   – Canteiro de Obras
   – Assistência Médica				

Total 4				
Subtotal (1 + 2 + 3 + 4)				
BDI (Indicar a taxa) _____ %				
5. Total Geral				

Figura 9.3 *Planilha de composição de preço unitário ou global.*

CUSTO DE UNIFORMES E EQUIPAMENTOS DE PROTEÇÃO INDIVIDUAL, POR FUNCIONÁRIO					
Especificação	Quantidade prevista	Duração (meses)	Custo Unitário R$	Custo Mensal /Diário / Horário R$	
Total					
CUSTOS DE ALIMENTAÇÃO POR FUNCIONÁRIO					
Especificação	Quantidade prevista	Duração (meses)	Custo Unitário R$	Custo Mensal /Diário / Horário R$	
Total					
CUSTO DE TRANSPORTE DE PESSOAL POR FUNCIONÁRIO					
Especificação	Quantidade prevista	Duração (meses)	Custo Unitário R$	Custo Mensal /Diário / Horário R$	
Total					
CUSTO DE INSTALAÇÃO E MANUTENÇÃO DE CANTEIRO DE OBRAS POR FUNCIONÁRIO					
Especificação	Quantidade prevista	Duração (meses)	Custo Unitário R$	Custo Mensal /Diário / Horário R$	
Total					
PREÇO DE HORA EM REGIME DE TRABALHO EXTRAORDINÁRIO					
Especificação	Quantidade prevista	Duração (meses)	Custo Unitário R$	Custo Mensal /Diário / Horário R$	
Total					
Observação: Os custos obtidos deverão ser transportados para a Composição de Preços Unitário ou Global.					

Figura 9.4 *Planilha auxiliar para composição de preço.*

	%
GRUPO A – ENCARGOS BÁSICOS A1 – Previdência Social (IAPAS, IAPAS décimo terceiro salário, salário-família, salário-maternidade, Prorural) A2 – Sesi ou Sesc A3 – Senai ou Senac A4 – Salário-educação A5 – Seguro contra risco de acidente de trabalho A6 – FGTS A7 – INCRA A8 – SECONCI	
SUBTOTAL (GRUPO A)	
GRUPO B B1 – Repouso semanal remunerado B2 – Férias B3 – Feriados B4 – Auxílio enfermidade, acidentes de trabalho e ausências justificadas B5 – Décimo terceiro salário	
SUBTOTAL (GRUPO B)	
GRUPO C C1 – Depósito por rescisão sem justa causa C2 – Aviso prévio indenizado C3 – Indenização adicional	
SUBTOTAL (GRUPO C)	
GRUPO D – REINCIDÊNCIAS D1 – Grupo A x Grupo B	
SUBTOTAL (GRUPO D)	
TOTAL	
TAXA ADOTADA	

Figura 9.5 *Planilha de encargos sociais e trabalhistas.*

ITEM	DISCRIMINAÇÃO	TAXA %
1	Despesas legais	
2	Seguros	
3	Administração e despesas gerais	
4	Lucro	
	Taxa adotada	

Observações:
1. A Planilha de Resumo deve ser preenchida de acordo com a Planilha de Detalhamento.
2. O valor encontrado deverá ser utilizado nas Composições de Preços Unitários ou Global.

Figura 9.6 *Planilha resumo de taxa de benefícios e despesas indiretas – BDI.*

	TAXA %

1. DESPESAS LEGAIS
  a) Taxas
  b) Registros
  c) Impostos Sobre Serviços (ISS)
  d) Outros tributos (discriminar)
SUBTOTAL	

2. SEGUROS
  a) Seguro de bens instalados nos Canteiros
  b) Seguros obrigatórios de veículos
SUBTOTAL	

3. ADMINISTRAÇÃO DA OBRA E DESPESAS GERAIS
  a) Móveis, máquinas e utensílios de escritório
  b) Material de expediente
  c) Material de prevenção contra incêndio
SUBTOTAL	

4. LUCRO SUBTOTAL	
Taxa adotada	

Observações:
1. Indicar taxas apenas para itens de incidência comprovada.
2. O valor encontrado deverá ser utilizado nas Composições de Preços Unitários ou Global.

Figura 9.7 *Planilha de detalhamento do BDI.*

7 MODELO DE COLETA DE PREÇOS

A Figura 9.8 demonstra um formulário que pode ser utilizado para as diversas modalidades de coleta de preços, o qual, como vimos, dependendo da empresa, pode servir também como proposta de fornecimento.

(Logomarca da empresa)	COLETA DE PREÇOS		Número	
Data de emissão	Data Devolução Proposta		Data Abertura Proposta	

Fornecedor

Endereço
                                                                CEP

Solicitamos apresentar cotação para o material abaixo discriminado, obedecidas as instruções constantes no verso. Utilizar o presente formulário como Proposta de Fornecimento.
Informações adicionais sobre a presente CP:

_____
Chefe do Departamento de Compras

			Características	Preço R$		Alíquota do IPI
Item	Q	Un.	Especificação	Unitário	Total	

Validade de proposta	
Prazo de entrega	
Condições de pagamento	
Descontos oferecidos	
Frete	
Embalagem	
Modelo	

Outras observações e/ou informações do fornecedor:
Propomos fornecer, de acordo com os preços e condições indicados, os materiais acima relacionados.

_____, ____ de _____ de ____.

_____
Carimbo e assinatura do Fornecedor

Figura 9.8   *Coleta de preços.*

8 AVALIAÇÃO DA CONCORRÊNCIA

Abertos os envelopes que contêm as propostas, é necessário avaliar, analisar e proceder ao julgamento, elegendo o vencedor da concorrência, mediante a adoção dos critérios previamente definidos e conhecidos dos participantes.

8.1 Critérios de avaliação

Os principais critérios de avaliação são: preço e prazo de fornecimento, além do critério técnico que envolve a qualidade do produto ou serviço.

8.2 Quadro comparativo dos resultados da concorrência

Para facilitar a avaliação e a eleição do vencedor da concorrência, o comprador utiliza o formulário quadro comparativo, que permite imediata visualização das condições mais importantes cotadas pelos fornecedores concorrentes. O quadro comparativo deve reservar espaço para o respectivo parecer do comprador quanto à concorrência.

A Figura 9.9 demonstra um tipo de quadro comparativo dos resultados da concorrência.

9 NEGOCIAÇÃO

Trata-se de procedimento intermediário entre a concorrência e a contratação. Não se formaliza um contrato sem negociação, a qual visa obter o maior proveito possível, com vistas a vantagens técnicas e, principalmente, financeiras, dos entendimentos entre comprador e vendedor, durante o processo de aquisição de bens ou serviços.

Para o pleno entendimento do processo, selecionamos três definições, com preferência pela última, que retrata fielmente o conceito de parceria, segmento em evidência e utilizado tanto por compradores como por vendedores:

a. situação de conflito, na qual há condições de concluir acordos irrevogáveis, quando é feita última e suficiente concessão;

Comprador	Nº da RR	Nº da CP	Data da Abertura	Prioridade

CARACTERÍSTICAS				FORNECEDORES			
Item	Código	Un.	Q				
Prazo de entrega							
Local para entrega							
Condições de pagamento							
Embalagem							
Frete							
Modelo							
Reajuste							
IPI							
Total Geral							

PARECER DO COMPRADOR

Assinatura do Comprador	Data

Figura 9.9 *Quadro comparativo dos resultados da concorrência.*

b. "negociação é o processo de buscar aceitação de idéias, propósitos ou estratégias, de tal modo que as partes envolvidas a terminem, conscientes de que foram ouvidas e tiveram oportunidade de apresentar toda a sua argumentação e que o produto final seja maior que a soma das contribuições individuais" (Luiz A. C. Junqueira);

c. "negociar é a arte de obter ganhos mútuos e acordos duradouros" (Luiz Olavo Baptista).

A negociação reúne três condições fundamentais:

a. existência de, pelo menos, dois participantes na discussão;
b. existência de um ou mais pontos de conflito;
c. composição característica por meio de:
   – apresentação de demandas;
   – proposição de uma das partes;
   – avaliação pela outra parte;
   – concessões ou outra proposição.

Em geral, o brasileiro considera-se bom negociador, esperto, capaz de obter ganhos adicionais, sendo a "lei de Gerson", levar vantagem em tudo, o referencial básico de sua atuação.

No entanto, a realidade assinala para o sentido oposto, qual seja, a maior parte dos representantes de compras, quer da iniciativa privada, quer entre os administradores públicos, apresentam-se despreparados na mesa de negociação.

Embora não complexas, as atividades que envolvem a negociação demandam determinado profissionalismo, fato gerador da criação do Centro de Estudos da Negociação e Solução de Disputas (Cend), em São Paulo, entidade sem fins lucrativos, que promove cursos sob encomenda.

9.1 Processo de negociação

9.1.1 QUANDO E COMO NEGOCIAR

Objetivando a adequação do fornecimento a condições mais satisfatórias, a negociação comercial antecede qualquer contratação, não se devendo adjudicar a compra com a empresa vencedora da licitação antes desse procedimento. A negociação deverá ser precedida da devida equalização da proposta em todas as suas condições e enquadrar-se nas disposições contidas no regulamento de compras da empresa. Obrigatoriamente, toda e qualquer negociação comercial desenvolvida deverá ser objeto de ata, definindo-se claramente todas as condições acordadas.

9.1.2 O QUE PODE SER NEGOCIADO

É imprescindível analisar a composição de preços e identificar na proposta o que pode ser negociável. Entre os itens objeto de negociação, destacam-se:

a. especificação (podendo aplicar os princípios de análise de valor);
b. qualidade do produto e/ou serviço;
c. preço;
d. data-base;
e. prazo de entrega;
f. condições de entrega (local, transporte, frete);
g. condições de pagamento;
h. condições de reajuste;
i. cláusulas do contrato;
j. garantias e assistência técnica;
k. compromissos futuros de vendas;
l. etc.

9.2 Perfil do negociador

É necessário avaliar o perfil e identificar as características do negociador. Não adianta colocar uma pessoa com conhecimentos genéricos para tratar de contratos com cláusulas bem específicas.

Estudos indicam quatro tipos de negociadores:

a. analítico: minucioso e detalhista, usa regras e comportamentos muito bem definidos para a negociação. Em função da obediência a tais parâmetros, estabelece penas e recompensas;
b. persuasivo: é um "malhador", um vendedor por excelência. Argumenta exaustivamente até (con)vencer o outro pelo cansaço. De uma atividade verbal exuberante, nunca entrega os pontos;
c. sedutor: envolvente, procura apresentar-se como alguém igual ao outro. Elogia o ego alheio para induzi-lo a uma decisão. É astuto e trabalha antes e após o fechamento do contrato;

d. associativo: afável, gosta de trabalhar em equipe. Preserva muito relações e valores. É difícil dizer-lhe não. Usa muito a intuição e as relações afetivas.

9.3 Qualidades do negociador

É indispensável que o negociador tenha energia, persistência, vigor, firmeza de ânimo, polidez, convicção, juízo imparcial, metas prefixadas, cooperação, personalidade e espírito de luta, para participar com habilidade das reuniões com o vendedor.

Seu sucesso depende de:

a. o conhecimento comercial e técnico a respeito do que se está comprando;
b. a aptidão de julgar corretamente a situação de mercado, o fornecedor e seu interlocutor;
c. seu estilo argumentativo;
d. sua vontade de contribuir para uma boa compra.

9.4 Estratégias e táticas de negociação

a. definir os objetivos: antes de se sentar à mesa, é preciso saber como e até onde se pretende chegar, sem esquecer as limitações que possam ser impostas pela outra parte;
b. preparar-se bem: quanto mais extensa for a preparação, maiores as possibilidades de sucesso. Bem informado, o negociador mediano reúne todas as chances de superar o negociador brilhante, mas despreparado;
c. ter coerência: é necessário estabelecer previamente critérios e parâmetros consistentes para ceder ou impor, sendo firme o bastante para que a negociação seja objetiva e flexível o suficiente, para que não pareça aleatória;
d. ser informado: é impossível ter sucesso em negociação sem sistema de informações eficiente;
e. comunicar-se: é necessário e constante o contato e a troca de idéias entre os negociadores e seus superiores;
f. ter autonomia: a equipe de negociação deve ter condições de tomar decisões a qualquer momento;

g. controlar a emoção: a equipe de negociação deve ter condições de tomar decisões a qualquer momento;

h. colocar no papel: todas as cláusulas e decisões devem ser incorporadas ao contrato. Em negociação inexistem acordos verbais;

i. outras táticas: procurar negociar sempre nos escritórios da empresa; ficar silencioso; concessões podem resultar do silêncio, dando a impressão ao vendedor de que o negócio está perdido; com fornecedores tradicionais, negociar com previsão de futuro; não fazer concessões cedo demais – reter algumas para o final da negociação; não se prender em detalhes esquecendo-se do objetivo primordial.

10 QUESTÕES E EXERCÍCIOS

1. Considere que você está diante da seguinte situação:

    a. produção com problemas e na iminência de parar nas próximas horas;

    b. o setor de manutenção vê, como única alternativa, a aquisição de determinado material inexistente no estoque do almoxarifado;

    c. foi solicitado ao setor de compras aquisição do material faltante;

    d. porém, estamos em final de semana (sexta-feira, 16 h).

    Nessas condições, como comprador:

    a. Tentaria convencer o setor de produção a aguardar o término do fim-de-semana? Por quê?

    b. Alegaria impossibilidade e devolveria o problema à produção, solicitando que encontrem uma alternativa? Por quê?

    c. Passaria o problema ao chefe? Por quê?

    d. Tomaria outra decisão? Qual?

2. Preparar concorrência simulada para o material televisão, em cores (completar a especificação, de conformidade com conceitos estipulados no Capítulo 3).

    Considerar que de três fornecedores consultados, um deverá apresentar alternativa.

    A questão em pauta deverá contemplar:

    a. preenchimento do formulário coleta de preços;

    b. proposta dos fornecedores;

c. mapeamento da concorrência, envolvendo condições técnicas e comerciais;

d. julgamento técnico da alternativa apresentada;

e. seleção do vencedor da concorrência;

f. justificativa da decisão adotada.

3. Qual a melhor opção para a empresa promotora da concorrência: indicar preço-teto, preço de referência ou não mencioná-los?

4. Conceituar negociação.

5. Quais as vantagens de se efetuar negociação?

6. Analisadas as propostas recebidas da concorrência (simulada) de carvão grosso, a empresa Alfa, tradicional, por meio de fornecimentos de 5.000 t/mês durante os últimos três anos, colocou-se em primeiro lugar. O segundo colocado apresentou preço bem mais elevado.

■ Informações da empresa compradora:

a. especificação: cinza, 18/20% (muito importante para o rendimento); grãos, 95% dos pedaços devem ser maiores do que 5 mm, podendo-se usar até 1/5 da quantidade total fornecida em carvão fino de 2 a 5 mm, desde que entregue separadamente e utilizado em dias sem chuva;

b. consumo mensal: três caldeiras, que consomem cada uma 4.000 t/mês; por vezes, uma caldeira fica paralisada para manutenção durante 40 dias;

c. a entrega deve ser diária. No pátio, só há espaço para a quantidade máxima de sete dias de consumo.

■ Outras informações:

a. há freqüentes discussões sobre os pesos conferidos e a faturar, pois a umidade relativa do ar varia, de conformidade com as condições meteorológicas e com chuvas antes ou durante o transporte;

b. por meio de registros, constatou-se umidade média de 3 a 5%;

c. o fornecedor está a 80 km, por estrada de terra; com a construção de uma ponte, a distância encurta 12 km;

d. existem três transportadores idôneos cujo preço para o atual trajeto é de (simulado) R$ 14,00 t/úmida;

e. um kg de carvão tem cerca de 6.000 Kcal, enquanto 1 kg de óleo combustível tem 10.000 kcal, sendo o óleo CIF empresa compradora 60% mais caro do que o carvão.

232 ADMINISTRAÇÃO DE MATERIAIS

■ Proposta do fornecedor:

a. o fornecedor oferece produto conforme a especificação e também com duas alternativas:
   - como 25 % de sua produção são de carvão com grãos de 2 a 5 mm, oferece para estes 10 % de desconto;
   - propõe um desconto de 10 % para carvão cinza até 25%.

b. quantidade e entrega a combinar;

c. preço na mina (simulado) é de R$ 70,00/t de carvão vapor grosso (obs.: sabe-se que esse fornecedor tem um lucro de 12 %, quando, em geral, o lucro dos concorrentes é de 5 %);

d. condições de pagamento: 5 d.f.m. (dias fora o mês).

Assim:

a. Quais são, a seu ver, as metas da agenda para a negociação do comprador e também do vendedor?

b. Estabelecer os objetivos do comprador e do vendedor, conforme a Figura 9.10, a seguir:

DESCRIÇÃO	OBJETIVOS DO COMPRADOR	OBJETIVOS DO VENDEDOR
Especificação e qualidade		
Conferência de quantidade		
Prazo de entrega		
Local de entrega		
Preço		
Desconto		
Condições de pagamento		
Outras condições		

Figura 9.10 *Metas da agenda para negociação.*

10 CONTRATAÇÃO

VOCÊ VERÁ NESTE CAPÍTULO:

- *A importância da emissão do contrato de compra*
- *Condições de fornecimento*
- *Formulários envolvidos*
- *Minuta de contrato de longo prazo*

1 CONSIDERAÇÕES INICIAIS

A adjudicação, última etapa do processo de aquisição, representa a garantia mútua por meio da celebração do contrato de compra firmado entre comprador e vendedor.

Conforme o caso, utilizam-se os seguintes instrumentos para a adjudicação:

a. autorização de fornecimento;
b. contrato de longo prazo.

2 CONDIÇÕES GERAIS DE FORNECIMENTO

O sucesso da adjudicação está alicerçado em regras claras e precisas que norteiem o vendedor a respeito dos critérios e condições de fornecimento. Em se tratando de adjudicação por meio de autorização de fornecimento, o verso do formulário fica destinado à transcrição de tais regras norteadoras.

Assim, entre outras, as seguintes cláusulas devem ser mencionadas:

Esse pedido é emitido mediante observação rigorosa das especificações propostas pelo fornecedor e aceitas pela empresa, reservando a esta o direito de, por isso mesmo, impor as seguintes condições gerais:

- Ficam assegurados os seguintes pormenores propostos e aceitos:
    a. especificação do material;
    b. condições de acondicionamento do material;
    c. condições de entrega do material;
    d. condições de garantia do material;
    e. preço dos materiais, incluídos, eventualmente, descontos especiais;
    f. impostos sobre produtos industrializados;
    g. condições de pagamento;
    h. prazo de entrega do material.
- As condições acima referidas só poderão ser alteradas mediante autorização expressa da empresa.
- Todo e qualquer material adquirido será objeto de conferência de quantidade e de qualidade. Na hipótese de recusa, os encargos de frete referentes à devolução ficarão por conta do fornecedor.
- É assegurado o direito de não receber quantidades remetidas em excesso ou fora do prazo contratual de entrega.
- Este pedido poderá ser cancelado:
    a. quando o fornecedor estiver com atividades suspensas pelo cadastro;
    b. quando o fornecedor estiver em processo de concordata, falência ou insolvência;
    c. quando houver inobservância de qualquer cláusula;

d. quando o fornecimento não satisfizer as especificações e condições propostas e aceitas;
  e. quando, por motivo de força maior, o pedido deixar de satisfazer os interesses da empresa.
- É vedada a transferência deste pedido a terceiros.
- O fornecedor deverá mencionar em suas notas fiscais e faturas o número da autorização de fornecimento correspondente.
- Atrasos de entrega ficam sujeitos às multas respectivas:
  a. 0,1 % do valor do pedido nos primeiros 10 dias;
  b. 0,2 % do valor do pedido do 11º ao 30º dia.

3 ADJUDICAÇÃO DO PEDIDO

3.1 Por autorização de fornecimento

Para compras constantes e inconstantes, independentemente da análise do comportamento periódico em que acontecem, conforme formulário demonstrado na Figura 10.1.

(Logomarca da empresa)	**AUTORIZAÇÃO DE FORNECIMENTO**		Número
Data de emissão		Código do Fornecedor	

Fornecedor

Endereço

Queira fornecer à Empresa o material ou serviço abaixo discriminado, de acordo com sua proposta apresentada na Coleta de Preços nº   , obedecidas as condições daquela Concorrência.

Item	Especificação	Quant.	Preço Unitário	Preço Total

Informações adicionais:

Prazo de entrega:

Local de entrega:

Chefe do Departamento de Compras

Figura 10.1   *Autorização de fornecimento.*

3.2 Por contratos de longo prazo

Como já vimos, a aquisição de materiais por longo prazo de fornecimento acontece por meio de contrato, cuja minuta transcrevemos abaixo:

CONTRATO DE FORNECIMENTO DE _____

Nº _____

Pelo presente instrumento de Contrato, de um lado a EMPRESA, devidamente qualificada (razão social, endereço, CGC), neste ato representada por seu preposto credenciado, adiante qualificado (cargo/função, nome completo, nacionalidade, estado civil, profissão, RG, CPF, endereço), doravante designada CONTRATANTE, e de outro lado, o FORNECEDOR, devidamente qualificado (razão social, endereço, CGC), neste ato representado por seu preposto credenciado, adiante qualificado (cargo/função, nome completo, nacionalidade, estado civil, profissão, RG, CPF, endereço), doravante designado CONTRATADA, tem justo e contratado _____ mediante as seguintes cláusulas e condições:

CLÁUSULA PRIMEIRA – OBJETO

1.1 O presente Contrato tem por objeto o fornecimento pela CONTRATADA à CONTRATANTE dos produtos constantes no Anexo 1, Produtos, Quantidades e Preços, que fica fazendo parte integrante do presente.

1.2 O volume e a data de entrega dos produtos objeto do fornecimento de que trata este Contrato serão determinados de acordo com as necessidades da CONTRATANTE, desde que esta, por meio de carta ou *fax*, faça a devida comunicação à CONTRATADA, com antecedência mínima de 2 (dois) dias.

CLÁUSULA SEGUNDA – OBRIGAÇÕES DA CONTRATANTE

2.1 Constituem encargos específicos da CONTRATANTE, além dos implícitos ou explicitamente contidos nas demais cláusulas e condições deste Contrato.

2.2 Adquirir da CONTRATADA, com exclusividade, a partir da data da assinatura deste Contrato, os produtos constantes no Anexo 1.

2.3 Não ceder, sub-rogar, negociar ou, por qualquer forma ou modo, transferir o presente Contrato, ou quaisquer direitos e obrigações dele oriundos, sob as penas estabelecidas na cláusula sétima deste instrumento, salvo mediante prévia e expressa autorização por escrito da CONTRA-

TANTE e desde que atendido o previsto no item 10.1 da Cláusula décima – Sucessão.

CLÁUSULA TERCEIRA – OBRIGAÇÕES DA CONTRATADA

3.1 Constituem encargos específicos da CONTRATADA, além dos implícita ou explicitamente contidos nas demais cláusulas e condições deste Contrato.

3.2 Garantir à CONTRATANTE o fornecimento dos produtos constantes no Anexo 1, com pontualidade e fiel observância das especificações.

3.3 Atender às necessidades de consumo da CONTRATADA, referentes aos produtos constantes no Anexo 1, segundo a previsão estabelecida de comum acordo pelas partes, para cada tipo de produto.

3.4 Não divulgar para fins publicitários o presente Contrato, sem o prévio consentimento escrito da CONTRATANTE.

3.5 A CONTRATADA não será responsável pela eventual falta de produtos, quando esta for decorrente de qualquer das seguintes causas: paralisação temporária nos transportes rodoviários e/ou ferroviários, atos governamentais e quaisquer outros eventos de força maior ou caso fortuito consoante previsto no art. 1.058 do Código Civil Brasileiro.

CLÁUSULA QUARTA – CONDIÇÕES DE FORNECIMENTO

4.1 Pelos produtos objeto do fornecimento de que trata este Contrato, a CONTRATANTE pagará à CONTRATADA os preços constantes na Tabela do Anexo 1 deste instrumento.

4.2 Essa Tabela de Preços será alterada toda vez que houver reajuste de preços dos produtos, mediante a adoção da fórmula de reajuste de preços (normalmente, cita-se a mais utilizada).

4.3 Os produtos fornecidos pela CONTRATADA serão conferidos nas respectivas entregas e faturados para pagamento, em moeda corrente do país, no prazo de 30 (trinta) dias, contados a partir da emissão da Fatura pela CONTRATADA.

4.4 Ocorrendo atraso de pagamento das Faturas, a CONTRATANTE pagará à CONTRATADA juros moratórios de 1% (um por cento) ao mês, os quais incidirão sobre os valores em atraso, a partir da data de vencimento dos respectivos títulos.

4.5 Todos os produtos solicitados pela CONTRATANTE, por conta do presente Contrato, deverão ser entregues pela CONTRATADA no endereço indicado.

CLÁUSULA QUINTA – PRAZO CONTRATUAL

5.1 O prazo de vigência do presente Contrato é de 24 (vinte e quatro) meses, com início em (indicar data) e término em (indicar data), prazo esse que será considerado prorrogado sucessivamente por iguais períodos, desde que não ocorra a denúncia do Contrato, por escrito, por qualquer das partes, com antecedência mínima de 90 (noventa) dias em relação ao término do prazo inicial ou do término dos períodos de prorrogação deste Contrato.

CLÁUSULA SEXTA – RESCISÃO CONTRATUAL

6.1 O presente Contrato poderá ser rescindido de pleno direito, a critério da parte inocente, independentemente de notificação judicial ou extrajudicial, nos seguintes casos:

    6.1.1 Inadimplemento de qualquer uma das cláusulas e condições constantes deste instrumento.

    6.1.2 Liquidação judicial ou extrajudicial de qualquer uma das partes.

6.2 Rescindido o presente Contrato, as partes diligenciarão a imediata liquidação das obrigações dele decorrentes.

6.3 Nenhuma das partes poderá ser responsabilizada pela falta de cumprimento das obrigações contratuais, quando seja esta decorrente de motivos de força maior ou caso fortuito, conforme previsto no art. 1.058 do Código Civil.

CLÁUSULA SÉTIMA – MULTA

7.1 A infração de qualquer cláusula ou condição deste Contrato, além de poder acarretar sua rescisão na forma prevista na cláusula Sexta deste instrumento, sujeitará a parte infratora ao pagamento à parte inocente de uma multa contratual, cobrável sempre por inteiro, cuja importância será correspondente à multiplicação das quantidades de todos os tipos de produtos de preços mencionados no Anexo 1, que a CONTRATANTE deveria adquirir, desde a data da infração até o término do prazo do presente Contrato e eventuais prorrogações.

CLÁUSULA OITAVA – INCIDÊNCIA FISCAL

8.1 Todos os tributos (impostos, taxas, contribuições fiscais ou parafiscais e quaisquer emolumentos) decorrentes direta ou indiretamente do presente Contrato ou de sua execução serão de exclusiva responsabilidade da parte obrigada ao pagamento dos mesmos, na forma definida pela legislação tributária, sem que lhe assista o direito a qualquer reembolso pela outra parte, seja a que título for.

CLÁUSULA NONA – TOLERÂNCIA

9.1 Fica entendido que a eventual tolerância da parte inocente, aceitando quaisquer inadimplementos de condições, cláusulas ou obrigações contratuais, não importará em novação, nem poderá ser invocada pela parte contrária para obrigar a parte inocente a conceder igual tolerância em outros casos supervenientes.

CLÁUSULA DÉCIMA – SUCESSÃO

10.1 As obrigações aqui assumidas são extensivas aos sucessores das contratantes, seja a que título for, somente ficando desobrigadas, quaisquer das contratantes, mediante anuência, por escrito, da outra parte signatária deste Contrato.

CLÁUSULA DÉCIMA PRIMEIRA – FISCALIZAÇÃO

11.1 A CONTRATANTE e a CONTRATADA ficam obrigadas a permitir e facilitar a tarefa dos representantes incumbidos de fiscalizar o fiel cumprimento das condições estipuladas neste Contrato.

CLÁUSULA DÉCIMA SEGUNDA – DISPOSIÇÕES FINAIS

12.1 As despesas de registro cartorário do presente Contrato correrão por conta única e exclusiva da CONTRATADA.

12.2 O valor do presente Contrato é estimado em (citar o valor).

12.3 Ficam expressamente revogadas todas e quaisquer disposições anteriormente estabelecidas entre as partes contratantes com relação ao mesmo objeto, em tudo o que contrarie o que é ajustado no presente Contrato.

CLÁUSULA DÉCIMA TERCEIRA – FORO

13.1 Fica eleito o Foro da Cidade de (citar o local), que será o único competente para dirimir quaisquer dúvidas ou controvérsias com base no presente Contrato, renunciando as partes a qualquer outro, por mais privilegiado que seja.

E assim, por estarem justas e acordadas, as partes contratantes firmam o presente instrumento em 3 (três) vias de igual teor e forma, para um só efeito, na presença das testemunhas adiante assinadas.

3.2.1 GESTOR DO CONTRATO

A administração de contratos requer gestores, representantes designados de ambas as partes para gerenciar o cumprimento dos objetivos pretendidos na contratação.

Ao gestor cabe:

a. o acompanhamento do desempenho do fornecimento quanto às cláusulas previstas no contrato;

b. gerir o contrato em seus exatos termos, não podendo assumir nenhum compromisso além daqueles estabelecidos contratualmente ou deixar de exigir o cumprimento de qualquer obrigação aí estipulada;

c. emissão da necessária correspondência, versando sobre o cumprimento do contrato.

A qualquer momento, durante a vigência do contrato, as partes, de acordo com suas conveniências, poderão substituir o gestor nomeado, mediante simples comunicação escrita à outra parte.

4 DILIGENCIAMENTO (*FOLLOW-UP*)

Analisando em seu sentido mais amplo a definição de comprar, já comentada no Capítulo 7, adquirir materiais com a qualidade especificada, a preços justos, podemos acrescentar que o prazo requerido, evidencia a responsabilidade do comprador, motivo pelo qual, ao se adotar tal conceito, fica evidente que a garantia dos prazos de entrega dos materiais em aquisição é, também, uma atribuição dos órgãos de compra.

Tal responsabilidade motiva a criação do setor de diligenciamento, para a prevenção de eventuais desvios, objetivando garantir o cumprimento do prazo de entrega acordado, monitorando, fiscalizando, acompanhando e documentando as encomendas pendentes nos respectivos fornecedores. Assim, a atuação do diligenciamento pauta-se na localização e antecipação de problemas, no intuito de evitar surpresas desagradáveis, cobrando e oferecendo alternativas para os inevitáveis atrasos, que a empresa não pode suportar, por meio de contratações com outros fornecedores.

A confiabilidade dos prazos de entrega reveste-se da maior importância ao permitir e possibilitar que a gestão trabalhe com estoques relativamente baixos, por meio de riscos mínimos de falta de material, o que redunda em menor imobilização de capital. A adequada fiscalização da carteira de encomendas dos diversos fornecedores permite tratamento diferenciado para materiais vitais, objetivando antecipações, evitando-se, em alguns casos, as indesejáveis emergências, agilizando o atendimento e, o que é fundamental, proporcionando aos usuários a confiança necessária de que não faltará material.

Dependendo da empresa, o diligenciamento pode assumir outras denominações, como *ativação*, *acompanhamento* ou *follow-up*. Muito utilizado, o termo inglês *follow-up* significa seguir, acompanhar, agendar, daí sua aplicação sistemática na área de compras. É por demais utilizado o termo *ativação*, outra das denominações do diligenciamento, motivo pelo qual, quando se pretende ativar, na realidade está-se cobrando determinada encomenda, ou, por outras palavras, complementando o diligenciamento.

O diligenciamento tem fundamentalmente os seguintes objetivos:

a. atingir e manter esquema de acompanhamento das encomendas para informar, sistematicamente, a situação de cada material em fase de aquisição;

b. atingir e manter esquema de acompanhamento que possibilite o cumprimento dos prazos de entrega acordados e posicionando a situação das encomendas de materiais cujos estoques estejam críticos;

c. atingir e manter fluxo de informações ao comprador e ao cadastro de fornecedores relativas ao desempenho obtido no cumprimento dos prazos de entrega estabelecidos e ao grau de dificuldade provocado no diligenciamento.

4.1 Procedimentos para diligenciamento

A atuação do diligenciador está alicerçada nos instrumentos constantes na Figura 10.2. O grau ou força do acompanhamento pode ser estabelecido em função dos seguintes fatores:

a. possibilidade de falta no estoque do material em aquisição;

b. natureza da compra: normal, urgente, de emergência;

c. curva de consumo;

d. necessidade do usuário.

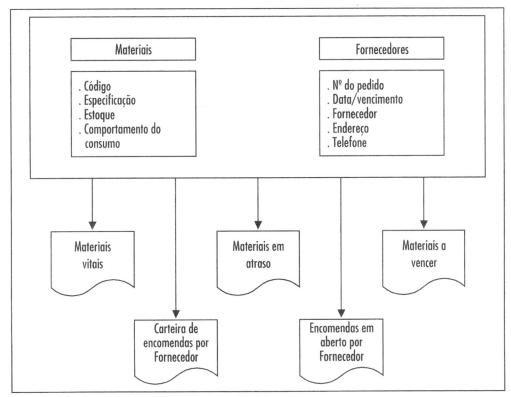

Figura 10.2 *Acompanhamento de compras.*

Considerando-se a importância dos fatores enunciados anteriormente, os pedidos para diligenciar são listados em formulário apropriado para facilitar o trabalho, conforme demonstra a Figura 10.3.

ATIVAÇÃO DE MATERIAIS							
Fornecedor			Grupo de Compra			Código do Material	

ENCOMENDA A SER ATIVADA							
Documento de compra			Quantidades				
Número	Item	Prazo de entrega	Pedida	Aceita/ Recebida	Pendente		A receber

OUTRAS INFORMAÇÕES			
Saldo zero	RM não atendida	Solicitação estoque	Sol. compra direta

RESULTADOS DA ATIVAÇÃO

NOVA PROGRAMAÇÃO PROPOSTA			
Item	Quantidade	Entrega até o dia	Observações
Assinatura do Ativador			Data

Figura 10.3 *Ativação de materiais.*

Dependendo do assunto a tratar, como possibilidade de falta, premência do material, pedido já em atraso, os contatos com os fornecedores podem ser feitos de várias formas, quais sejam, pessoalmente, por *fax* ou telefone.

4.2 Modalidades de diligenciamento

Em função dos parâmetros da gestão de estoques e, ao contrário do que possa parecer, não se admite atraso, mas sim tolerância nos prazos de entrega, para evitar a ruptura do estoque e garantir a continuidade do abastecimento, pois a tolerância é inferior ao nível de emergência. Assim, o diligenciamento atua de três maneiras diferenciadas:

a. atuação preventiva;

b. atuação curativa;

c. procedimentos especiais.

4.2.1 ATUAÇÃO PREVENTIVA

O objetivo da atuação preventiva é evitar que ocorram atrasos na entrega de materiais encomendados, atividade desenvolvida com base nos relatórios gerados apontados na Figura 10.2:

a. materiais a vencer;

b. carteira de encomendas por fornecedor;

c. encomendas em aberto por fornecedor.

A carteira do fornecedor é avaliada em sua totalidade, concentrando-se nas encomendas a vencer nos próximos 15 dias, por exemplo, por meio dos métodos já anteriormente analisados na seção 4.1, podendo, inclusive, o fornecedor ser convocado para reunião, em que as posições das entregas são pormenorizadas.

Eventuais solicitações de prorrogação de prazos de entrega devem ser analisadas, em função da posição do saldo físico, da tradição de consumo e da necessidade da empresa, e concedidas ou não após aval da gestão de estoques e do usuário, conforme o caso.

Quaisquer problemas, sejam de ordem técnica ou mesmo comercial, devem ser encaminhados para avaliação dos setores competentes e solucionados antecipadamente, visando não atrasar as entregas.

Considerando-se que o principal responsável pelo prazo é o próprio fornecedor, o qual deve responder por todo e qualquer desvio, deve-se encaminhar periodicamente, por meio do diligenciamento, uma cópia do relatório *encomendas em aberto* a cada fornecedor. Tal prática possibilitará que os fornecedores fiquem atentos e se antecipem a possíveis problemas.

4.2.2 ATUAÇÃO CURATIVA

O objetivo da atuação curativa é evitar que, quando ocorrerem, os atrasos não sejam longos, de tal forma que o atraso médio das encomendas vencidas seja curto, para não ocorrer a ruptura do estoque, atividade desenvolvida em função do relatório *materiais em atraso*, ao analisar:

a. número de itens vencidos por fornecedor;
b. atraso individual das encomendas;
c. atraso médio do fornecedor.

4.2.3 PROCEDIMENTOS ESPECIAIS

Independentemente das modalidades de atuação, nas quais as carteiras dos fornecedores são ativadas em bloco, outros procedimentos, dependendo da empresa, podem vir a ser adotados, entre os quais podemos destacar:

a. ativação de materiais para reformas;
b. ativação de materiais para reparos gerais;
c. ativação de materiais críticos.

Em função das particularidades que envolvem esses procedimentos e considerando que o objetivo não deverá ser outro senão o atendimento pleno, há necessidade de instrumentos para o desenvolvimento da atividade de ativação, os quais devem contemplar:

a. relação geral de materiais para reformas, reparos gerais ou críticos;
b. relatório de materiais a vencer nos próximos 15 dias (por exemplo);
c. relatório de materiais vencidos;
d. relatório de materiais por fornecedor.

Por meio desses relatórios, as encomendas são acompanhadas e ativadas individualmente, tendo como datas-base as de início das reformas ou da necessidade dos materiais críticos.

Em função da necessidade, devem ser mantidas reuniões com os fornecedores envolvidos, nas quais são analisadas:

a. posição de entrega de materiais impeditivos;
b. materiais cuja entrega deve anteceder às reformas;

c. posição dos materiais críticos;
   d. alternativas;
   e. solução de pendências técnicas ou comerciais.

5 QUESTÕES E EXERCÍCIOS

1. Por que deve existir formalidade nos processos de compra?
2. Quais as vantagens de contratação por longo prazo?
3. Quando e por que pode-se cancelar contratos de compra?
4. Por que as empresas adotam o diligenciamento?
5. Qual a mais eficaz das modalidades de diligenciamento? Por quê?

11
COMPRAS NO SERVIÇO PÚBLICO

VOCÊ VERÁ NESTE CAPÍTULO:

- *Aspectos mais importantes da Lei das Licitações*
- *Valores-limite para Licitações*
- *Conteúdo de Editais*
- *Exemplos de Editais*

1 CONSIDERAÇÕES INICIAIS

Nas empresas estatais e autárquicas, como também no serviço público em geral, ao contrário da iniciativa privada, as aquisições de qualquer natureza obedecem à Lei nº 8.666, de 21-6-1993, alterada pela Lei nº 8.883, de 8-6-1994, motivo pelo qual tornam-se totalmente transparentes. Assim, a diferença entre os tipos de compras é a formalidade no serviço público e a informalidade na iniciativa privada. Independentemente dessa particularidade, os procedimentos são praticamente idênticos, motivo pelo qual serão apresentadas as diferenças substanciais, culminando com exemplos de Editais de Licitação.

Em virtude dos aspectos jurídicos que envolvem os instrumentos legais, este Capítulo procura sintetizá-los em seus aspectos mais importantes e significativos.

Em face do exposto, para se aquilatar as diferentes maneiras de tratamento, apresentamos os dois modelos de edital, elaborados de conformidade com a legislação mencionada, concernentes às empresas Sabesp, obtidos mediante pesquisa de nossos alunos, e Comissão Nacional de Energia Nuclear, obtidos por meio de sua *home page* (**http://www.ipen.br**) na Internet.

Atualmente, grande parte das unidades administrativas já disponibiliza suas licitações por meio da Internet, desde o Edital até resultados do julgamento, tornando ainda mais transparente o processo.

Em face da transparência e do volume de negócios, o Governo Federal tem disponibilizado na página **http://www.mare.gov.br** vários segmentos de interesse, participando o conteúdo da legislação em vigor, informando os Valores-limite e a finalidade do Cadastro Unificado de Fornecedores, como também oferecendo consultas sobre licitações, fornecedores e catálogo de material/serviço.

Independentemente das notícias oficiais, já existem empresas estruturadas e especializadas na prestação de serviços de informações e consultoria sobre licitações, algumas das quais abaixo relacionadas.

a. Cilico, **http://www.cilico.com.br**.

b. Selic – Serviço de Licitações, **http://www.ism.com.br/~selic**.

c. WEB Conc. e Licitações Públicas, **http://www.hpp.com.br.mpresa**.

d. Sistema RCC, **http://www.rcc.com.br**.

e. NET Licitação, **http://www.licitacao.com.br**.

A natureza dos serviços dessas empresas será exemplificada por meio do modelo da CILICO – Central Internacional de Licitações e Cotações, Administração RNF & Associados, telefones: (0_ _11) 835-9981 ou 3641-6352, *E-mail* **rnf@cilico.com.br**.

Ao acessar o *link* de demonstração, observa-se o sistema de forma clara e elucidativa, não podendo, evidentemente, haver acesso ao Banco de Dados. O intuito é a apresentação das diversas possibilidades e como os resultados mostrados podem contribuir em ganho de tempo. A pesquisa pode ser feita por meio de 5 (cinco) diferentes situações:

1.1 Pesquisa por objeto

Nessa opção, o campo principal de pesquisa é o *objeto* do edital a ser procurado. A utilização se dá quando se quer procurar direto pelo tipo de produto.

1.2 Pesquisa por data de entrada

Nessa opção, a pesquisa será realizada de acordo com a *data de entrada* do edital no sistema. A utilização se dá quando se quer obter informações relativas a um período em especial ou para recuperar as informações desde seu último acesso.

1.3 Pesquisa por data de entrega do edital

Nessa opção, o campo principal de pesquisa é a *data de entrega do edital*. A utilização se dá quando deseja verificar a data de entrega das propostas, funcionando como uma agenda.

1.4 Pesquisa por número de controle

Nessa opção, o campo principal de pesquisa é o *Número de Controle do Edital* a ser procurado. A utilização se dá quando já foi pesquisado o edital de interesse e se quer acompanhar as modificações e alterações do mesmo. Basta fornecer o número de controle do edital pesquisado e você já o tem impresso.

1.5 Pesquisa genérica

Nessa opção, a pesquisa será realizada por meio da informação de qualquer palavra-chave, a ser procurada nos principais campos de pesquisa (órgão, empresa, cidade, objeto, produto etc.) contidos no Banco de Dados Cilico. A utilização se dá quando há interesse em uma palavra especial, por exemplo *micro*. Retornarão os editais em que conste tal palavra.

2 LICITAÇÃO – ASPECTOS IMPORTANTES

2.1 Conceito

É o procedimento administrativo pelo qual a Administração Pública, em qualquer de seus níveis, prevendo comprar materiais e serviços, realizar obras, alienar ou locar bens, segundo condições estipuladas previamente, convoca interessados para apresentação de propostas, a fim de selecionar a que se revele mais conveniente em função de parâmetros preestabelecidos e divulgados.

2.2 Finalidade

A licitação tem por finalidade propiciar igualdade de oportunidades entre aqueles que desejam contratar com a Administração Pública, nos padrões previamente definidos, sempre como importante fator de eficiência e moralidade nos negócios públicos.

A licitação destina-se a garantir a observância do princípio constitucional de avaliar e selecionar a proposta mais vantajosa para a Administração e será processada e julgada em estrita conformidade com os princípios básicos de legalidade, de impessoalidade, de moralidade, de igualdade, publicidade, de probidade administrativa, da vinculação ao instrumento convocatório, do julgamento objetivo e dos que lhe forem correlatos.

2.3 Princípios

Para não descaracterizar e invalidar seu resultado seletivo, o Instituto da Licitação deve ser pautado nos seguintes princípios básicos:

a. igualdade: princípio primordial da licitação, consagrado na Constituição de 1988, descarta a discriminação entre seus participantes, pois não pode haver procedimento seletivo com discriminação dos participantes, ou com cláusulas do convocatório que afastem eventuais proponentes qualificados ou os desnivelem no julgamento. Esse princípio veda cláusulas ou o julgamento faccioso que desiguala os iguais ou iguala os desiguais, favorecendo uns em detrimento de outros, com exigências inúteis para o serviço público, mas com destino certo a determinados candidatos;

b. publicidade: caracteriza-se como um princípio dominante no processo licitatório em suas fases e seus atos, salvo quanto ao conteúdo das propostas. Não pode existir licitação sigilosa;

c. probidade administrativa: entende-se por esse princípio a honestidade de proceder ou a maneira criteriosa de cumprir todos os deveres que são atribuídos ou cometidos por força da lei;

d. procedimento formal: esse princípio significa que a licitação está vinculada às prescrições legais que regem em todos os seus atos e frases. Não só a lei, mas também o regulamento, as instruções complementares e o edital pautam o procedimento da licitação. Vinculado à Administração e aos licitantes e a todas as exigências, desde a convocação dos interessados até a adjudicação do vencedor;

e. sigilo na apresentação das propostas: princípio consectário de igualdade entre os licitantes e de sua importância para a preservação da competitividade do certame obrigatório. O interessado que viesse a conhecer a proposta de seu concorrente, antes da apresentação de sua proposta, ficaria em situação vantajosa, afrontando o princípio da igualdade;

f. vinculação ao instrumento convocatório (edital): significa dizer que a Administração e os licitantes ficam sempre adstritos aos termos do pedido ou do permitido no instrumento convocatório, quanto ao procedimento, à documentação, às propostas, ao julgamento e ao contrato. Ou seja, estabelecidas as regras do certame, tornam-se obrigatórias para aquela licitação durante todo o procedimento e para todos os participantes, inclusive para o órgão ou entidade licitadora;

g. julgamento objetivo: é princípio de toda licitação que seu julgamento se apóie em fatores concretos pedidos pela Administração em confronto com o ofertado pelos proponentes dentro do permitido pelo edital. Na licitação, a margem de valoração subjetiva e de discricionarismo no julgamento é reduzida e delimitada pelo estabelecimento no edital, levando sempre em consideração o interesse do serviço público e os fatores qualidade, rendimento, eficiência, durabilidade, preço, prazo e financiamento;

h. adjudicação compulsória ao vencedor: segundo esse princípio, vencida a licitação, nasce para o vencedor o direito subjetivo à adjudicação, isto é, a atribuição de seu objeto a que foi classificado em primeiro lugar. Essa adjudicação é obrigatória, não podendo a Administração atribuir o objeto da licitação a outrem que não seja o vencedor, salvo se este desistir expressamente da licitação ou não firmar o contrato no prazo estabelecido no edital ou fixado pela administração na convocação para sua assinatura, observada a ordem de classificação.

3 OBJETO DA LICITAÇÃO – ASPECTOS IMPORTANTES

3.1 Definição

A finalidade precípua da licitação será sempre a obtenção de seu objeto, ou seja, um serviço, uma compra, uma alienação, uma locação, uma concessão ou uma permissão, nas melhores condições para o Poder Público. O objeto deve ser convenientemente definido no instrumento convocatório, sob pena de se dificultar ou até mesmo impedir a execução do conseqüente contrato.

A definição do objeto é condição indispensável de legitimidade da licitação, sem a qual não pode prosperar o procedimento licitatório, qualquer que seja a modalidade sob pena de tornar-se inviável a formulação de ofertas, bem como seu julgamento, e irrealizável o contrato subseqüente.

A inexistência de projeto básico ou de especificação detalhada acarretará a anulação dos contratos realizados e a responsabilização de quem lhes tenha dado.

Entre as disposições específicas para a contratação de obras e serviços, em seu art. 6º, a Lei nº 8.666/93 conceitua os projetos básico e executivo a serem seguidos:

a. projeto básico: é o conjunto de elementos que define a obra ou serviço, ou o complexo de obras ou serviços objeto da licitação e que possibilita a estimativa de seu custo final e prazo de execução;

b. projeto executivo: é o conjunto de elementos necessários e suficientes à execução correta da obra.

3.2 Obra

Em sentido administrativo amplo, obra é toda realização material a cargo da Administração executada diretamente por seus órgãos ou indiretamente por seus contratos e legados.

Consoante o art. 6º, inciso I, da Lei nº 8.666/93, a conceituação de obra abrange toda construção, reforma, fabricação, recuperação ou ampliação, realizada por execução direta ou indireta.

Todas essas realizações são obras, só podendo ser licitadas com projeto básico, executadas com projeto executivo.

3.3 Serviço

Serviço, para fins de licitação, é toda atividade prestada para a Administração para o atendimento de suas necessidades ou de seus administrados. O que caracteriza o serviço e o distingue da obra é a predominância da atividade sobre o material empregado.

Ao conceituar serviço, a lei enumera exemplificadamente os mais freqüentes, como demolição, fabricação, conserto, instalação, montagens, operação, reparação, manutenção, transporte, comunicação ou trabalhos técnico-profissionais.

Para fins de licitação, é necessário distinguir os serviços comuns, os serviços técnico-profissionais generalizados e técnico-profissionais especializados.

3.4 Compra

Na licitação para compra, a Administração deve especificar o objeto a ser adquirido, indicando, para isso, a qualidade e a quantidade a ser comprada, bem como as condições em que deseja adquirir. A perfeita caracterização do objeto da compra é essencial para possibilitar a correta formulação das propostas e o oferecimento das vantagens do negócio.

A compra pode ser a vista ou a prazo, com entrega total ou parcelada, sendo sempre realizada por intermédio de um contrato bilateral perfeito, comutativo e oneroso, isto é, com obrigações recíprocas, com equivalência nessas obrigações e com pagamento do preço, como contraprestação da transferência do domínio da coisa.

A Lei nº 8.666/93 exige a adequada caracterização do objeto da compra e a indicação dos recursos financeiros para seu pagamento, adotando, ainda, além das vantagens semelhantes às do setor privado, o princípio da padronização e o sistema de registro de preços.

4 MODALIDADES DE LICITAÇÃO – ASPECTOS IMPORTANTES

4.1 Concorrência

Concorrência é a modalidade de licitação própria para contatos de grande porte, com limites sujeitos a revisões periódicas, em que se admite a participação de outros interessados, que na fase de habilitação preliminar satisfaçam às condições de qualificação previstas no edital para a execução de seu objeto.

A habilitação preliminar é formalidade essencial da concorrência, destinando-se a comprovar a plena qualificação dos interessados para a execução de seu objeto, de acordo com as condições específicas do edital. É na verificação da idoneidade dos concorrentes, sob o quádruplo aspecto jurídico, fiscal, técnico e financeiro.

A idoneidade dos concorrentes deverá ser apreciada e decidida necessariamente antes da abertura das propostas, não se admitindo a recusa de proponentes sob o pretexto de idoneidade depois de conhecidas as ofertas, salvo em razão de fatos evidentes ou só revelados após o julgamento, os quais poderão acarretar a desclassificação da proposta do participante. Qualquer concorrente poderá impugnar a idoneidade do outro, mas deverá fazê-lo no momento próprio, que é o da habilitação, isto é, na fase em que se examina a documentação dos interessados, sendo incabível de reclamação posterior.

A habilitação preliminar e o julgamento da concorrência são feitos obrigatoriamente por comissão composta de no mínimo três membros, sendo que dois destes deverão ser pertencentes aos quadros permanentes dos órgãos da Administração.

4.2 Tomada de preços

Tomada de preços é a modalidade de licitação entre interessados, devidamente cadastrados, ou que atenderem às condições exigidas para cadastramento até o terceiro dia anterior à data fixada para recebimento das propostas, observada a necessária qualificação.

4.3 Convite

Convite é a modalidade de licitação mais simples, destinada às contratações de pequeno valor, consistente na solicitação escrita a pelo menos três interessados no ramo do objeto, cadastrados, para que apresentem suas propostas, no prazo mínimo de cinco dias úteis.

5 LIMITES DE VALOR PARA LICITAÇÃO

A Tabela Limites de Valor para Licitação, ilustrada na Figura 11.1, demonstra os diferentes valores praticados a partir de 28-5-1998 e de acordo com cada modalidade.

MODALIDADE DE LICITAÇÃO	AQUISIÇÃO DE MATERIAIS PARA CONTRATAÇÃO DE SERVIÇOS	OBRAS E SERVIÇOS DE ENGENHARIA	PRAZOS MÍNIMOS PARA APRESENTAÇÃO DE PROPOSTAS
LIMITES PARA DISPENSA	Até R$ 8.000,00 Art. 24 inciso II	Até R$ 15.000,00 Art. 24 inciso I	–
CONVITE	Até R$ 80.000,00 Art. 23 inciso II alínea a	Até R$ 150.000,00 Art. 23 inciso I alínea a	5 dias úteis
TOMADA DE PREÇOS	Até R$ 650.000,00 Art. 23 inciso II alínea b	Até R$ 1.500.000,00 Art. 23 inciso I alínea b	15 dias corridos
CONCORRÊNCIA	Para valores acima dos limites de Tomada de Preços Art. 23 inciso II alínea c		30 dias corridos

Figura 11.1 *Limites de valor para licitação.*

6 EDITAL DE LICITAÇÃO

6.1 Documentação necessária para cadastramento

A empresa que pretende fornecer bens e serviços deve cadastrar-se na unidade administrativa respectiva, por meio de requerimento. O cadastramento é realizado mediante a apresentação de documentação inerente à habilitação jurídica e regularidade fiscal do interessado, e também da documentação comprobatória de qualificação econômico-financeira.

Os seguintes documentos são exigidos:

6.1.1 HABILITAÇÃO JURÍDICA

a. registro comercial, no caso de empresa individual;

b. ato constitutivo, Estatuto ou Contrato Social em vigor, e alterações subseqüentes, devidamente registrados na Junta Comercial do Estado, em se tratando de sociedade comercial e, no caso de sociedades por ações, acompanhados de documentos de eleição de seus administradores;

c. inscrição do ato constitutivo, no caso de sociedades civis, acompanhada de prova de diretoria em exercício;

d. decreto de autorização, em se tratando de empresa ou sociedade estrangeira em funcionamento no País, e ato de registro ou autorização para funcionamento, expedido pelo órgão competente, quando a atividade assim o exigir.

6.1.2 QUALIFICAÇÃO TÉCNICA

A qualificação técnica está limitada a:

a. registro ou inscrição em entidade profissional competente, como Corcesp, Crea, CRN, CRQ, CRP, CRA, CRC etc. Caso a empresa não possua tal registro, apresentar declaração em papel timbrado, justificando a inexistência de tal registro;

b. atestados de desempenho anterior, para cada uma das atividades exercidas pela empresa, passados por pessoas de direito público ou privado, indicando local, natureza, volume, quantidade, prazos e outros dados característicos do fornecimento, obras ou serviços;

c. indicação das instalações para realização do objeto do cadastro: endereço atual e área construída, sede/matriz, parques industriais, fabris e filiais;

d. indicação do aparelhamento técnico adequado e disponível: equipamentos, máquinas, veículos, mobiliário etc. que possuir;

e. relação da equipe técnica da empresa, com indicação do responsável técnico, acompanhada dos respectivos currículos.

6.1.3 QUALIFICAÇÃO ECONÔMICO-FINANCEIRA

a. balanço patrimonial e demonstrações contábeis do último exercício social, já exigíveis e apresentados na forma da lei;

b. certidão negativa de falência ou concordata expedida pelo distribuidor da sede da pessoa jurídica, ou Certidão Negativa de Execução Patrimonial, expedida no domicílio da pessoa física.

6.1.4 REGULARIDADE FISCAL

a. prova de inscrição no Cadastro Geral de Contribuintes do Ministério da Fazenda – CGC/MF;

b. prova de inscrição no Cadastro de Contribuintes Estadual ou Municipal, se houver, relativo ao domicílio ou sede da empresa, pertinente a seu ramo de atividade;

c. Certidão Negativa de Débito (CND), expedida pelo Instituto Nacional de Seguridade Social (INSS);

d. prova de regularidade para com a Fazenda Federal, Estadual ou Municipal, do domicílio ou sede de licitante, ou outra equivalente, na forma da lei;

e. Certidão de Regularidade de Situação (CRS), do FGTS, emitida pela Caixa Econômica Federal.

6.2 Preâmbulo

A Figura 11.2 apresenta os moldes de divulgação do Edital para a promoção de qualquer Licitação nos ditames da lei.

\multicolumn{2}{c	}{Nome do Órgão (Instituição responsável pela Licitação)}
\multicolumn{2}{c	}{MODALIDADE DA LICITAÇÃO (Por exemplo: Concorrência Pública) Número de Ordem em Série Anual (001/98) Regida pela Lei nº 8.666/93 (Obrigatoriedade da Menção à Lei de Licitações)}
SETOR	Divisão, Departamento, Serviço da instituição interessada.
TIPO	Menor preço.
OBJETO	Aquisição de... (A apresentação deste tópico não é de caráter obrigatório no preâmbulo, visando facilitar ao interessado uma rápida identificação do que a Administração deseja contratar.)
\multicolumn{2}{c	}{RECEBIMENTO DOS ENVELOPES E ABERTURA DA HABILITAÇÃO}
Dia	Data para recebimento dos envelopes.
Hora	Definição do horário.
Local	Endereço respectivo.
\multicolumn{2}{c	}{ABERTURA DAS PROPOSTAS}
Dia	Data da reunião para abertura das propostas.
Hora	Definição do horário.
Local	Endereço respectivo.

Figura 11.2 *Preâmbulo de edital.*

6.3 Exemplos de edital

Mesmo obedecendo na íntegra à lei, algumas particularidades surgem na apresentação do Edital, variando na modalidade de licitação e de unidade para unidade administrativa, conforme se deduz dos exemplos a seguir apresentados, selecionados e transcritos, respectivamente, por meio de pesquisa de nossos alunos *in loco* junto à Sabesp – Companhia de Saneamento Básico do Estado de São Paulo – e também na Internet, referente à Comissão Nacional de Energia Nuclear, o qual se encontra disponibilizado no *site* **http://www.ipen.br/a/editconv.html**.

É importante conhecer as nuances desse campo. A Internet oferece infinitas possibilidades de pesquisa, bastando, para tanto, ao interessado acessar os mecanismos de busca por meio da palavra *Licitação*.

O exame dos editais revela pormenores detalhados aliado a procedimentos burocráticos, o que culmina com atas para todas as reuniões efetuadas durante cada processo, atas estas cujos modelos deixamos de divulgar.

6.3.1 MODELO DE EDITAL DA SABESP

	Companhia de Saneamento Básico do Estado de São Paulo
sabesp	Convite
	Destinatário/Fornecedor

Número: Objeto:

Proposta

1. Legislação Aplicável

A esse Convite e a seu respectivo Instrumento de Formalização Contratual "Pedido de Compra" aplicam-se a Lei nº 8.666, de 21-6-93, com as alterações introduzidas pela Lei nº 8.883, de 8-6-94, e a Lei nº 6.544, de 21-11-89, no que não conflitar com as disposições do diploma federal na conformidade de publicação do *Diário Oficial do Estado*, de 13-8-1993 – Seção I 103 (152) da Procuradoria Geral do Estado.

A esta Licitação aplicar-se-ão as disposições da Lei nº 9.060, de 29-6-95, e da Medida Provisória nº 1.620-36, de 9-4-98, sendo sua atualização mensal através do *Diário Oficial do Estado*, ou qualquer outro dispositivo legal que venha a substituí-la, alterá-la ou complementá-la e da Lei nº 8.880, de 27-5-94, no que for pertinente.

2. Entregas dos Documentos e Propostas

Os documentos de Habilitação e Proposta deverão ser entregues até o VENCIMENTO: (data) às (horário).

A Sessão Pública para (Recebimento e/ou Abertura) do(s) envelope(s) será realizada no dia (data) às (horário), na Av. São Francisco, 128 – Centro/Santos (Divisão de Suprimentos e Contratações – LBAS).

Os documentos e propostas entregues por meio de fax ou fora do prazo da data de vencimento estabelecida neste convite não serão aceitos pela Sabesp.

Elaboração e Apresentação dos Documentos de Habilitação e Proposta

Deverão apresentar os 02 (dois) envelopes:

Envelope A: Documentos de Habilitação

Envelope B: Proposta Comercial

Credencial

A licitante, caso deseje participar da Sessão Pública, deverá identificar seu representante mediante carta credencial em impresso próprio, conforme modelo no item 5.

Documentos de Habilitação – Envelope A

A Licitante deverá apresentar o conjunto dos documentos relacionados abaixo, que deverão estar autenticados por cartório competente ou por servidor nomeado para membro da Comissão de Julgamento.

Os documentos de habilitação deverão estar em envelope fechado, sem apresentar rasuras ou emendas, trazendo em seu exterior a identificação da licitante, o nº da licitação, data de vencimento e os dizeres "Documentos de Habilitação".

A não-apresentação ou apresentação incorreta dos documentos solicitados abaixo implicará a imediata inabilitação.

1. cópia autenticada de "Certidão Negativa de Débito" – CND do INSS – "Instituto Nacional de Seguridade Social" referente à sede do Licitante, com validade até a data de vencimento do convite.

2. cópia autenticada da "Certidão de Regularidade de Situação" – CRS do FGTS – expedido pela Caixa Econômica Federal, com validade até a data de vencimento do convite.

3. ou cópia do "Certificado de Registro Cadastral" – CRC Sabesp – que poderá substituir os documentos exigidos nos itens 1 e 2, desde que expresso no "CRC" e com validade até a data de vencimento do convite, independentemente da validade geral do "CRC".

Outros documentos:

Envelope B: Proposta Comercial

Os documentos Planilha(s) de Orçamento(s) e catálogo(s), que compõem a proposta comercial, deverão estar em envelope fechado, trazendo em seu exterior a identificação da Licitante, o número da licitação, a data de vencimento e os dizeres "Proposta Comercial".

A Licitante deverá datar, carimbar e assinar a(s) folha(s) de orçamento e preencher as colunas referentes a todos os preços unitários, sem cometer rasuras ou emendas, utilizando a própria folha que lhe é fornecida pela Sabesp, conforme anexo, assumindo inteira responsabilidade por quaisquer erros ou omissões que venham ser verificadas em sua preparação.

A Licitante deverá apresentar uma única proposta, não sendo admitida proposta alternativa ou em desacordo com as especificações técnicas.

Validade da proposta: 60 dias.

Os dados constantes deste documento serão de caráter confidencial e a validade das condições de preço, pagamento e prazo de entrega terão que ser mantidos na validade acima, contados da data de vencimento deste convite. Qualquer validade diferente da mencionada somente será considerada se constar textualmente da proposta.

Apenas o detalhamento da proposta poderá ser feito em folha separada, devidamente datada, carimbada e assinada.

Se o preço unitário e o total indicados pelo fornecedor não forem condizentes entre si, apenas o preço unitário será considerado válido e o total será corrigido de forma a conferir com aquele.

Os descontos oferecidos pelo fornecedor deverão ser sempre estabelecidos diretamente sobre o preço cotado e não sobre a condição de pagamento (faturamento).

Para efeito da alíquota do ICMS a ser considerada na proposta, esclarecemos que a presente aquisição destina-se a uso próprio e que esta empresa não é contribuinte do ICMS.

Será considerada a alíquota do ICMS referente à operação interna da localidade de origem do faturamento, vigente na entrega dos documentos e proposta/vencimento.

Os preços de transporte, carga, descarga, empilhamento e embalagem dos materiais e/ou equipamentos deverão ser cotados separadamente para cada item ou inclusos nos unitários.

A incidência de IPI deverá vir expressa por item e calculada separadamente do fornecimento.

Os impostos, taxas e despesas adicionais não mencionadas serão considerados como inclusos nos preços propostos.

Os preços deverão ser cotados "a vista", sendo que os pagamentos serão efetuados conforme o estabelecido no item 3 – Condições Específicas.

A Sabesp, a seu exclusivo critério, poderá cancelar ou adjudicar este Convite total ou parcialmente a um ou mais Fornecedores, dependendo das propostas apresentadas.

Para os materiais cotados em unidades de medida deferentes das especificadas, os Licitantes deverão indicar a relação de correspondência entre as mesmas.

A Sabesp poderá descontar dos pagamentos referentes às faturas importâncias que a qualquer título lhe sejam devidas pela Fornecedora, por força deste ou de outros pedidos de compra e/ou contratos.

MULTA:

O não-cumprimento do prazo de entrega sujeitará o Fornecedor à multa diária de 0,2 % (dois décimos por cento), cuja aplicação proporcional à quantidade do material em atraso, até o limite de 10 % (dez por cento) do valor da parcela a que se refere. O limite para o total das multas aplicadas é de 5 % (cinco por cento) do valor global do Pedido de Compra.

Caso seja concedida alteração do prazo de entrega, a mesma só será considerada para efeito de aplicação de multa, não tendo validade para aplicação de reajustes, que deverão reportar-se sempre ao prazo original do Pedido de Compra.

GARANTIA:

O Fornecedor garantirá a qualidade do material e/ou equipamento pelo período de 12 (doze) meses da data da entrada do material e/ou equipamento em serviço, ou 18 (dezoito) meses da data de entrega, prevalecendo o que ocorrer primeiro, ressalvados os casos em que outro prazo maior seja estabelecido pela lei, pelo próprio Fornecedor ou por indicação no Pedido de Compra.

Todos os materiais e/ou equipamentos sujeitos a vistoria poderão ser inspecionados pela Sabesp, a qualquer tempo, antes, durante e depois da fabricação.

Para material e/ou equipamento importado, o Fornecedor deverá apresentar a posição TAB.

Observação: o Fornecedor deverá mencionar a marca, modelo, tipo e procedência dos produtos ofertados. (Os materiais objeto desta Licitação são pré–qualificados pela Sabesp. A relação de marcas já qualificadas poderá ser consultada com a TSTI, situada na Rua Major Paladino, 300 – Vila Leopoldina, SP, fone (011) 838-6286. Uma vez orçados produtos não qualificados, essa empresa deverá enviar amostra do material para ser analisada pela TSTI e, se aprovados, poderão ser adquiridos em futuras Licitações.)

3. Condições específicas

Tipo de Licitação	– Menor preço.
Reajuste	– A vista, preço fixo e irreajustável.
Condição de pagamento	– 30 dias da data de entrega do objeto solicitado.
Local/Horário de entrega	– Praça Ruy de Lugo Viña, 8, Saboó, Santos.
Prazo de Entrega	– ____ dias. O prazo de entrega contar-se-á em dias corridos, a partir da data de aceite do Pedido de Compra.
Inspeção	– Sabesp.
Observações	– Cotar conforme Especificação constante na Planilha de Orçamento, bem como indicar marca e/ou nome do fabricante.

Observação:
   a. os pedidos de esclarecimentos ou quaisquer correspondências (materiais/equipamentos, reajuste, faturamento e pagamento) a serem enviadas ou retiradas na Sabesp, referentes a este Convite, deverão ser encaminhadas ou retiradas na Av. São Francisco, 128 – Centro, Santos (Divisão de Suprimentos e Contratações – LBAS), CEP 11.013-917 – Fax (013) 210-2690;
   b. eventual impugnação e/ou Recurso Administrativo deverá ser encaminhado ao Superintendente, no endereço acima;
   c. Decreto Estadual nº 43.060, de 27 de abril de 1998, determina que todos os pagamentos processar-se-ão mediante crédito em conta corrente em nome do Fornecedor, na Nossa Caixa Nosso Banco S/A. Para tanto, o Fornecedor deverá manter conta corrente neste banco, informando à área Financeira da Sabesp os respectivos números e agência.
4. Cláusula de Correção Monetária por Atraso de Pagamento, com base no IGP-M *pro-rata-tempore* (D.D. – 198/96, de 7-5-96).

"Havendo extrapolação do prazo de pagamento, desde que por responsabilidade da Sabesp, esta responderá pelo pagamento da devida correção monetária, que será realizado no dia 20 do mês seguinte ao do pagamento da obrigação em atraso."

O valor da correção monetária será apurado de acordo com a seguinte fórmula:

$$VCM = (VA \times (IGPMx / IGPMy*)n/m-1) \times (IGPM2 / IGPM1)A/B. \text{ Onde:}$$

VCM	Valor da correção monetária para pagamento no dia 20 do mês seguinte.
VA	Valor do pagamento em atraso.
IGPM	Índice Geral de Preços do Mercado, publicado pela Revista Conjuntura Econômica da Fundação Getúlio Vargas – FGV.
x	Índice referente ao mês imediatamente anterior do efetivo pagamento do valor em atraso.
y*	y1 = Quando a data do vencimento coincidir com o mesmo mês de pagamento, utilizar o índice referente ao segundo mês imediatamente anterior ao mês do vencimento da obrigação VA; y2 = quando o mês de vencimento for diferente do mês de pagamento, utilizar o índice referente ao mês imediatamente anterior ao mês do vencimento.
2	Índice referente ao mês imediatamente anterior ao mês do efetivo pagamento da correção monetária.
1	Índice referente ao mês imediatamente anterior ao de pagamento do valor em atraso.
n	Quantidade de dias contados a partir do vencimento da obrigação VA, exclusive, até a data do efetivo pagamento.
m	Quantidade de dias correspondentes ao período a que se refere a variação existente entre os índices "x" e "y", ou seja, a partir do primeiro dia, inclusive, do mês seguinte ao do índice "y" até o último dia do mês do índice "x".
A	Quantidade de dias contados a partir da data do efetivo pagamento da obrigação VA até o dia 20 do mês seguinte.
B	Quantidade de dias correspondentes ao período a que se refere a variação existente entre os índices "2" e "1", ou seja, a partir do primeiro dia, inclusive, do mês seguinte ao do índice "1" até o último dia do mês do índice "2".

5. Modelo de Carta Credencial

........................., ... de .... de ....

À

COMPANHIA DE SANEAMENTO BÁSICO DO ESTADO DE SÃO PAULO – SABESP

Ref.: Licitação nº........................

Pela presente, informamos que o Sr. ....
...., portador do RG nº ...., é nosso representante credenciado a responder por esta empresa, junto a V.Sas., em tudo que se fizer necessário, durante os trabalhos de abertura dos Documentos de Habilitação e Proposta da Licitação em referência.

_____   _____
Ass. do Repr. Credenciado   Visto do Repr. Credenciado

Atenciosamente,

_____
Responsável
(Empresa)

Observação: apresentar esta carta fora dos Envelopes.

Deverá ser emitida uma Carta Credencial para o representante indicado.

sabesp	Companhia de Saneamento Básico do Estado de São Paulo					
^	PLANILHA DE ORÇAMENTO CV – - - - - - - / - - -					
Área Resp.		Data da RC		Inspeção	Sabesp	Valor da RC
Propriedade				Data (IO)		
Tipo Contr.				Unid. Req.		
Natureza				Defasagem		
Finalidade				Duração		
Objeto						
Elaborado por:		Requisitado por:			Aprovado por:	

(Observação: segue-se, em outra página, conforme demonstrado a seguir, relação dos materiais em licitação, envolvendo código, especificação, quantidade e preço, pois a Planilha de Orçamento se presta, obviamente, como Proposta do Fornecedor.)

sabesp	Companhia de Saneamento Básico do Estado de São Paulo Sabesp PLANILHA DE ORÇAMENTO CV – ____ / ____		Fornecedor
^	^		Assin./Carimbo/Data
Código/Especificação		Quantidade	Preço unitário

Nota do Autor: a Sabesp dispõe, em sua *home page* (**http://www.sabesp.com.br**), de um *link* de licitações, em que se pode consultar andamento, resultado e outros itens correlatos.

6.3.2 O MODELO DE EDITAL DA COMISSÃO NACIONAL DE ENERGIA NUCLEAR

> COMISSÃO NACIONAL DE ENERGIA NUCLEAR
> INSTITUTO DE PESQUISAS ENERGÉTICAS E NUCLEARES
> EDITAL DE LICITAÇÃO CONVITE
>
> A COMISSÃO NACIONAL DE ENERGIA NUCLEAR – CNEN –, por sua Unidade Administrativa em São Paulo, o INSTITUTO DE PESQUISAS ENERGÉTICAS E NUCLEARES (CNEN/SP-IPEN), nos termos da Lei nº 8.666, de 21-6-93, alterada pela Lei nº 8.883, de 8-6-94, torna público que fará realizar licitação, na modalidade CONVITE, para o objeto descrito na PLANILHA DESCRITIVA anexa, que passa a fazer parte integrante do presente Edital.
>
> Seção I – DA APRESENTAÇÃO DAS PROPOSTAS
>
> 1. Para se habilitarem à presente licitação, as interessadas deverão entregar seus envelopes, contendo os documentos exigidos e suas propostas, ou enviá-los mediante recibo, para o Setor de Comunicação e Arquivo (Protocolo) da CNEN/SP-IPEN. Esses envelopes deverão ser opacos e fechados de forma a evidenciar sua inviolabilidade, endereçados do seguinte modo:
>
> COMISSÃO NACIONAL DE ENERGIA NUCLEAR – CNEN/SP – IPEN
> Travessa "R", nº 440 – Butantã.
> Cidade Universitária "Armando de Salles Oliveira"
> CEP 05508-900 – São Paulo – SP
> At.: Divisão de Compras
>
> CONVITE Nº ...... / ......
> ENVELOPE Nº 01 (se for o caso – ver item 05).
> ENVELOPE Nº 02
> ENCERRAMENTO: ..... / ..... / ..... ÀS ..... HORAS
> ABERTURA: ..... / ..... / ..... ÀS ..... HORAS
> RAZÃO SOCIAL DA LICITANTE: ....
>
>   1.1. A falta do número do convite nos envelopes implicará a inabilitação prévia e automática da licitante, em virtude do risco de sua abertura indevida pelo Setor de Protocolo.
>
>   1.2. O prazo fatal para entrega dos envelopes é aquele estabelecido na PLANILHA DESCRITIVA anexa ao presente Edital, não sendo admitidos no certame aqueles que o descumprirem. O critério de conferência será o carimbo de protocolo, contendo data e hora de recebimento.

2. As propostas deverão ser preenchidas com clareza, sem emendas ou rasuras, mantendo rigorosamente as especificações solicitadas (sob pena de desclassificação), devendo os representantes legais das proponentes assiná-las, identificando-se.

3. A validade das propostas não poderá ser inferior a 15 (quinze) dias, contados da data imediatamente posterior à da abertura desta licitação.

Seção II – DAS CONDIÇÕES DE PARTICIPAÇÃO – DOS ENVELOPES

4. Para participar da presente licitação as interessadas deverão apresentar a documentação a seguir discriminada:

    4.1 ENVELOPE Nº 01 – Documentação de habilitação – Este envelope deverá conter:

    a. "Certidão de Quitação de Tributos e Contribuições Federais", emitida pela Secretaria da Receita Federal, dentro do prazo de validade do documento;

    b. "Certidão Quanto à Dívida Ativa da União", emitida pela Procuradoria da Fazenda Nacional, dentro do prazo de validade do documento;

    c. "Certidão Negativa de Débito" (CND), emitida pelo INSS, dentro do prazo de validade do documento;

    d. "Certificado de Regularidade de Situação" (CRS), emitido pela Caixa Econômica Federal, demonstrando situação regular perante o FGTS, dentro do prazo de validade do documento.

    4.2 ENVELOPE Nº 02 – Proposta Comercial – Este envelope deverá conter:

    a. proposta Comercial da interessada (a PLANILHA DESCRITIVA devidamente preenchida), contendo a discriminação dos valores unitário e global do objeto licitado, bem como sua marca (se produto) e impostos (se houver);

    b. "Termo de Opção" pelo SIMPLES, para efeito do imposto de que trata a Instrução Normativa (IN) Conjunta SRF-STN-SFC nº 4, de 18-8-97. Não sendo a licitante optante pelo simples, está dispensada da apresentação deste documento.

5. As empresas interessadas poderão optar por deixar de apresentar os documentos a que se refere o ENVELOPE Nº 01, caso estejam cadastradas e regulares perante o SICAF com relação a estes documentos (item SICAF "DOCUMENTAÇÃO OBRIGATÓRIA: VÁLIDA"). Neste caso a habilitação se fará mediante a extração do comprovante do SICAF na data e horário previstos para a abertura dos envelopes.

5.1 As interessadas que optarem pelo SICAF deverão acrescentar na frente do envelope de nº 2: "Cadastrada no SICAF – CGC nº ...."

6. Os documentos exigidos no Envelope nº 01 (item 04.01.) poderão ser apresentados no original, por qualquer processo de cópia autenticada por tabelião de notas, por publicação em órgão de imprensa oficial ou xerox simples, acompanhadas dos respectivos originais, que poderão estar contidos no respectivo envelope, ou serem apresentados quando de sua abertura, ocasião em que serão autenticadas as cópias pela Comissão de Licitação e devolvidos os originais.

7. Os valores cotados deverão ser apresentados em moeda corrente nacional, com discriminação dos tributos. Quando estes não constarem, serão considerados como inclusos no preço.

8. O preço unitário será considerado como objeto entregue no Setor de Recebimento da CNEN/SP-IPEN, com frete e descarga por conta da proponente. O objeto licitado deverá ser entregue no horário compreendido entre 8h30 min e 16h00, de segunda a sexta-feira, sendo considerado definitivamente entregue e aceito somente após ter sido inspecionado e aprovado pelo Setor requisitante e recebido mediante "Atestado".

9. Todos os documentos de emissão da licitante relacionados no item 04 deverão ser elaborados em papel timbrado da empresa e assinados por seu representante legal, com identificação do signatário.

Seção III – DA ANÁLISE E CLASSIFICAÇÃO DAS PROPOSTAS

10. O ato público de abertura dos envelopes realizar-se-á no dia e hora estipulados na PLANILHA DESCRITIVA anexa, na Sala de Reuniões da Divisão de Compras, situada no 1º andar do Bloco "A". Na presença das interessadas que comparecerem, os membros da Comissão de Licitação imprimirão o extrato do SICAF das que optarem por este sistema. Em seguida colherão a rubrica dos presentes nesses extratos e nos envelopes de nºˢ 01 e 02, procedendo no mesmo ato à abertura dos envelopes de nº 01 e à rubrica e análise dos documentos respectivos.

    10.1 Ultrapassada esta fase, na mesma sessão pública, serão devolvidos, ainda lacrados, os envelopes das licitantes que houverem sido inabilitadas e se procederá à abertura dos envelopes de nº 02 daquelas que resultarem habilitadas.

11. Somente poderão participar deste ato público os representantes legalmente constituídos (dirigentes no exercício de mandato ou procurador constituído mediante instrumento de procuração), caso contrário sua participação será aceita apenas como ouvinte.

12. Para efeito de julgamento das propostas, será classificada em primeiro lugar a licitante que propuser o menor preço.

13. No caso de empate nos preços constantes da "Proposta Comercial" e após obedecido o disposto no § 2º do art. 3º da Lei nº 8.666/93, a classificação se fará por sorteio, conforme previsto no § 2º do art. 45 dessa Lei.

Seção IV – DO PRAZO DE ENTREGA DO OBJETO LICITADO

14. Após a homologação da licitação, será emitida pela CNEN/SP-IPEN a Nota de Empenho em nome da licitante vencedora, vindo sua confirmação a ser efetuada por meio de telefax ou via correio.

15. O prazo máximo para entrega do objeto licitado é o especificado na PLANILHA DESCRITIVA, sendo contado a partir da data de entrega da Nota de Empenho à licitante vencedora, ficando a critério da CNEN/SP-IPEN a aceitação de prazo diferente do estipulado.

Seção V – DO PAGAMENTO

16. Deverá a licitante vencedora, com a entrega do objeto licitado, encaminhar a respectiva Nota Fiscal de materiais/serviços, devidamente preenchida e detalhada, devendo indicar em seu corpo o código de recolhimento, conforme Instrução Normativa (IN) Conjunta SRF-STN-SFC nº 04 de 18-8-97, caso não seja optante pelo "Simples".

    16.1 Não será permitido qualquer reajuste de preços em contratos com prazo inferior a 12 (doze) meses.

17. O pagamento será processado até o 10º (décimo) dia posterior à entrega da Nota Fiscal. Caso a licitante não seja optante pelo "Simples", será recolhido na fonte o imposto de que trata a Instrução Normativa (IN) Conjunta SRF-STN-SFC nº 04, de 18-8-97.

18. O pagamento será processado por meio de crédito em conta corrente da licitante via Banco do Brasil S.A., razão pela qual as duplicatas deverão permanecer em carteira.

Seção VI – DAS DISPOSIÇÕES FINAIS

19. Fica resguardado o direito da CNEN/SP-IPEN, mediante seu Chefe do Departamento de Apoio Logístico, homologar esta licitação e adjudicar seu objeto à licitante vencedora, ou de revogá-la, no todo ou em parte, por razões de interesse público decorrentes de fato superveniente e suficiente para justificar tal procedimento, devendo anulá-la por ilegalidade, de ofício ou por provocação de terceiros, mediante parecer escrito devidamente fundamentado.

20. Eventuais pedidos de esclarecimentos do presente Edital serão aceitos se forem formalizados por meio de correspondência endereçada à Chefia da Divisão de Compras da CNEN/SP-IPEN (Fax nº 816.9282) até três dias úteis antes da data-limite para entrega dos envelopes.

Observação: Este instrumento está credenciado pela Assessoria Jurídica da Superintendência da CNEN/SP-IPEN, e autorizado pela Chefia do Departamento de Apoio Logístico, conforme original arquivado na Divisão de Compras da Instituição.

7 QUESTÕES E EXERCÍCIOS

1. Pesquisar na Internet, em endereços conhecidos ou por meio dos mecanismos de busca, licitações em andamento.

2. Corrupção, fraudes e cartelização, questões fundamentais e, de certa forma, inerentes às licitações no serviço público, estão sendo denunciadas pela imprensa. Que medidas, em termos de procedimento, seriam recomendáveis para, no mínimo, atenuar a incidência do problema?

12
Noções Básicas de Almoxarifado

VOCÊ VERÁ NESTE CAPÍTULO:

- *Histórico dos almoxarifados primitivos*
- *Atribuições e funções básicas*
- *A estrutura organizacional*
- *Atribuições do almoxarifado*

1 HISTÓRICO

Não se pode admitir que um sistema funcione sem local próprio para a guarda de materiais. Logo, fica claro que o Almoxarifado é o local devidamente apropriado para armazenagem e proteção dos materiais da empresa. Convém, para entendimento, conhecermos algumas particularidades históricas.

Atualmente, restou muito pouco da antiga idéia de depósitos, quase sempre o pior e mais inadequado local da empresa, onde os materiais eram acumulados de qualquer forma, utilizando-se mão-de-obra desqualificada e despreparada.

Por meio do recurso a modernas técnicas, essa situação primitiva originou sistemas de manuseio e armazenagem de materiais bem sofisticados, o que provocou redução de custos, aumento significativo da produtividade e maior segurança nas operações de controle, com a obtenção de informações precisas em tempo real.

Do conceito primitivo evoluiu-se para o moderno Almoxarifado, vocábulo derivado do termo árabe *Al-Makhen*, que significa depositar.

2 CONCEITUAÇÃO

Pode-se, atualmente, definir Almoxarifado como o local destinado à fiel guarda e conservação de materiais, em recinto coberto ou não, adequado a sua natureza, tendo a função de destinar espaços onde permanecerá cada item aguardando a necessidade do seu uso, ficando sua localização, equipamentos e disposição interna condicionados à política geral de estoques da empresa.

Impedir divergências de inventário e perdas de qualquer natureza é o objetivo primordial de qualquer Almoxarifado, o qual deve possuir condições para assegurar que o material adequado, na quantidade devida, estará no local certo, quando necessário, por meio da armazenagem de materiais, de acordo com normas adequadas, objetivando resguardar, além da preservação da qualidade, as exatas quantidades. Para cumprir sua finalidade, o Almoxarifado deverá possuir instalações adequadas, bem como recursos de movimentação e distribuição suficientes a um atendimento rápido e eficiente.

Rotinas rigorosas para a retirada dos produtos no Almoxarifado preservarão os materiais armazenados, protegendo-os contra furtos e desperdícios. A autoridade para a retirada do estoque deve estar definida com clareza e somente pessoas autorizadas poderão exercer essa atribuição. Da mesma forma que a retirada de numerário de um banco se dá mediante apresentação do correspondente cheque, a retirada de materiais do Almoxarifado deve estar condicionada à apresentação da respectiva requisição. Depositar materiais no Almoxarifado é o mesmo que depositar dinheiro em banco. Seu objetivo é claro: proteger. Pode-se, por esse motivo, comparar o esquema de funcionamento do Almoxarifado ao de um banco comercial, conforme demonstra a Figura 12.1:

	BANCO	ALMOXARIFADO
Entrada para estoque	Ficha de depósito bancário	Nota Fiscal de compra
Saída do estoque	Cheque	Requisição de Material

Figura 12.1 *Comparação funcional entre Almoxarifado e Banco.*

A Figura 12.2, a seguir, ilustra o envolvimento e as responsabilidades das atividades do Almoxarifado.

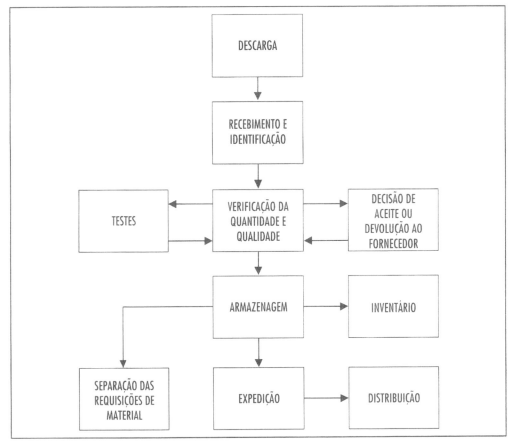

Figura 12.2 *Diagrama Conceitual de Almoxarifado.*

3 EFICIÊNCIA DO ALMOXARIFADO

A eficiência de um Almoxarifado depende fundamentalmente:

a. da redução das distâncias internas percorridas pela carga e do conseqüente aumento das viagens de ida e volta;
b. do aumento do tamanho médio das unidades armazenadas;
c. da melhor utilização de sua capacidade volumétrica.

4 ORGANIZAÇÃO DO ALMOXARIFADO

O Organograma padrão funcional de um Almoxarifado está demonstrado na Figura 12.3, a seguir:

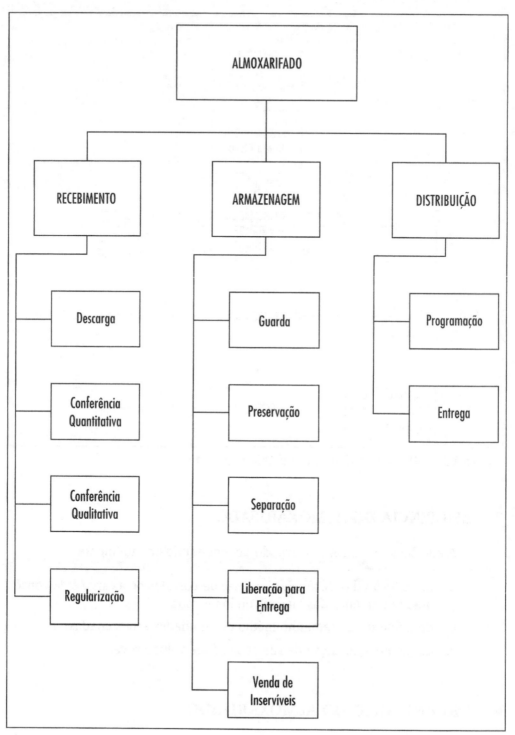

Figura 12.3 *Organograma padrão funcional de um Almoxarifado.*

Mediante a análise da Figura 12.3, podem-se resumir as principais atribuições do Almoxarifado:

a. receber para guarda e proteção os materiais adquiridos pela empresa;
b. entregar os materiais mediante requisições autorizadas aos usuários da empresa;
c. manter atualizados os registros necessários.

É oportuno e conveniente analisarmos os setores componentes da estrutura funcional do Almoxarifado.

4.1 Controle

Embora não haja menção na estrutura organizacional do Almoxarifado referente à Figura 12.3, o controle dos estoques depende de um sistema eficiente, o qual deve fornecer, a qualquer momento, as quantidades que se encontram à disposição e onde estão localizadas, as compras em processo de recebimento, as devoluções ao fornecedor e as compras recebidas e aceitas.

Para agilização das atividades, o controle, em particular das funções referentes ao Almoxarifado, deve fazer parte do conjunto de atribuições de cada setor envolvido, qual seja, recebimento, armazenagem e distribuição.

4.2 Recebimento

As atividades do recebimento abrangem desde a recepção do material na entrega pelo Fornecedor até a entrada nos estoques e compreendem os materiais com política de ressuprimento e os de aplicação imediata, sofrendo critérios de conferência quantitativa e qualitativa.

A função de recebimento de materiais é módulo de um sistema global integrado com as áreas de contabilidade, compras e transporte e caracterizada como interface entre o atendimento do pedido pelo Fornecedor e os estoques físico e contábil, conforme demonstra a Figura 12.4.

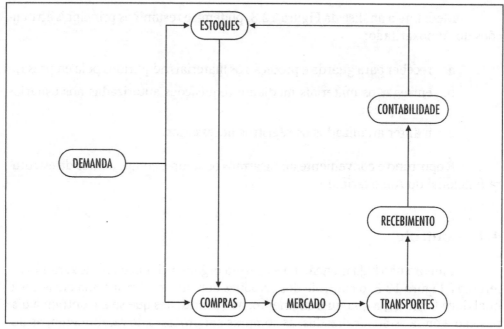

Figura 12.4 *Diagrama Conceitual de Recebimento.*

O recebimento compreende quatro fases:

a. 1ª fase: Entrada de Materiais;
b. 2ª fase: Conferência Quantitativa;
c. 3ª fase: Conferência Qualitativa;
d. 4ª fase: Regularização.

As fases do recebimento podem ser mais bem compreendidas após análise da Figura 12.5.

Figura 12.5 *Fases do recebimento de materiais.*

4.3 Armazenagem

Cuidados especiais devem ser tomados no tocante à disposição dos materiais no Almoxarifado, o qual pode conter produtos perecíveis, inflamáveis, tóxicos e outros, que somados à variedade total, definirão os meios de armazenagem. Logo, a guarda obedece critérios definidos no sistema de instalação adotado e no *layout*, proporcionando condições físicas que preservem a qualidade dos materiais, de conformidade com o plano de armazenagem, objetivando-se a ocupação plena do edifício, bem como a ordenação da arrumação. A melhor forma de guardar é aquela que maximiza o espaço disponível nas três dimensões do prédio: comprimento, largura e altura. A Figura 12.7 ilustra o arranjo na armazenagem. Por sua vez, a conservação exige conhecimentos gerais sobre o comportamento de cada material, seus pesos, tipos, formas físicas etc.

A armazenagem compreende cinco fases, conforme demonstra a Figura 12.6.

FASES	DESCRIÇÃO
1ª fase	Verificação das condições pelas quais o material foi recebido, no tocante à proteção e embalagem.
2ª fase	Identificação dos materiais.
3ª fase	Guarda na localização adequada.
4ª fase	Informação da localização física de guarda ao controle.
5ª fase	Verificação periódica das condições de proteção e armazenamento.
6ª fase	Separação para distribuição.

Figura 12.6 *Fases da armazenagem.*

4.4 Distribuição

As funções anteriormente relacionadas, receber e guardar, ficarão superadas se a distribuição ao usuário e/ou cliente não se concretizar. Os materiais devem ser distribuídos aos interessados mediante programação de pleno conhecimento entre as partes envolvidas.

4.5 Documentos utilizados

Para atendimento das diversas rotinas de trabalho, os seguintes documentos são utilizados no Almoxarifado:

a. ficha de controle de estoque (para empresas ainda não informatizadas): documento destinado a controlar manualmente o estoque, por meio de apontamentos de quantidades correspondentes às entradas e saídas, como também propiciar o *input* para reposição, quando o nível atingir o ponto de ressuprimento;

Fonte: Ilustração retirada de catálogo cedido pela Isma.

Figura 12.7 *Exemplo de armazenagem.*

b. ficha de localização (também para empresas ainda não informatizadas): documento utilizado para indicar as localizações onde o material está guardado, sendo ordenadas por ordem de código, em arquivos próprios;

c. ficha de assinatura credenciada: documento utilizado para identificar os funcionários autorizados a movimentar o estoque, constando, além da assinatura do credenciado, sua qualificação na empresa;

d. comunicação de irregularidades: documento utilizado para esclarecer ao Fornecedor os motivos da devolução, quer no aspecto quantitativo, quer no aspecto qualitativo;

e. relatório técnico de inspeção: documento utilizado para definir, sob o aspecto qualitativo, o aceite ou a recusa do material comprado do Fornecedor;

f. requisição de material: documento utilizado para a retirada de materiais do Almoxarifado;

g. devolução de material: documento utilizado para devolver ao estoque do Almoxarifado as quantidades de material porventura requisitadas além do necessário.

5 PERFIL DO ALMOXARIFE

As atividades de armazenagem exigem muito mais do que o simples manuseio dos materiais. Requer funcionários habilitados. O exame, a identificação, o registro e o armazenamento são processos para os quais é necessário o envolvimento de funcionários adequados.

Para os Almoxarifados, como já vimos, comparativamente a verdadeiros estabelecimentos bancários onde os materiais ficam em custódia, resguardados e a salvo, é necessário que seja dispensada toda a atenção na seleção do pessoal auxiliar para ali trabalhar, pois o material humano escolhido deve possuir alto grau de sentimento de honestidade, o que faz com que os requisitos principais de um bom funcionário sejam lealdade, confiança e disciplina.

6 QUESTÕES E EXERCÍCIOS

1. Esclarecer a necessidade de documentos para movimentação (entrada e saída) do estoque.
2. Conceituar Almoxarifado.
3. Definir a necessidade de inventário.

13 RECEBIMENTO

VOCÊ VERÁ NESTE CAPÍTULO:

- *Importância do recebimento de materiais para a empresa*
- *Fases do processo de recebimento de materiais*
- *Procedimentos detalhados*

1 CONCEITUAÇÃO

A atividade Recebimento intermedia as tarefas de compra e pagamento ao fornecedor, sendo de sua responsabilidade a conferência dos materiais destinados à empresa. Nesse contexto, aparece como o fiel avaliador de que os materiais desembaraçados correspondam efetivamente às necessidades da empresa. Suas atribuições básicas são:

a. coordenar e controlar as atividades de recebimento e devolução de materiais;
b. analisar a documentação recebida, verificando se a compra está autorizada;
c. confrontar os volumes declarados na Nota Fiscal e no Manifesto de Transporte com os volumes a serem efetivamente recebidos;
d. proceder a conferência visual, verificando condições de embalagem quanto a possíveis avarias na carga transportada e, se for o caso, apontando as ressalvas de praxe nos respectivos documentos;

e. proceder a conferência quantitativa e qualitativa dos materiais recebidos;
f. decidir pela recusa, aceite ou devolução, conforme o caso;
g. providenciar a regularização da recusa, devolução ou da liberação de pagamento ao fornecedor;
h. liberar o material desembaraçado para estoque no Almoxarifado.

Um sistema de recebimento de materiais deve ter, como um de seus requisitos, o gerenciamento global, o qual irá determinar, entre outras, as seguintes vantagens:

a. racionalização e agilização, no âmbito operacional, das rotinas e procedimentos, em todos os segmentos do processo;
b. maior integração com os sistemas envolvidos;
c. estabelecimento de critérios administrativos mais adequados, para tratamento de pendências;
d. minimização das ocorrências de erros no processamento das informações.

A Figura 13.1, *Sistema de recebimento de materiais*, ilustra as diversas interfaces da atividade.

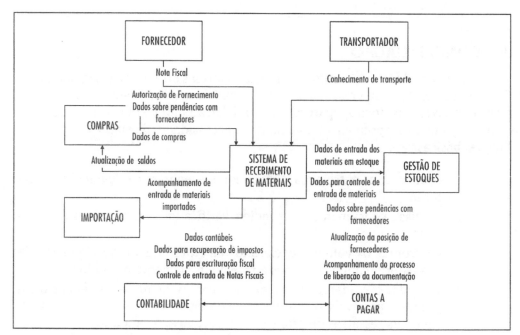

Figura 13.1   *Interfaces do sistema de recebimento de materiais.*

Para facilitar a compreensão, pois sendo o Recebimento função complexa, compreendendo várias fases com decisões apropriadas a cada uma delas, apresentamos o fluxo a seguir, Figura 13.2, o qual, para efeito de entendimento, também apresenta sucintamente o segmento de compras.

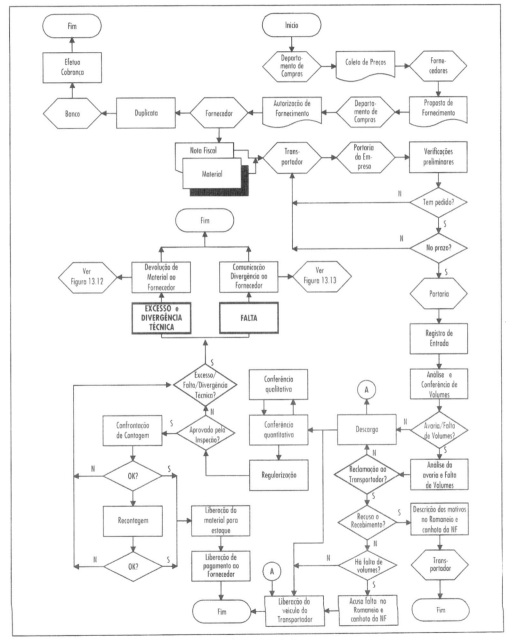

Figura 13.2 *Fluxo de recebimento de materiais.*

A análise do Fluxo de Recebimento de Materiais permite dividir a função em quatro fases:

1ª fase: entrada de materiais;
2ª fase: conferência quantitativa;
3ª fase: conferência qualitativa;
4ª fase: regularização.

Anteriormente ao estudo das fases referidas, devemos, em primeiro plano, analisar a Nota Fiscal, documento vital e de extrema importância para os procedimentos, emitido pelo Fornecedor, que desencadeia o processo de Recebimento.

2 NOTA FISCAL

Trata-se de documento, emitido pelo Fornecedor quando da aquisição de materiais, para notificação ao fisco dos impostos a seguir: (a) Imposto sobre Produtos Industrializados (IPI); (b) Imposto sobre Circulação de Mercadorias (ICMS); e (c) Imposto sobre Serviços de Qualquer Natureza (ISS), a serem recolhidos na venda de mercadorias, prestando-se também para seu transporte, durante o trajeto do estabelecimento vendedor até seu destinatário comprador.

A Nota Fiscal não tem valor como instrumento de cobrança, motivo pelo qual há necessidade de definirmos outros documentos, como a Fatura, a Duplicata e a Nota Fiscal Fatura.

2.1 Fatura

Em se tratando de vendas a prazo, a empresa vendedora deve emitir uma Fatura, que parte do valor total da Nota ou Notas Fiscais, a qual deve conter alguns dados adicionais, como os valores e os prazos das parcelas em que a venda a prazo será cobrada, indicando-se também em que banco a(s) duplicata(s) será(ão) cobrada(s). É importante salientar que a Fatura é só um aviso informativo, não sendo considerada título hábil para cobrança.

2.2 Duplicata

A Duplicata é uma cópia da Fatura, em se tratando de apenas um vencimento, daí seu nome (dupla cópia). Caso a Fatura corresponda a mais de um pagamento, serão emitidas tantas duplicatas quantos forem os vencimentos e valores parciais. A Duplicata é um título de crédito, cuja quitação prova o pagamento de obrigação oriunda de compra de mercadorias ou de recebimento de serviços. É emitida pelo credor (vendedor da mercadoria) contra o devedor (comprador).

2.3 Nota Fiscal Fatura

Tendo em vista que a Fatura é apenas um documento informativo, com algumas informações a mais do contido na Nota Fiscal, muitas empresas adotam o sistema de aglutinar tais documentos numa única peça, a Nota Fiscal Fatura, fazendo a cobrança de todas as vendas por meio de duplicatas.

Conhecidas as nuanças contábeis, é importante entendermos a utilidade da Nota Fiscal no contexto de Administração de Materiais, tendo em vista, como já foi mencionado, que tal documento é vital para os procedimentos de Recebimento, motivo pelo qual, para efeito de entendimento, pode-se assim dividi-lo:

   a. identificação da nota fiscal;
   b. dados do produto da nota fiscal;
   c. dados da prestação de serviço da nota fiscal;
   d. cálculo do imposto;
   e. transportador/volumes transportados;
   f. dados adicionais;
   g. canhoto da nota fiscal.

Das partes da Nota Fiscal, interessam aos procedimentos de recebimento as 3 (três) últimas, as quais passamos a comentar.

2.4 Transportador/volumes transportados

Campo destinado à identificação personalizada do Transportador e dos volumes transportados, dele fazendo parte a quantidade de volumes, a espécie, a marca, o número e pesos bruto e líquido.

2.5 Dados adicionais

Dependendo do *layout* da Nota Fiscal, campo destinado a informações, o qual, entre outros, contempla:

   a. código do representante;
   b. N/pedido nº;

c. S/pedido nº;

d. condições de pagamento;

e. características que interessam ao emitente da Nota Fiscal;

f. mensagem do emitente da Nota Fiscal;

g. espaço reservado ao Fisco;

h. número de Controle do formulário, em se tratando de Nota Fiscal oriunda de formulário contínuo;

i. códigos de Classificação Fiscal;

j. códigos de Situação Tributária.

2.6 Canhoto da Nota Fiscal

Campo destinado ao protocolo de recebimento das mercadorias pelo destinatário, dele fazendo parte a data do recebimento e identificação e assinatura do recebedor.

Por meio dessas informações é que se desenvolverá essencialmente o processo de Recebimento, a seguir devidamente analisado.

3 ENTRADA DE MATERIAIS

A primeira fase, correspondente à entrada de materiais, representa o início do processo de Recebimento, tendo como propósito efetuar a recepção dos veículos transportadores, proceder à triagem da documentação suporte do recebimento, encaminhá-los para descarga e efetuar o cadastramento dos dados pertinentes para o sistema.

Sendo o Recebimento uma interface, conforme caracterizado anteriormente, os materiais adquiridos no mercado fornecedor são passíveis de dupla recepção, diferenciados em momentos ou locais distintos.

3.1 Na portaria da empresa

A recepção efetuada na portaria da empresa sofre critérios de conferência primária de documentação que objetiva identificar, constatar e providenciar, conforme cada caso:

a. se a compra, objeto da Nota Fiscal em análise, está autorizada pela empresa;
b. se a compra devidamente autorizada tem programação prevista, estando no prazo de entrega contratual;
c. se o número do documento de compra consta na Nota Fiscal;
d. cadastramento das informações referentes a compras autorizadas, para as quais se inicia o processo de Recebimento.

Após consulta ao órgão de compras, deve-se recusar o recebimento para os casos referentes a compras não autorizadas ou em desacordo com a programação de entrega, transcrevendo os motivos no verso da Nota Fiscal. Assim, após essa anotação, a Nota Fiscal em pauta é própria para acompanhar a mercadoria, em retorno, até o estabelecimento fornecedor, não se prestando mais para nenhum outro fim, especialmente para lastrear o crédito fiscal caso o comprador, após esse ato, resolva aceitar a mercadoria.

Os materiais consignados nas Notas Fiscais que passaram por esse crivo devem ter sua entrada permitida e orientada para as dependências do Almoxarifado da empresa.

3.1.1 CADASTRAMENTO DOS DADOS DE RECEPÇÃO

Compreende o comando de entrada dos dados necessários ao registro do recebimento do material, sua validação e eventuais acertos de erros de consistência. Compreende também a atualização do sistema, conforme segue:

a. sistema de Administração de Materiais, dados necessários à entrada dos materiais em estoque;
b. sistema de Contas a Pagar, dados referentes a pendências com fornecedores, dados necessários à atualização da posição de fornecedores e à liberação de pendências com fornecimento;
c. sistema de compras, dados necessários à atualização de saldos e baixa dos processos de compra;
d. sistema de gestão de estoques, dados para controle de entrada de materiais.

3.2 No almoxarifado

A recepção do material, para efeito de descarga e acesso ao Almoxarifado está voltada para conferência de volumes, confrontando-se Nota Fiscal do fornecedor com os respectivos registros e controles de compra, posicionamento do veículo no local exato da descarga, providências de equipamento e material de descarga necessários. Nesse contexto, a aceitação fica condicionada à posterior conferência de quantidade e qualidade, condição essa que, se implementada pela empresa compradora, deve estar explícita nas condições da Licitação e nos termos da Contratação, bem como também adotar-se carimbo padronizado para atestar o recebimento mediante tal critério nos canhotos das Notas Fiscais, conforme demonstra a Figura 13.3.

> Material cuja aceitação está sujeita à posterior conferência de quantidade e de qualidade.

Figura 13.3   *Carimbo para conhecimento de critério de recebimento.*

3.2.1   EXAME DE AVARIAS E CONFERÊNCIA DE VOLUMES

O exame de avarias é necessário para apontamento de responsabilidades. A existência de avarias é constatada por meio da análise de disposição da carga, observando-se se as embalagens ou proteções estão intactas e invioláveis ou contenham sinais evidentes de quebra, umidade, estar amassada etc.

A conferência de volumes é efetuada por meio da confrontação dos dados assinalados na Nota Fiscal, campo transportador/volumes transportados, com a contagem física dos volumes em questão, a qual julgamos oportuno repetir.

Para transporte de mercadorias, as transportadoras utilizam o Conhecimento de Transporte Rodoviário de Carga, documento emitido quando do recebimento da mercadoria a ser transportada, e que também serve de orientação para se realizar as operações de análise de avarias e conferência de volumes.

3.2.2   RECUSA DO RECEBIMENTO

As divergências constatadas devem ser apontadas no conhecimento de transporte e também no canhoto da Nota Fiscal, providências estas cabíveis para o processamento de ressarcimento de danos, se for o caso, e mais uma vez, dependendo do exame preliminar resultar a constatação de irregularidades insanáveis em relação às condições contratuais, deve-se recusar o recebimento, anotando-se, também nestes casos, no verso da 1ª via da Nota Fiscal as circunstâncias que motivaram a recusa, bem como nos documentos do transportador.

Assim, após essa anotação, a Nota Fiscal em pauta é própria para acompanhar a mercadoria, em retorno, até o estabelecimento fornecedor, não se prestando mais para nenhum outro fim, especialmente para lastrear o crédito fiscal caso o comprador, após esse ato, resolva aceitar a mercadoria.

3.2.3 LIBERAÇÃO DO TRANSPORTADOR

O Transportador será liberado mediante os procedimentos anteriormente vistos e que contemplam a recusa do recebimento, como também para os materiais referentes às Notas Fiscais devidamente checadas, assinando-se o canhoto da Nota Fiscal e o Conhecimento do Transporte.

Os materiais referentes às Notas Fiscais aprovadas durante essa etapa terão sua descarga autorizada.

3.2.4 DESCARGA

Normalmente, no *layout* do Almoxarifado há espaço destinado ao Recebimento, o qual contempla área para descarga, se possível, com docas.

Para a realização da descarga do veículo transportador, dependendo da natureza do material envolvido, é necessária a utilização de equipamentos, dentre os quais se destacam paleteiras, talhas, empilhadeiras e pontes rolantes, além do próprio esforço físico humano, sendo necessário envolver o fator segurança, não só com relação ao material em si como também, e principalmente, ao pessoal.

4 CONFERÊNCIA QUANTITATIVA

A conferência quantitativa é a atividade que verifica se a quantidade declarada pelo Fornecedor na Nota Fiscal corresponde à efetivamente recebida, portanto, típica de contagem, devendo-se optar por um modelo de conferência por acusação, no qual o Conferente aponta a quantidade recebida, desconhecendo a quantidade faturada pelo Fornecedor, conhecido como o princípio da "contagem cega". A confrontação do recebido *versus* faturado é efetuada *a posteriori*, por meio do Regularizador que analisa as distorções detectadas e providencia recontagem, a fim de se dirimir as dúvidas constatadas.

Para os procedimentos de Recebimento, como já vimos, é importante a metodologia do desconhecimento da quantidade faturada pelo funcionário que vai efetuar a contagem. Nesse procedimento, o Conferente aponta a quantidade contada no formulário Conferência de Quantidade, documento este preparado pelo Regularizador, conforme Figura 13.4, a seguir.

CONFERÊNCIA DE QUANTIDADE		
Fornecedor	Nota Fiscal nº	Data
Código	Material	Quantidade contada
Observações		
Nome do Conferente	Assinatura	Data

Figura 13.4 *Formulário conferência de quantidade.*

Dependendo da natureza dos materiais envolvidos, estes podem ser contados utilizando-se um dos seguintes métodos:

1. Manual: para casos de pequenas quantidades.
2. Por meio de cálculo: para os casos que envolvem embalagens padronizadas com grandes quantidades.
3. Por meio de balanças contadoras pesadoras: para casos que envolvem grande quantidade de pequenas peças, como parafusos, porcas ou arruelas. A contagem efetuada mediante balanças contadoras pesadoras, demonstrada na Figura 13.5, apresenta a grande vantagem da rapidez e precisão que oferece, o que resulta na economia de mão-de-obra. Tal equipamento apresenta duas conchas, A e B, que estão relacionadas com a plataforma, na razão de 100:1 e 10:1, respectivamente, conforme exemplificado a seguir por meio de dois casos:
   a. se colocarmos cinco peças na concha A (100:1) e carregarmos a plataforma, quando o ponteiro da balança atingir o ponto zero, teremos na plataforma 500 peças;
   b. se colocarmos duas peças na concha A (100:1) e três peças na concha B (10:1), serão necessárias 230 peças na plataforma para que o ponteiro da balança atinja o ponto zero, assim:

$$2 \times 100 + 3 \times 10 = 230$$

Pode-se, por outro lado, efetuar a operação inversa, ou seja, colocando na plataforma um lote de peças contendo quantidade desconhecida, para, em seguida, adicionar amostras nas conchas A e/ou B até o ponteiro da balança zerar; a quantidade, então, será estabelecida da forma anteriormente citada.

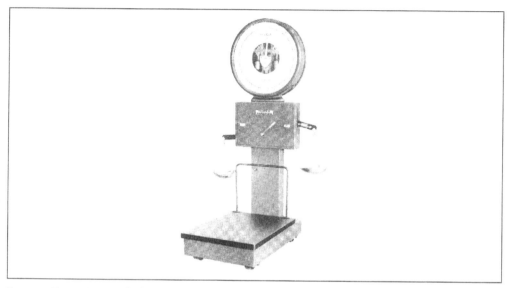

Fonte: Ilustração retirada de catálogo cedido pelas Indústrias Filizola S.A.

Figura 13.5 *Balança contadora pesadora.*

4. Pesagem: para materiais de maior peso ou volume, a pesagem pode ser feita com o veículo transportador sobre balanças rodoviárias ou ferroviárias, casos em que o peso líquido será obtido por meio da diferença entre o peso bruto e a tara do veículo. Materiais de menor peso podem ser conferidos por meio de pesagem direta sobre balanças.

5. Medição: em geral, as medições são efetuadas por meio de trenas. Dependendo do material, quando a medição direta torna-se difícil, utilizam-se outros recursos para obter o comprimento, como os demonstrados nos exemplos a seguir:

   a. corrente de elos: determina-se o comprimento de corrente de elos, demonstrada na Figura 13.6, multiplicando-se o passo pelo número de elos, assim:

$$L = A \times N$$

onde: L = comprimento da corrente;
A = passo;
N = número de elos.

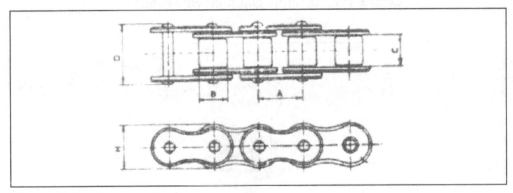

Figura 13.6   Corrente de elos.

b. correia transportadora: determina-se o comprimento aproximado da correia transportadora, enrolada como bobina, demonstrada na Figura 13.7, aplicando-se as seguintes fórmulas:

$$L = \frac{[d + (D - d)] \pi \cdot n}{2}$$

ou:

$$L = Dm \cdot \pi \cdot n$$

Onde: $Dm = \dfrac{D + d}{2}$

Dm = diâmetro médio;
L = comprimento da correia;
d = diâmetro do furo (ou interno);
D = diâmetro externo;
N = número de voltas.

O resultado obtido por esse método não é exato, motivo pelo qual as pequenas divergências não devem ser consideradas, sendo o caso de se aceitar como certa a quantidade declarada na Nota Fiscal. Assim, a utilização da fórmula é válida para se estabelecer o confronto com a quantidade declarada pelo Fornecedor e, evidentemente, considerar-se as grandes divergências, se porventura ocorrerem, com as providências cabíveis.

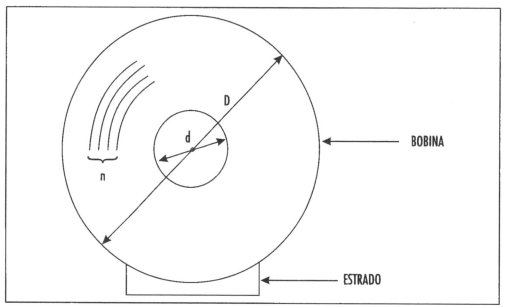

Figura 13.7 *Bobina de correia transportadora.*

6. Critérios de tolerância: a empresa poderá adotar critérios para permitir o recebimento de materiais encaminhados pelo Fornecedor em excesso, quando de aquisições de quantidade de vulto. Como as balanças apresentam certo grau de imprecisão, haja vista que uma mesma mercadoria pesada em balanças distintas geralmente apresenta valores divergentes, deve-se considerar determinada tolerância para tais desvios, podendo, em certos casos, admitir-se até ± 1 % do peso declarado. Em se tratando de materiais cuja unidade de medida seja o peso, portanto sujeitos à pesagem em balanças apropriadas, a empresa deve seguir as orientações do Instituto Nacional de Pesos e Medidas, conforme ilustra a tabela demonstrada na Figura 13.8.

Valor nominal do peso	Tolerâncias (para mais ou para menos)	
	Exame inicial	Aferição periódica
50 kg	10 g	20 g
20 kg	6 g	12 g
10 kg	4 g	8 g
5 kg	2 g	4 g
2 kg	1,5 g	3 g
1 kg	1 g	2 g
500 g	700 mg	1,5 g
200 g	400 mg	800 mg
100 g	300 mg	600 mg
50 g	200 mg	400 mg
20 g	100 mg	200 mg
10 g	70 mg	140 mg
5 g	50 mg	100 mg
2 g	30 mg	60 mg
1 g	20 mg	40 mg

Figura 13.8 *Tabela de tolerância de pesos.*

5 CONFERÊNCIA QUALITATIVA

Não obstante a qualidade sempre ter sido considerada como fator de importância, nem sempre achou-se importante ter qualidade. Atualmente, qualidade é questão de sobrevivência, pois em face do nível de exigência do mercado consumidor, as empresas passaram a melhorar os níveis de qualidade de seus produtos a fim de se ajustar à nova realidade conjuntural, visto que o desempenho dos produtos dependerá fundamentalmente da qualidade dos materiais comprados.

Como já vimos, o recebimento de materiais, além de sofrer critérios de conferência quantitativa, também sofre os critérios de conferência qualitativa, atividade também conhecida como Inspeção Técnica, da mais alta importância no contexto de recebimento de materiais, uma vez que visa garantir a adequação do material ao fim a que se destina.

A análise de qualidade efetuada pela inspeção técnica, por meio da confrontação das condições contratadas na Autorização de Fornecimento com as consignadas na Nota Fiscal pelo Fornecedor, visa garantir o recebimento adequado do material contratado pelo exame dos seguintes itens:

a. características dimensionais;
b. características específicas;
c. restrições de especificação.

5.1 Modalidades de inspeção de materiais

A atividade inspeção é exercida mediante as modalidades a seguir analisadas, as quais são selecionadas pelo desempenho do fornecedor ou pela responsabilidade do material que se está adquirindo.

a. acompanhamento durante a fabricação: trata-se de modalidade de inspeção na qual torna-se conveniente, por questões de segurança operacional, acompanhar *in loco* todas as fases de produção;
b. inspeção no fornecedor, produto acabado: trata-se de modalidade na qual, por interesse da empresa compradora, far-se-á a inspeção do produto adquirido acabado em cada respectivo fornecedor;
c. inspeção por ocasião do recebimento: trata-se de modalidade na qual a inspeção dos materiais adquiridos pela empresa será feita por ocasião dos respectivos recebimentos.

5.2 Roteiro seqüencial de inspeção

A fim de se obter uniformidade e padronização, com a conseqüente produtividade, nas tarefas de inspeção, é necessário determinar uma seqüência lógica e racional, para facilitar a decisão de apresentar o resultado final almejado, aceitar ou recusar o material.

Logo, os seguintes passos e medidas devem ser observados.

5.2.1 DOCUMENTOS PARA INSPEÇÃO

Trata-se de etapa preparatória e que funciona como fase de planejamento, motivo pelo qual se deve reunir os seguintes documentos, que contemplarão o processo de inspeção:

a. especificação de compra do material e alternativas aprovadas durante o transcorrer do processo de aquisição;

b. desenhos e catálogos técnicos, conforme o caso;

c. padrão de inspeção, instrumento que norteia os parâmetros que o inspetor deve seguir para auxiliá-lo a tomar a decisão de aceitar ou recusar o material, conforme demonstra a Figura 13.9.

PADRÃO DE INSPEÇÃO	Número	Revisão	Data
Material			
Objetivo			
Aplicação			
Análise Visual			
Análise Dimensional			
Instrumentos Necessários			
Amostragem			
Ensaios			
Testes			
Análise Química			
Certificados de Qualidade emitidos por Fornecedores			
Resultado Final: O lote de inspeção deverá ser considerado aprovado se			

Figura 13.9   *Padrão de inspeção.*

5.2.2   SELEÇÃO DO TIPO DE INSPEÇÃO

Dependendo da quantidade, seleciona-se o tipo de inspeção a ser adotado, se total ou por amostragem, esta de conformidade com a Norma ABNT NB-309, utilizando-se conceitos estatísticos para se determinar a quantidade de peças a inspecionar, bem como a decisão de aceitar ou recusar.

5.2.3 PREPARAÇÃO DO MATERIAL PARA INSPEÇÃO

O material deve ser preparado para inspeção, retirando-se a proteção e/ou embalagem que o envolve, a fim de facilitar o trabalho do inspetor.

5.2.4 ANÁLISE VISUAL

Objetiva verificar, sem a utilização de instrumentos, o acabamento do material, análise por meio da qual podem ser detectados defeitos, como respingos de solda, rebarbas de metal em cortes de chapa ou em furações, falta de proteção em partes usinadas, riscos na pintura, amassamento etc.

5.2.5 ANÁLISE DIMENSIONAL

A realização de medidas objetiva verificar, utilizando instrumentos de medição, as dimensões dos materiais em análise, como comprimento, largura, altura, espessura, raios de concordância, diâmetros, tolerâncias diversas etc., objetivando constatar se o material recebido se encontra dimensionalmente de acordo com as tolerâncias especificadas.

5.2.6 ENSAIOS

Os ensaios comprovam a qualidade, resistência mecânica, balanceamento, desempenho, funcionamento etc. de materiais e/ou equipamentos. Assim, existem ensaios específicos para materiais mecânicos e elétricos, os quais, a seguir analisados, devem ser, obviamente, interdependentes, para auxiliar o inspetor a tomar a decisão final a respeito da liberação do material.

  a. ensaios mecânicos: por se tratar de ensaios destrutivos, são utilizados quando há exigências na especificação de compra para que o fornecedor apresente corpo de prova, ou quando alguns materiais permitem a retirada de uma amostra;
  b. ensaios elétricos: isolamento, continuidade, condutibilidade, ensaio a vazio e com rotor bloqueado de máquinas elétricas rotativas, ensaios de curto-circuito, relação de transformação, rigidez dielétrica, capacitância elétrica, vibração, rotação etc.

5.2.7 TESTES

Os testes não destrutivos visam garantir a sanidade interna do material. Basicamente, são realizados testes de ultra-som, radiografia, líquido penetrante, partículas magnéticas, dureza, rugosidade, hidráulicos, pneumáticos e outros, que se fizerem necessários.

Dependendo da situação, e de conformidade com cláusula específica da Autorização de Fornecimento, o Fornecedor poderá emitir Certificado de Qualidade atestando os testes necessários que comprovarão a qualidade do material.

5.2.8 CONSULTA AO USUÁRIO DO MATERIAL

Em casos de divergências mínimas, deve-se consultar o usuário para, de comum acordo, decidir pelo aceite do material, em função, se for o caso, da premência do uso, a fim de se evitar o acionamento de mecanismos excepcionais e rígidos de devolução de material ao Fornecedor.

5.2.9 RESULTADO FINAL

A liberação ou recusa do material analisado é apontada no formulário Relatório Técnico de Inspeção, conforme demonstra a Figura 13.10.

6 REGULARIZAÇÃO

A atividade de regularizar caracteriza-se pelo controle do processo de recebimento, pela confirmação da conferência qualitativa e quantitativa, por meio do laudo da Inspeção Técnica e da confrontação quantidades conferidas *versus* faturadas, respectivamente, para decisão de aceitar ou recusar, e, finalmente, pelo encerramento do processo.

Os limites permissíveis de aceitação de excessos entregues pelo Fornecedor devem ser definidos pela empresa, conforme sua conveniência. Os procedimentos básicos para regularização do recebimento de materiais podem ser sumarizados nas seguintes fases:

6.1 Documentos envolvidos na Regularização

Os procedimentos de Regularização, visando à confrontação de dados e objetivando decisões, como, por exemplo, recontagem e aceite ou não de quantidades remetidas em excesso pelo Fornecedor, envolvem os seguintes documentos:

   a. Nota Fiscal;
   b. conhecimento de transporte rodoviário de carga;

RELATÓRIO TÉCNICO DE INSPEÇÃO		RTI Número		Data	
	Local de Inspeção
Almoxarifado		Fornecedor		Subfornecedor	
colspan="3"	Fornecedor		AF	NF
	Informações do Material
	Descrição
	Código		Desenho		Classificação
	Quantidades
Recebida		Inspecionada		Liberada		Recusada
	Informações do Resultado da Inspeção
	Inspeção Visual
colspan="3"	Solicitado	colspan="3"	Confirmado
	Inspeção Dimensional
colspan="3"	Solicitado	colspan="3"	Confirmado
	Resultado dos Ensaios
	Observações
	Resultado Final
	Aprovado		Recusado	
	Assinaturas
	Fornecedor		Usuário		Inspetor

Figura 13.10 *Relatório técnico de inspeção.*

c. documento da contagem efetuada, apresentado na Figura 13.4;

d. parecer da Inspeção, contido no Relatório Técnico de Inspeção, documento apresentado na Figura 13.10;

e. especificação da compra;

f. catálogos técnicos;

g. desenhos.

6.2 Processamento

O material liberado deverá ser processado mediante o documento Comunicação de Recebimento, conforme ilustrado na Figura 13.11.

COMUNICAÇÃO DE RECEBIMENTO		CR Número	Data do Recebimento
Informações da Compra			
Material			
Código	Nº da AF	Item da AF	Quantidade	Unidade
Modalidade de Compra		Tipo de Aquisição	
Informações da Conferência			
Quantidade contada	Quantidade aceita	Quantidade recusada	Motivo	
Informações da Inspeção			
Aceite	Recusa	Motivo da recusa / Ver RTI nº	Observações	Assinatura
Material recebido conforme quantidade aceita			
Almoxarifado (Estoque)			Usuário (Requisitante)	

Figura 13.11 *Comunicação de recebimento.*

O processamento do documento Comunicação de Recebimento em pauta, conforme o caso, dará origem a uma das seguintes situações:

a. liberação de pagamento ao fornecedor, em se tratando de material recebido sem ressalvas;

b. liberação parcial de pagamento ao fornecedor;

c. devolução de material ao fornecedor;

d. reclamação de falta ao fornecedor;

e. entrada do material no estoque.

A regularização processar-se-á por meio da documentação nos vários segmentos do Sistema de Recebimento. Se, após essa fase, quando da conferência, nenhuma irregularidade se constatar, encaminham-se os materiais ao Almoxarifado, os quais são incluídos no estoque contábil e físico, identificados mediante seu código na localização conveniente e determinada, sendo armazenados com os cuidados adequados.

6.3 Devolução ao fornecedor

Quando constatada irregularidade insanável, providencia-se a devolução de materiais com defeito e/ou em excesso ao Fornecedor, acompanhados de Nota Fiscal de Devolução, emitida pela empresa compradora, conforme demonstra a Figura 13.12, *Fluxo operacional de devolução a fornecedores*.

Deve-se atentar para o prazo decadencial das devoluções que é de 10 dias, a contar do recebimento. Expirado esse prazo e não devolvida a mercadoria, o fornecedor poderá executar a Duplicata caso não seja paga em seu vencimento.

Independentemente da devolução por ocasião do recebimento, pode, eventualmente, ocorrer devolução ao Fornecedor mesmo após tal operação e conseqüente pagamento. Quando o desempenho dos sobressalentes for acompanhado e se detectarem falhas prematuras, como vida útil significativamente inferior à esperada, devem ser realizados estudos especiais para determinação da causa da falha em operação. Caso seja detectado que a falha ocorreu por deficiência da matéria-prima, como não-cumprimento à especificação metalúrgica, o Fornecedor será acionado para, em primeiro plano, repor o material em questão e, em seguida, se for o caso, ressarcir os prejuízos causados.

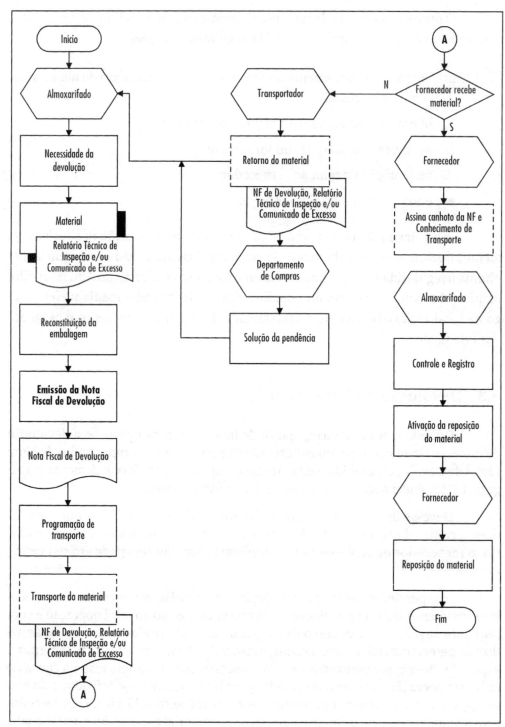

Figura 13.12 *Fluxo operacional de devolução a fornecedores.*

6.4 Motivos de reclamação e/ou devolução ao fornecedor

As reclamações e/ou devoluções de material, qualquer que seja o motivo, independentemente de providências fiscais, deverão ser devidamente esclarecidas ao Fornecedor envolvido por meio do documento Comunicação de Divergência, ilustrado na Figura 13.13.

COMUNICAÇÃO DE DIVERGÊNCIA		Número	
À				
Prezados Senhores				
Informamos as divergências constatadas por ocasião do recebimento do(s) material(is) referente(s) ao nosso Pedido nº _____ e vossa Nota Fiscal nº _____, para os quais solicitamos as devidas providências.				
As divergências são as seguintes:				
Nº		Divergência constatada por ocasião do recebimento	Recebido Apresentado	Solicitado Contratado
1		Embalagem fora do especificado		
2		Material recebido diferente do solicitado		
3		Diferença de quantidade		
4		Diferença de peso		
5		Diferença de preço unitário		
6		Material recebido a maior		
7		Material recebido a menor		
8		Material já fornecido anteriormente conforme Nota Fiscal nº		
9		Material recebido com avarias...		
10		Material em garantia. Cobrança indevida.		
11		Frete	Embalagem	Por vossa conta. Cobrança indevida
As divergências apontadas deverão ser solucionadas de conformidade com as cláusulas constantes na Concorrência e na Autorização de Fornecimento em pauta.				
Data		Assinatura do Encarregado do Setor de Recebimento		

Figura 13.13 *Comunicação de divergência.*

Os motivos mais freqüentes são:

1. Reclamação, envolvendo casos de quantidade física diferente da faturada, por meio das seguintes situações:
   a. diferença de peso a menor;
   b. diferença de quantidade a menor.

2. Devolução ao fornecedor, envolvendo problemas de qualidade ou quantidades maiores que as compradas, por meio das seguintes situações:
   a. embalagem em desacordo com a especificação;
   b. material recebido com avarias;
   c. material recebido diferente do solicitado;
   d. diferença de peso a maior;
   e. diferença de quantidade a maior;
   f. material já fornecido anteriormente.

7 ENTRADA NO ESTOQUE POR DEVOLUÇÃO DE MATERIAL

Por excesso de zelo ou segurança, em muitas oportunidades, o usuário requisita além do necessário, ocorrência comum em casos de materiais com dificuldade de se calcular a quantidade precisa. Assim, a quantidade excedente à utilizada deverá ser devolvida ao Almoxarifado, por meio do formulário Devolução de Material, ilustrado na Figura 13.14.

DEVOLUÇÃO DE MATERIAL		Número	Data
Código do Material	Requisitante	Centro de Custo	Ordem de Serviço
Informações sobre a Devolução			
Devolução ao Estoque	Devolução ao Fornecedor		Devolução para Alienação

	Quantidade	Unidade	Descrição
Devolvida			
Recebida			
Motivo da devolução			
Uso do Almoxarifado			
Localização	Quantidade armazenada	Conferente	Data
Devolvido por	Aprovado por	Recebido por	Data

Figura 13.14 *Devolução de material.*

A Devolução de Material caracteriza-se como entrada de material no estoque, estando, na prática, sujeita aos mesmos crivos de recebimento, conforme demonstra o Fluxo Operacional, Figura 13.15.

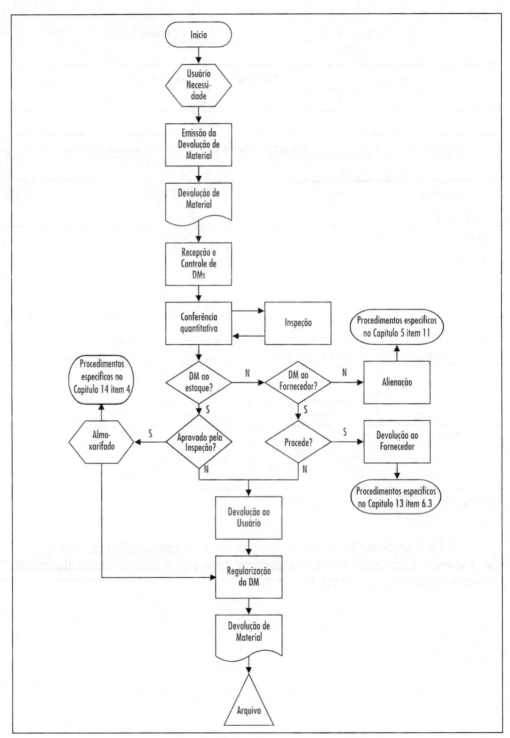

Figura 13.15 *Fluxo operacional da devolução de material.*

8 QUESTÕES E EXERCÍCIOS

1. Relacionar critérios para recebimento de materiais, detalhando as fases mais importantes.
2. Por que os volumes são conferidos em primeira instância?
3. Detalhar a necessidade do estabelecimento do princípio da "contagem cega".
4. Discorrer sobre a necessidade de se efetuarem ensaios e/ou testes durante a realização da inspeção técnica.
5. Discorrer sobre a necessidade de confrontações durante os procedimentos de regularização.

14 ARMAZENAGEM

VOCÊ VERÁ NESTE CAPÍTULO:

- A importância da armazenagem
- Critérios para armazenamento
- Meios para armazenar
- Equipamentos para manuseio

1 OBJETIVOS

A evolução tecnológica, como não poderia deixar de ser, estendeu seus múltiplos benefícios à área de armazenagem, tanto pela introdução de novos métodos de racionalização e dos fluxos de distribuição de produtos, como pela adequação de instalações e equipamentos para movimentação física de cargas.

O objetivo primordial do armazenamento é utilizar o espaço nas três dimensões, da maneira mais eficiente possível. As instalações do armazém devem proporcionar a movimentação rápida e fácil de suprimentos desde o recebimento até a expedição. Assim, alguns cuidados essenciais devem ser observados:

a. determinação do local, em recinto coberto ou não;
b. definição adequada do *layout*;

c. definição de uma política de preservação, com embalagens plenamente convenientes aos materiais;

d. ordem, arrumação e limpeza, de forma constante;

e. segurança patrimonial, contra furtos, incêndio etc.

Ao se otimizar a armazenagem, obtém-se:

a. máxima utilização do espaço (ocupação do espaço);

b. efetiva utilização dos recursos disponíveis (mão-de-obra e equipamentos);

c. pronto acesso a todos os itens (seletividade);

d. máxima proteção aos itens estocados;

e. boa organização;

f. satisfação das necessidades dos clientes.

2 ARRANJO FÍSICO (*LAYOUT*)

O significado de *layout* pode ser explicado por meio das palavras *desenho*, *plano*, *esquema*, ou seja, é o modo pelo qual ao se inserirem figuras e gravuras surge uma planta, podendo-se, por conseguinte, afirmar que o *layout* é uma maquete no papel.

O *layout* influi desde a seleção ou adequação do local, assim como no projeto de construção, modificação ou ampliação, conforme o caso, bem como na distribuição e localização dos componentes e estações de trabalho, assim como na movimentação de materiais, máquinas e operários. Logo, o *layout* é iniciado com a aplicabilidade da elaboração de um projeto, sendo finalizado por sua concretização.

Portanto, para que haja um projeto perfeito, há que se ter um planejamento, tem que existir o *layout*.

2.1 O *layout* na armazenagem

A realização de uma operação eficiente e efetiva de armazenagem depende muito da existência de um bom *layout*, que determina, tipicamente, o grau de acesso ao material, os modelos de fluxo de material, os locais de áreas obstruídas, a eficiência da mão-de-obra e a segurança do pessoal e do armazém.

Os objetivos do *layout* de um armazém devem ser:

a. assegurar a utilização máxima do espaço;
b. propiciar a mais eficiente movimentação de materiais;
c. propiciar a estocagem mais econômica, em relação às despesas de equipamento, espaço, danos de material e mão-de-obra do armazém;
d. fazer do armazém um modelo de boa organização.

A metodologia geral, para projetar um *layout* de um armazém, consiste em cinco passos:

a. definir a localização de todos os obstáculos;
b. localizar as áreas de recebimento e expedição;
c. localizar as áreas primárias, secundárias, de separação de pedidos e de estocagem;
d. definir o sistema de localização de estoque;
e. avaliar as alternativas de *layout* do armazém.

O arranjo físico é a disposição física dos equipamentos, pessoas e materiais, da maneira mais adequada ao processo produtivo. Significa a colocação racional dos diversos elementos combinados para proporcionar a comercialização dos produtos. Quando se fala em arranjo físico, pressupõe-se o planejamento do espaço físico a ser ocupado e utilizado.

O arranjo físico é representado pelo *layout*, que significa colocar, dispor, ocupar, localizar, assentar. O *layout* é o gráfico que representa a disposição espacial, a área ocupada e a localização dos equipamentos, pessoas e materiais.

No depósito, os principais aspectos do *layout* a serem verificados são os seguintes:

2.1.1 ITENS DE ESTOQUE

As mercadorias de maior saída do depósito devem ser armazenadas nas imediações da saída ou expedição, a fim de facilitar o manuseio. O mesmo deve ser feito com os itens de grande peso e volume.

2.1.2 CORREDORES

Os corredores dentro do depósito deverão facilitar o acesso às mercadorias em estoque. Quanto maior a quantidade de corredores maior será a facilidade de acesso e tanto menor o espaço disponível para o armazenamento. Armazenamento com prateleiras requer um corredor para cada duas filas de prateleiras.

A largura dos corredores é determinada pelo equipamento de manuseio e movimentação dos materiais. A localização dos corredores é determinada em função das portas de acesso e da arrumação das mercadorias. Entre as mercadorias e as paredes do edifício devem existir passagens mínimas de 60 cm, para acesso às instalações de combate a incêndio.

2.1.3 PORTAS DE ACESSO

As portas de acesso ao depósito devem permitir a passagem dos equipamentos de manuseio e movimentação de materiais. Tanto sua altura como a largura devem ser devidamente dimensionadas.

O local de expedição ou de embarque de mercadorias deve ser projetado para facilitar as operações de manuseio, carga e descarga.

Próximo ao local de expedição ou de embarque e desembarque deve haver um espaço de armazenagem temporária para se colocar separadamente as mercadorias, conforme o tipo. O acostamento para veículos deve considerar a quantidade diária de embarques e desembarques, bem como o tempo de carga e descarga de caminhões.

2.1.4 PRATELEIRAS E ESTRUTURAS

Quando houver prateleiras e estruturas no depósito, a altura máxima deverá considerar o peso dos materiais. O topo das pilhas de mercadorias deve se distanciar um metro das luminárias do teto ou dos *sprinklers* (equipamentos fixos de combate a incêndio) de teto.

As mercadorias leves devem permanecer na parte superior das estruturas, e as mercadorias mais pesadas devem ser armazenadas nas barras inferiores da estrutura.

O piso deve ser suficientemente resistente para suportar o peso das mercadorias estocadas e o trânsito dos equipamentos de movimentação.

A Figura 14.1 demonstra dois diferentes *layouts*.

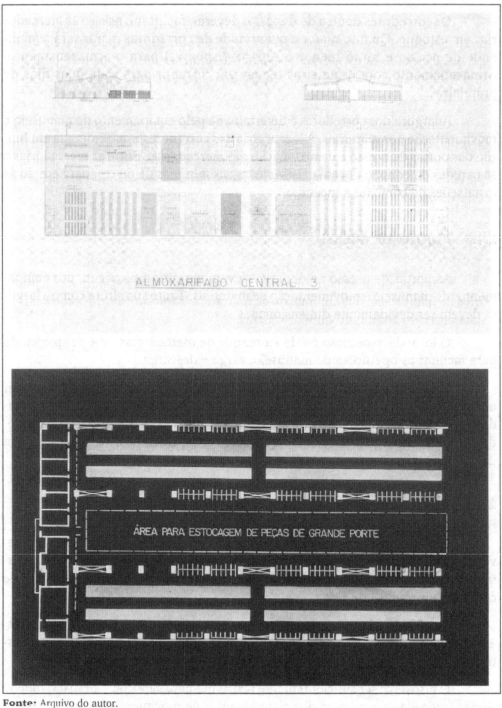

Fonte: Arquivo do autor.

Figura 14.1 *Layouts*.

3 UTILIZAÇÃO DO ESPAÇO VERTICAL

Na sociedade atual densamente povoada, está em marcha a racionalização das técnicas de circulação. No caso particular dos Almoxarifados, até há pouco tempo considerados, como já vimos, simplesmente como lugar para guarda de materiais, há também um esforço voltado para se obter maior funcionalidade, sob aspectos de transporte, manuseio e armazenagem dos materiais. O aproveitamento máximo da área e do espaço, que são cada vez mais escassos diante das necessidades crescentes, é sua meta essencial. O espaço é, 80 % das vezes, apontado como principal problema em Almoxarifados, não como causa, mas como efeito da baixa ocupação de itens em estoque.

Identifica-se a real ocupação do espaço por meio do indicador "taxa de ocupação volumétrica", que leva em consideração o espaço disponível *versus* o espaço utilizado. Outro fator diretamente relacionado com a taxa de ocupação é a "seletividade", ou seja, o pronto acesso a todos os itens, o que resulta em imediato atendimento, propiciando um nível adequado de serviço.

Por outro lado, não se pode imaginar a utilização do espaço vertical sem o concurso de paletes, assunto a ser abordado no item 7.

Um dos fatores fundamentais na armazenagem é a correta utilização do espaço disponível, o que demanda estudo exaustivo das cargas a armazenar, níveis de armazenamento, estruturas para armazenagem e meios mecânicos a utilizar.

Assim é que, para ilustrar o avanço dessa especialização, passamos, nas páginas subseqüentes, em exemplos ilustrativos ou em estudos de casos, à apresentação de alguns modelos com elevado índice de aperfeiçoamento, os quais espelham o acompanhamento da tecnologia contemporânea.

4 CRITÉRIOS DE ARMAZENAGEM

A armazenagem pode ser simples ou complexa. Dependendo de algumas características intrínsecas dos materiais, a armazenagem torna-se complexa em virtude de:

    a. fragilidade;

    b. combustibilidade;

    c. volatização;

    d. oxidação;

e. explosividade;
f. intoxicação;
g. radiação;
h. corrosão;
i. inflamabilidade;
j. volume;
k. peso; e
l. forma.

Os materiais sujeitos à armazenagem complexa demandam, entre outras, as seguintes necessidades básicas:

a. preservação especial;
b. equipamentos especiais de prevenção de incêndios;
c. equipamentos de movimentação especiais;
d. meio ambiente especial;
e. estrutura de armazenagem especial;
f. manuseio especial, por intermédio de EPI's (Equipamentos de Proteção Individual) adequados.

Além de considerar esses itens, o esquema de armazenagem escolhido por uma empresa depende primordialmente da situação geográfica de suas instalações, da natureza de seus estoques, tamanho e respectivo valor.

Não existem regras taxativas que regulem o modo como os materiais devem ser dispostos no Almoxarifado, motivo pelo qual se deve analisar, em conjunto, os aspectos analisados anteriormente, para, então, decidir pelo tipo de arranjo físico mais conveniente, selecionando qual das alternativas melhor atende a seu fluxo de materiais:

1. Armazenagem por agrupamento: esse critério facilita as tarefas de arrumação e busca, mas nem sempre permite o melhor aproveitamento do espaço.

2. Armazenagem por tamanhos (acomodabilidade): esse critério permite bom aproveitamento do espaço.

3. Armazenagem por freqüência: esse critério implica armazenar tão próximo quanto possível da saída os materiais que tenham maior freqüência de movimento.

4. Armazenagem especial: por meio desse critério, destacam-se:

   a. ambiente climatizado: destina-se a materiais cujas propriedades físicas exigem tratamento especial;

   b. inflamáveis: os produtos inflamáveis devem ser armazenados em ambientes próprios e isolados, projetados sob rígidas normas de segurança:

   b.1 critérios para armazenagem de cilindros de gases especiais: muitos gases têm propriedades similares entre si e são, portanto, reunidos em 6 (seis) grupos. Tais categorias são baseadas em propriedades químicas e físicas similares, compatibilidade de estocagem e procedimentos de manuseio de emergência generalizados. Os grupos são numerados de "1" (menos perigosos) a "6" (mais perigosos), conforme demonstrado na Figura 14.2. Para cada grupo específico, existem requisitos gerais de armazenagem e procedimentos de manuseio de emergência pertinentes àquela categoria de produtos.

Grupo 1	Não inflamáveis, não corrosivos, baixa toxidez
Grupo 2	Inflamáveis, não corrosivos, baixa toxidez
Grupo 3	Inflamáveis, tóxicos e corrosivos
Grupo 4	Tóxicos e/ou corrosivos, não inflamáveis
Grupo 5	Espontaneamente inflamáveis
Grupo 6	Muito venenosos

Figura 14.2 *Identificação dos grupos de gases.*

Os cilindros devem ser colocados em áreas cobertas, ventiladas e em posição vertical, de modo compacto, onde uns impeçam a movimentação dos outros, observando-se que podem ser armazenados juntos somente os gases cuja soma dos números do grupo perfizerem 5, assim:

- argônio (grupo 1) com amônia (grupo 4);
- metano (grupo 2) com monóxido de carbono (grupo 3).

   c. perecíveis: os produtos perecíveis devem ser armazenados segundo o método FIFO (*First In First Out*), ou seja, primeiro que entra primeiro que sai. A técnica de armazenagem, conforme tal método, está demonstrada a seguir nos itens 8.3.3 e 8.4.

Independentemente de qualquer critério ou consideração quanto à seleção do método de armazenamento, é oportuno salientar a conveniência no respeito às indicações contidas nas embalagens em geral, por meio de símbolos convencionais que indicam os cuidados a serem seguidos no manuseio, transporte e armazenagem, de acordo com a carga contida. A Figura 14.3 demonstra alguns avisos de advertência mais conhecidos.

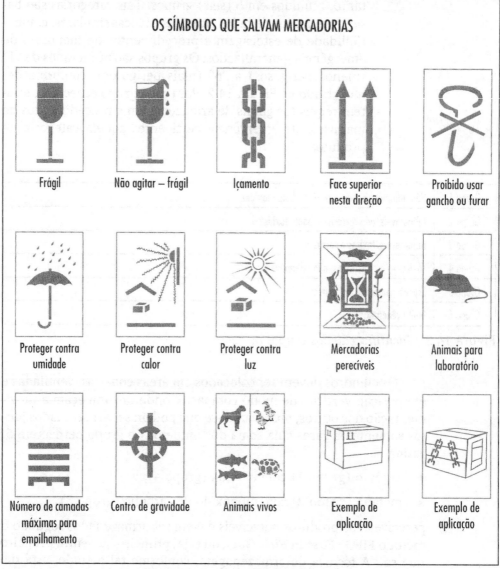

Figura 14.3   *Exemplos de símbolos que salvam mercadorias.*

5. Armazenagem em área externa: devido a sua natureza, muitos materiais podem ser armazenados em áreas externas, contíguas ao Almoxarifado, o que diminui os custos e, em paralelo, amplia o espaço interno para materiais que necessitam de proteção em área coberta.

    A prática demonstra que podem ser colocados nos pátios externos do Almoxarifado, além dos materiais a granel, tambores e contentores, peças fundidas, chapas de metal e outros. O uso de contentores viabiliza a armazenagem externa à medida que protege os materiais ali contidos.

    A Figura 14.4 comprova o exposto.

6. Coberturas alternativas: a escassez de área e o custo de construção são dois componentes significativos na determinante de um Almoxarifado. Considere-se que, independentemente de as empresas possuírem pátios para armazenagem alocados em área descoberta, em determinadas circunstâncias, podem também necessitar de alguma área a mais, temporariamente, para abrigar materiais em ambiente coberto. Não sendo viável a expansão do Almoxarifado, a solução do problema está na utilização de coberturas plásticas, as quais possuem a vantagem de dispensar fundações, permitindo a guarda de materiais ao menor custo de armazenagem.

    Dependendo da necessidade, existem em disponibilidade no mercado diversos tipos de cobertura, as quais também podem ser locadas, se a empresa interessada assim preferir.

    Destacamos dois modelos entre os tipos existentes:

    a. galpão fixo: trata-se de galpão construído com perfilados de alumínio extrudado e conexões de aço galvanizado, cobertos com laminado de PVC antichama, de elevada resistência a rasgos, fungos e raios ultravioleta. A Figura 14.5 demonstra esse tipo de galpão;

    b. Galpão móvel: as características da estrutura e da cobertura do galpão móvel são praticamente semelhantes às do fixo. Porém, a grande vantagem desse tipo de galpão é a sua flexibilidade, ou seja, sua capacidade de deslocamento, permitindo a manipulação de materiais por todos os cantos e eliminando a necessidade de corredores. A Figura 14.6 ilustra o esquema de funcionamento e a Figura 14.7 demonstra esse tipo de galpão.

Fonte: Arquivo do autor.

Figura 14.4 *Armazenagem em área externa.*

Fonte: Ilustração retirada de catálogo cedido pela Vinitex.

Figura 14.5   *Galpão fixo.*

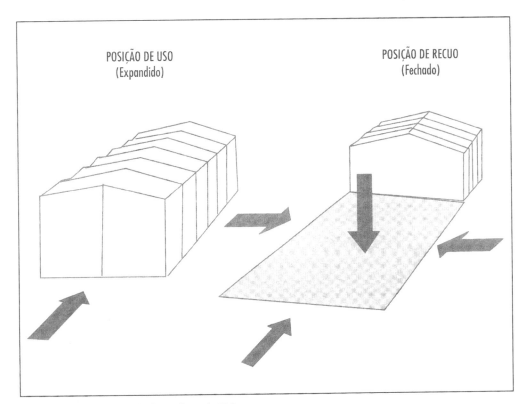

Fonte: Ilustração retirada de catálogo da Hubner.

Figura 14.6   *Esquema de funcionamento do galpão móvel.*

Fonte: Arquivo do autor.

Figura 14.7   *Galpão móvel.*

5 CONTROLE DE MATERIAIS PERECÍVEIS

Em face da importância que os perecíveis apresentam, conforme abordagem no Capítulo 2, item 3.3, por meio dos conceitos referentes à sua classificação, os materiais assim enquadrados necessitam de controle pormenorizado e particularizado de armazenagem.

Os produtos perecíveis devem ser armazenados conforme a técnica FIFO (*First In First Out*), ou seja, primeiro que entra primeiro que sai, de forma a permitir que naturalmente seja observada a data de validade dos produtos. Se não houver controle e metodologia apropriada, fatalmente a deficiência provocará perdas com conseqüências danosas ao abastecimento da empresa. Para evitar que perdas aconteçam, por falhas ou desconhecimento da validade desses produtos, deve-se controlar as entradas e saídas, garantindo a técnica FIFO.

Em virtude do escopo e de suas peculiaridades, fica inviável e incompatível o controle pelo Sistema de Gerenciamento de Estoques, em vista das particularidades dos materiais perecíveis, tão necessárias ao Almoxarifado que os armazena, quais sejam, data de fabricação, prazo de validade, fornecimento dos lotes mais antigos e/ou mais próximos do vencimento do prazo de validade e localização de lotes. Assim, torna-se lógico e imperativo a manutenção de controle acurado de materiais perecíveis estritamente pelo Almoxarifado.

O material perecível, classificado como tal, consoante conceitos analisados, permite, desde que devidamente programado, ao Almoxarife alimentar um subsistema, por meio de microcomputador, com os seguintes pormenores:

   a. inclusão de lotes de materiais perecíveis;
   b. requisição de materiais perecíveis;
   c. alteração dos lotes de materiais perecíveis;
   d. exclusão dos lotes de materiais perecíveis;
   e. atualização da situação dos lotes.

O subsistema em pauta engloba quatro fases distintas, a saber:

   a. controle de recebimento;
   b. atendimento de requisições de material;
   c. atendimento de devoluções de material;
   d. atualização da situação do lote.

Para tanto, o microcomputador deve contar com impressora, objetivando a emissão de relatórios de trabalho para decisão do órgão gestor, no tocante às anormalidades de lotes de materiais perecíveis no estoque, servindo, também, dessa forma, como subsídio para a análise de inservíveis, conforme disposto no Capítulo 5, item 11.3, quais sejam:

a. materiais a vencer;

b. materiais vencidos em estoque.

Posto isso, obtém-se maior dinâmica no controle, propiciando a geração dos seguintes benefícios:

a. tomada de decisão mediante alerta automático de vencimento do prazo de validade;

b. indicação dos lotes a serem fornecidos mediante requisição, para garantir a entrega dos materiais mais próxima do vencimento da validade.

6 MANUSEIO DE MATERIAIS PERIGOSOS

A Figura 14.8 apresenta uma tabela que, devidamente codificada, conforme as peculiaridades dos materiais de cada empresa, define instruções importantes aos Almoxarifes, visando proporcionar segurança para produtos considerados periculosos durante o manuseio e a armazenagem.

7 UTILIZAÇÃO DE PALETES

Para entendermos plenamente a utilização do espaço vertical, há que se analisar a utilidade dos paletes para a movimentação, manuseio e armazenagem de materiais.

Os estudos têm demonstrado que a economia por palete, quando se considera a mais ampla faixa de movimentação de materiais, desde a matéria-prima até os canais de varejo, pode tornar-se muito significativa. Assim, a paletização vem sendo utilizada, com freqüência cada vez maior, em empresas que demandam manipulação rápida e armazenagem racional, envolvendo grandes quantidades.

A paletização consiste na combinação de peças pequenas e isoladas, com o objetivo de realizar, de uma só vez, a movimentação de um número maior de unidades.

Código	Instrução
	Armazenar ao ar livre
	Armazenar em local fresco
	Armazenar em local frio
	Armazenar em local seco
	Armazenar em local ventilado
	Conservar acima do ponto de congelamento
	Conservar sob a água
	Evitar construções em base de madeira
	Evitar água ou umidade
	Evitar contato com ácidos
	Evitar contato com metais
	Evitar raios solares
	Evitar fontes de ignição
	Isolar de outros materiais
	Movimentar em veículos acionados por bateria elétrica
	Movimentar em veículos com rodas revestidas de material não faiscante
	Proteger contra choques mecânicos
	Proteger contra danos físicos
	Proteger de agentes redutores
	Proteger contra intempéries
	Separar de combustíveis
	Separar de corrosivos
	Separar de explosivos
	Separar de gases
	Separar de gêneros alimentícios
	Separar de inflamáveis
	Separar de oxidantes
	Separar de peróxidos orgânicos
	Separar de radioativos
	Separar de tóxicos

Figura 14.8   *Tabela de instruções para armazenagem e manuseio de materiais perigosos.*

A característica comum aos sistemas de armazenagem é a utilização de paletes para movimentação e estocagem de quase todos os materiais, motivo pelo qual ao palete é creditado o aumento da capacidade de estocagem, a redução da largura dos corredores, economia de mão-de-obra e redução de custos. Os paletes podem economizar grandes áreas e, combinados com sistemas eficientes de armazenagem, proporcionam facilidades e maior segurança à entrada e saída de materiais no estoque.

A fim de se entender o processo de evolução, iremos analisar a seguir definição, utilização, classificação e materiais para fabricação de paletes.

7.1 Definição

Estabelecida a participação do palete, em um conceito amplo do sistema de movimentação de materiais, pode-se defini-lo como: "Uma plataforma disposta horizontalmente para carregamento, constituída de vigas, blocos ou uma simples face sobre os apoios, cuja altura é compatível com a introdução de garfos de empilhadeira, paleteira ou outros sistemas de movimentação, e que permite o arranjo e o agrupamento de materiais, possibilitando o manuseio, a estocagem, a movimentação e o transporte num único carregamento."

7.2 Utilização

7.2.1 VANTAGENS

Se estivéssemos dispostos a alinhar todas as vantagens decorrentes da utilização de paletes, certamente não esgotaríamos o assunto.

Há, entretanto, algumas vantagens evidentes que são apontadas por quem os utiliza, entre as quais podemos destacar:

a. melhor aproveitamento do espaço disponível para armazenamento, utilizando-se totalmente o espaço vertical disponível, por meio do empilhamento máximo;

b. economia nos custos do manuseio de materiais, por meio da redução nos custos da mão-de-obra e do respectivo tempo normalmente necessário para as operações braçais;

c. possibilidade de utilização de embalagens plásticas ou amarração por meio de fitas de aço da carga unitária, formando uma só embalagem individual;

d. compatibilidade com todos os meios de transporte, quais sejam, terrestre, marítimo e aéreo;
e. facilita a carga, descarga e distribuição nos locais acessíveis aos equipamentos de manuseio de materiais;
f. permite disposição uniforme do estoque de materiais, o que, por sua vez, concorre para reduzir a obstrução nos corredores do armazém e pátios de descarga;
g. os paletes podem ser manuseados por uma grande variedade de equipamentos, como paleteiras, empilhadeiras, transportadores, elevadores de carga e até sistemas automáticos de armazenagem.

7.2.2 DIFICULDADES

Embora as dificuldades a seguir enumeradas dificultem sobremaneira a utilização de paletes, elas podem ser superadas:

a. utilização de embalagens não padronizadas;
b. pesos dos paletes;
c. vida curta e pragas que os atacam, quando fabricados em madeira.

7.3 Classificação

7.3.1 TIPOS

Apesar da variedade de paletes, a nomenclatura para designá-los é relativamente simples e direta.

Assim, temos:

1. Palete de face simples:
   a. com duas entradas;
   b. com quatro entradas.
2. Palete de face dupla:
   a. com duas entradas;
   b. com quatro entradas.

As Figuras 14.9 a 14.13 demonstram paletes de face simples, e as Figuras 14.14 e 14.15 demonstram paletes de face dupla.

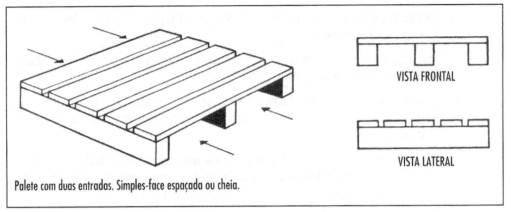

Figura 14.9   *Palete de face simples com duas entradas.*

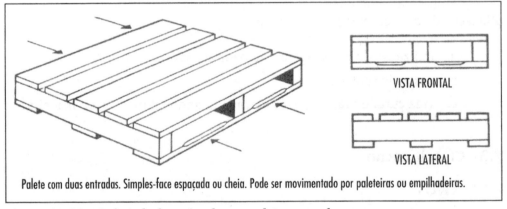

Figura 14.10   *Palete de face simples com duas entradas.*

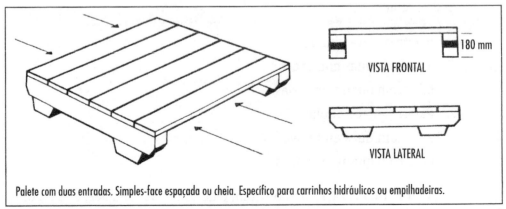

Figura 14.11   *Palete de face simples com duas entradas.*

ARMAZENAGEM **327**

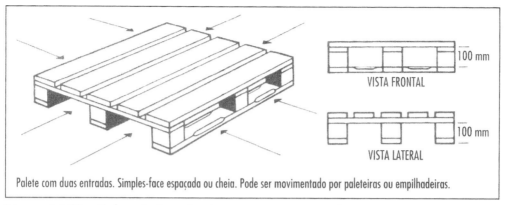

Figura 14.12 *Palete de face simples com quatro entradas.*

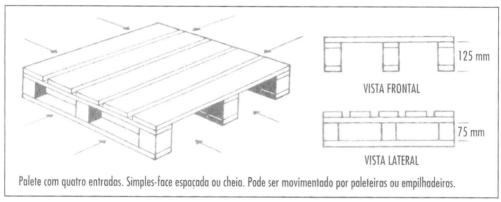

Figura 14.13 *Palete de face simples com quatro entradas.*

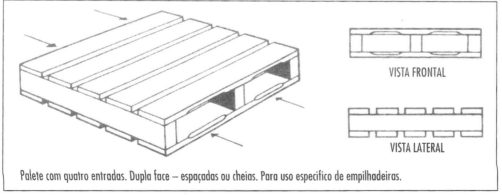

Figura 14.14 *Palete de face dupla com quatro entradas.*

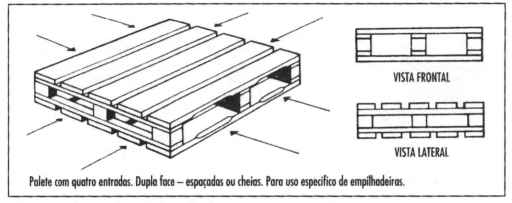

Figura 14.15   *Palete de face dupla com quatro entradas.*

7.3.2   SELEÇÃO

Há diversos fatores que devem ser considerados ao se escolher um palete para operar em determinado sistema:

a. peso;
b. resistência;
c. tamanho;
d. necessidade de manutenção;
e. material empregado na construção;
f. umidade (para os de madeira);
g. tamanho das entradas para os garfos;
h. tipo de construção;
i. tipo de carga a ser carregada;
j. capacidade de empilhamento;
k. custo.

7.4   Materiais para fabricação

Os paletes podem ser fabricados em:

a. madeira;
b. plástico;
c. metal.

7.4.1 PALETES DE MADEIRA

A madeira sempre foi a matéria-prima básica para a fabricação de paletes, sendo utilizada em larga escala.

Desvantagens apresentadas:

a. durabilidade;
b. necessidade de reposição;
c. custo de reposição.

7.4.2 PALETES DE PLÁSTICO

Os paletes de plástico são relativamente novos no cenário da movimentação de cargas.

Diversas vantagens são atribuídas aos paletes de plástico; algumas, como o baixo custo, são função exclusiva de projeto específico, enquanto outras são decorrentes das propriedades do material:

a. resistência à umidade;
b. resistência aos agentes químicos;
c. baixo peso;
d. superfícies lisas, sem pregos, parafusos ou grampos;
e. baixo custo.

Entretanto, além de escorregadio, a durabilidade desse tipo de palete é comprometida pela tendência do plástico em rachar, quando submetido a esforços extraordinários, e à dificuldade de reparo, o que acaba comprometendo a eventual vantagem de seu baixo custo.

7.4.3 PALETES METÁLICOS

Os paletes metálicos são aplicados em situações específicas, como, por exemplo, em fundições e ferramentarias, em que persiste a exigência de utilização de unidades metálicas devido ao peso excessivo das cargas, altas temperaturas e trabalhos pesados.

São fabricados nas mais diversas configurações e, como acontece com os de material plástico, apresentam muitas alternativas de inovação.

A utilização de solda elimina a necessidade de pregos e parafusos, propiciando, ainda, grande rigidez e estabilidade dimensional a esse tipo de palete.

À semelhança dos tradicionais de madeira, fabricam-se paletes metálicos para duas ou quatro entradas, de face simples ou dupla, extremamente duráveis.

8 ESTRUTURAS METÁLICAS PARA ARMAZENAGEM

Um dos fatores fundamentais na armazenagem, como já vimos, é a correta utilização do espaço disponível, o que demanda estudo exaustivo das cargas, níveis e estruturas para armazenagem, como também dos meios mecânicos a utilizar. A Figura 14.16 demonstra a largura mínima de corredores e a altura máxima de empilhamento para manuseio de materiais por meio de diversos tipos de empilhadeiras, o que, de certa forma, vai orientar na seleção de tipos de estruturas para armazenagem. A esse respeito, cabe considerar que o peso e o volume das cargas, além dos meios previstos para a entrada e saída de materiais, influem de forma determinante sobre a estrutura e o dimensionamento de seus elementos construtivos.

MANUSEIO	LARGURA MÍNIMA DO CORREDOR (m)	ALTURA MÁXIMA DE EMPILHAMENTO (m)
Manual	1,00 – 1,50	1,50 – 2,00
Empilhadeiras de contrapeso	3,00 – 4,00	4,00 – 5,00
Empilhadeiras retráteis	2,00 – 3,00	4,00 – 5,00
Empilhadeiras de garfos laterais	1,50 – 2,00	10,00 – 15,00
Empilhadeiras direcionais com garfos retráteis	1,50 – 2,00	10,00 – 15,00
Transelevadores de garfos deslocáveis para entrada lateral	1,00 – 1,50	10,00 – 15,00

Figura 14.16 *Tabela largura do corredor e altura do empilhamento das estruturas.*

De conformidade com o peso, volume e forma de manuseio dos materiais a armazenar, as estruturas podem, de maneira simples, classificar-se em duas categorias, quais sejam, leves e pesadas. Assim, destacamos, entre outros, os seguintes tipos básicos de estruturas metálicas para armazenagem:

8.1 Estrutura leve em prateleira de bandejas

Trata-se de estantes metálicas constituídas com colunas em perfis de chapa de aço dobrada, perfuradas continuamente segundo determinado passo, e prateleiras, também em chapa de aço dobrada, com posição regulável na altura, adequadas ao armazenamento de materiais leves, de até 35 kg, manuseados sem a necessidade de qualquer equipamento, e que admitem uma carga de 250 kg uniformemente distribuídos.

Com o conjunto gerado, pode-se montar um mezanino, com vários pisos intermediários, dependendo, evidentemente, da natureza dos estoques da empresa.

A Figura 14.17 demonstra módulos de estrutura leve em bandejas, e a Figura 14.18 ilustra um mezanino.

Fonte: Ilustração retirada de catálogo cedido pela Altamira.

Figura 14.17 *Módulo de estrutura leve em bandejas.*

8.2 Estrutura porta-palete

Trata-se de estrutura pesada, na qual as prateleiras são substituídas por plano de carga constituído por um par de vigas que se encaixam em colunas, com possibilidade de regulagem de altura.

Os paletes são armazenados e retirados individualmente por empilhadeiras que se movimentam em corredores.

Fonte: Ilustração retirada de catálogo cedido pela Bertolini.

Figura 14.18   *Mezanino*.

A Figura 14.19 ilustra as partes componentes e a Figura 14.20 demonstra a estrutura porta-palete utilizada na armazenagem de materiais.

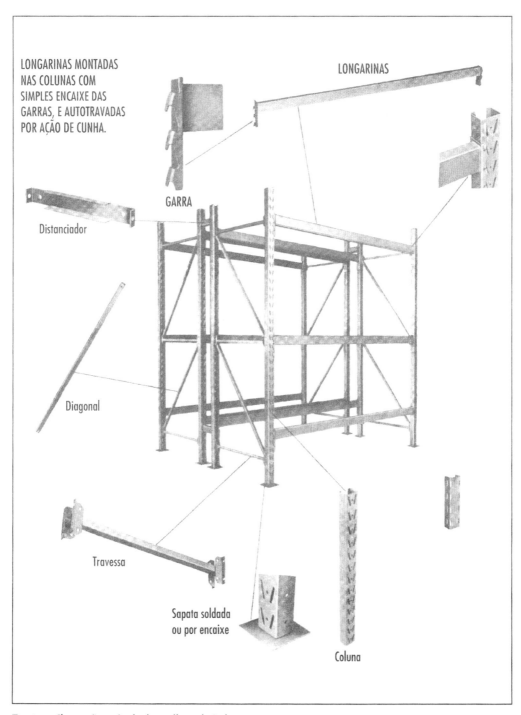

Fonte: Ilustração retirada de catálogo da Indusa.

Figura 14.19 *Partes componentes da estrutura porta-palete.*

Fonte: Ilustração retirada de catálogo cedido pela Altamira.

Figura 14.20 *Estrutura porta-palete.*

8.3 Outros tipos de estrutura porta-palete

A estrutura porta-palete convencional gerou sistemas para alta densidade e para armazenagem dinâmica. Os sistemas para alta densidade são conhecidos como *drive-in* e *drive-through*, enquanto a armazenagem dinâmica, além dela própria, gerou a variação *push back*.

Para melhor entendimento dos modelos a seguir analisados, convém observar a Figura 14.21, que esquematiza o modelo convencional de porta-palete.

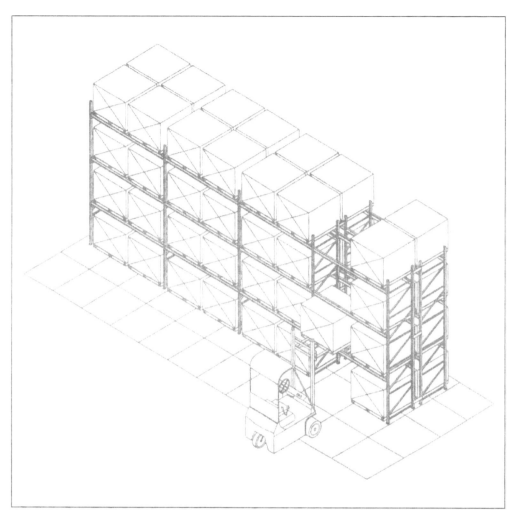

Fonte: Ilustração retirada de catálogo cedido pela Vertical.

Figura 14.21 *Representação esquemática do porta-palete convencional.*

8.3.1 *DRIVE-IN*

Proporciona solução otimizada para aproveitamento do espaço disponível. Trata-se de porta-palete constituído por bloco contínuo, não separado por corredores intermediários, por meio do qual as empilhadeiras movimentam-se dentro da própria estrutura, para depositar ou retirar materiais. O *drive-in* é recomendado para grande quantidade e pequena variedade de materiais. As movimentações de entrada e saída são efetuadas em separado, com o estoque manipulado de uma só vez em intervalos prolongados.

Esse sistema oferece, entre outras, as seguintes vantagens:

a. excelente aproveitamento da área disponível, maximizando o volume armazenado pela virtual ausência de corredores;

b. armazenamento, na metade da área, do mesmo número de paletes de um porta-palete convencional;

c. quando comparado com outro sistema de alta densidade, o investimento é relativamente baixo, proporcionando baixo custo por lugar-palete;

d. utilização de vários tipos de empilhadeiras, com mínimas modificações na estrutura de proteção ao operador;

e. não havendo superposição de cargas, eliminação do esmagamento acidental ou mesmo da queda de pilhas.

Em contrapartida, registram-se certos inconvenientes:

a. movimentação dos paletes que estão à frente, para atingir os do meio;

b. movimentação do estoque, retirando-se por último o que entrou primeiro, condição que limita a variedade dos materiais selecionados para armazenamento, não se prestando, evidentemente, a perecíveis.

A Figura 14.22 esquematiza o modelo em apreço, enquanto a Figura 14.23 demonstra praticamente a utilização do sistema.

8.3.2 *DRIVE-THROUGH*

As desvantagens existentes no sistema *drive-in*, no qual a empilhadeira o adentra, são contornadas pelo sistema *drive-through*, em que a empilhadeira o atravessa, o que, na prática, gera a alimentação por um lado e a retirada pelo lado oposto.

8.3.3 ARMAZENAGEM DINÂMICA

Sistema indicado para materiais a serem armazenados de conformidade com o princípio FIFO (*First In First Out*), ou seja, primeiro que entra primeiro que sai.

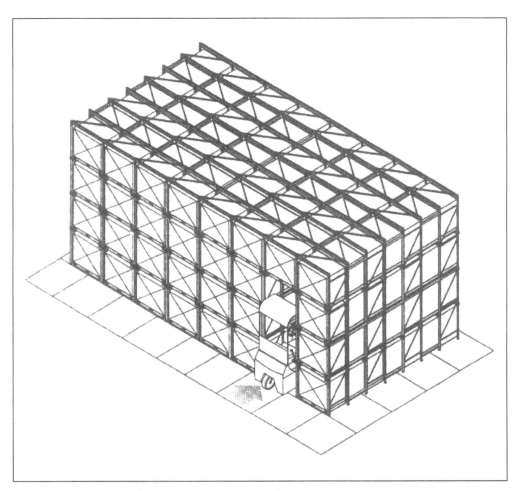

Fonte: Ilustração retirada de catálogo cedido pela Vertical.

Figura 14.22   *Representação esquemática do* drive-in.

Corredores de acesso somente serão necessários nas duas fases da operação, para carga e descarga dos paletes. Pelo fato de vários túneis (pistas) serem montados lado a lado, o espaço disponível para armazenagem é utilizado de forma otimizada.

O fluxo é automático, com os paletes movimentando-se sobre pistas de rolos ou de trilhos de roletes, por ação da gravidade, sem necessidade de empilhadeiras e operadores, mantendo-se em velocidade constante, pois são usados, em toda extensão das pistas, reguladores de velocidade.

O sistema possui também, ao final do percurso, o separador de paletes, que proporciona a retirada fácil, rápida e segura do primeiro palete da pista.

Fonte: Ilustração retirada de catálogo cedido pela Altamira.

Figura 14.23   *Exemplo prático de* drive-in.

A Figura 14.24 esquematiza o modelo em apreço, enquanto a Figura 14.25 detalha e demonstra praticamente a utilização do sistema.

8.3.4   PUSH BACK

Funcionando como variante do modelo dinâmico, trata-se de sistema por impulsão, que melhora a rotatividade e aumenta a seletividade, perfeito para até 4 (quatro) paletes de profundidade, utilizando-se apenas um corredor para colocação e retirada do palete. O palete colocado no trilho é empurrado pelo palete seguinte aclive acima, e assim até o último palete. Na retirada deste último palete todos os demais, por gravidade, descem uma posição.

A Figura 14.26 esquematiza o modelo em apreço, enquanto a Figura 14.27 detalha e demonstra praticamente a utilização do sistema.

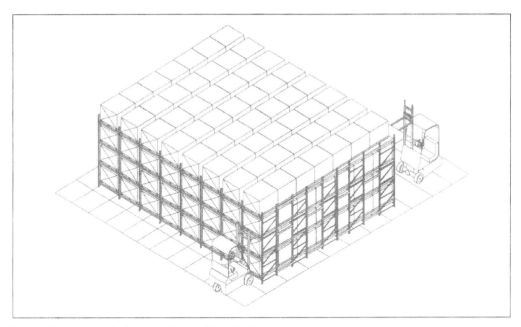

Fonte: Ilustração retirada de catálogo cedido pela Vertical.

Figura 14.24 *Representação esquemática da armazenagem dinâmica.*

Fonte: Ilustração retirada de catálogo cedido pela Águia.

Figura 14.25 *Exemplo prático de armazenagem dinâmica.*

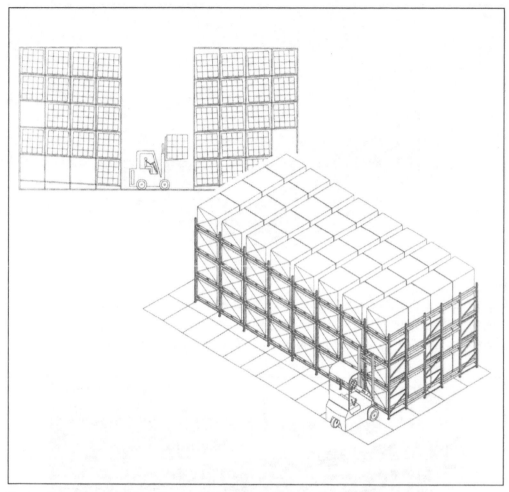

Fonte: Ilustração retirada de catálogo cedido pela Águia.

Figura 14.26   *Representação esquemática do* push back.

8.4   Armazenagem pelo sistema *flow rack*

O modelo *flow rack* foi concebido para materiais de pequeno volume e peso, cuja armazenagem dispensa a utilização de palete.

Trata-se de sistema que atende materiais de até no máximo 80 kg/m, indicado para a utilização do FIFO, por meio de trilhos apoiados sobre longarinas que permitem ajustar a altura e regulagem para inclinação. Os materiais são carregados pelo lado mais alto e descarregados pela frente, permitindo fácil acesso e rápida reposição.

Fonte: Ilustração retirada de catálogo cedido pela Águia.
Figura 14.27 *Exemplo prático de* push back.

A Figura 14-28 demonstra praticamente a utilização do sistema.

Fonte: Ilustração retirada de catálogo cedido pela Águia.

Figura 14.28 *Exemplo prático de* flow rack.

8.5 Estrutura *cantilever*

Estrutura típica para armazenagem de peças de grande comprimento, barras, tubos e perfis, constituída por uma série de cavaletes, formados por colunas perfuradas nas quais se encaixam os braços em balanço, cuja altura é regulável. Os cavaletes são interligados por intermédio de distanciadores. Os materiais armazenados nessa estrutura são manuseados por empilhadeira lateral.

A Figura 14.29 ilustra a estrutura *cantilever*.

Fonte: Ilustração retirada de catálogo cedido pela Altamira.

Figura 14.29 *Estrutura* cantilever.

9 ACESSÓRIOS PARA ARMAZENAGEM

Para a seleção de acessórios para armazenamento, é primordial o entendimento das formas pelas quais os materiais podem ser manuseados e armazenados. A Figura 14.30 demonstra tais formas.

Formas	Exemplos
Acondicionados	Barris
	Bobinas
	Caixas de papelão
	Sacos
	Tambores
Cargas unitizadas sem suporte	Autopaletizadas
	Filmes termorretráteis
	Unidades integradas
Contêineres	Abertos
	Fechados
	Sobre rodas
Contentores	Metálicos
	Plásticos
	Outros materiais
Granel	Líquido
	Sólido
	Pastoso
Peças isoladas	Componentes
	Sobressalentes
	Outros
Suportes para cargas unitizadas	Caçambas
	Contentores
	Paletes

Figura 14.30   *Formas de manuseio e armazenamento.*

Assim, além do palete, os acessórios habitualmente utilizados no armazenamento são os seguintes:

a. Caixas diversas: adequadas para materiais de pequenas dimensões, podem ser adquiridas no mercado em dimensões padronizadas.

b. *Racks*: construídos normalmente em aço, prestam-se para acomodar materiais das mais diferentes formas, podendo ser empilháveis.

c. Contêineres paletizados: construídos com grades de arame, totalmente dobráveis e articulados, montados sobre paletes, com grande capacidade de empilhamento, possibilitam vantagens no arranjo físico e considerável economia no espaço de armazenagem.

d. Outros acessórios: existe uma infinidade de acessórios, evidentemente cada qual adequado às peculiaridades do material a ser armazenado.

10 EQUIPAMENTOS PARA MANUSEIO DE MATERIAIS

O manuseio dos diversos materiais de um Almoxarifado pode ser efetuado:

a. Manualmente: trata-se do manuseio mais simples e comum, efetuado pelo esforço físico de funcionários.

b. Por meio de carrinhos manuais: trata-se de manuseio efetuado por meio de carrinhos impulsionados manualmente.

c. Por meio de empilhadeiras: trata-se de um dos equipamentos mais versáteis para o manuseio de materiais. Não possui limitação de direção, movimentando-se horizontal e verticalmente e podendo ser elétrica ou com motores a gás, diesel ou gasolina, nos quais pode ser adaptada uma série de acessórios que os tornam mais funcionais.

É evidente que a utilização dos diversos tipos de empilhadeiras existentes depende fundamentalmente da disposição dos corredores internos no Almoxarifado e da natureza dos materiais a movimentar, além de seus acessórios, os quais, acoplados, facilitam a movimentação.

d. Por meio de paleteiras: trata-se de um tipo de empilhadeira manual, que pode ser mecânica, hidráulica ou elétrica, estando, por conseguinte, limitada a manuseios horizontais.

e. Por meio de pontes rolantes: trata-se de equipamento constituído de estrutura metálica, sustentada por duas vigas ao longo das quais a ponte rolante se movimenta; entre as duas vigas, sustentado pela estrutura, corre um carrinho com um gancho.

A ponte rolante é movida por intermédio de três motores, a saber:

1. motor responsável pelo movimento vertical do gancho;
2. motor responsável pelo movimento da ponte ao longo do vão;
3. motor responsável pelo movimento do carrinho ao longo da estrutura ou, em outras palavras, responsável pelo movimento horizontal do gancho.

A Figura 14.31 ilustra uma ponte rolante.

Fonte: Ilustração retirada da revista *Movimentação & Armazenagem*.

Figura 14.31   *Ponte rolante.*

f. Por meio de guindastes: trata-se de equipamentos utilizados em manuseios, em área externa, de cargas acima de 5 t, equipados com lança e motor a explosão que proporciona o movimento da máquina e a força para acionamento da lança e conseqüente trabalho.

11 TÉCNICAS DE CONSERVAÇÃO DE MATERIAIS ARMAZENADOS

Os materiais armazenados estão sujeitos a determinados eventos, os quais poderão originar transformações e/ou alterações que resultarão em inutilização, causando sérios prejuízos às empresas. Merecem destaque, entre outros:

a. Combustão espontânea: refere-se aos materiais, em particular aos produtos químicos, que por sua natureza podem inflamar-se e entrar em combustão.

b. Compressão ou achatamento: quando os materiais são colocados em grandes pilhas ou, então, acondicionados em excesso nas prateleiras, dado à fragilidade de suas embalagens, por exemplo, pode ocorrer deformação, como ocorre com as caixas de papelão e outros envoltórios similares.

c. Decomposição: quando os materiais ou matérias-primas alteram-se em virtude de fenômenos específicos.

d. Empenamento: deformação em suas linhas originais.

e. Outros, como: evaporação, excessos de calor e luz, explosão, oxidação etc.

Talvez, por esse motivo, o maior dos problemas no Almoxarifado seja o da conservação. Em destaque, temperatura e umidade são os fatores que desencadeiam a maioria dos problemas. Um produto metálico, ou contendo componentes metálicos, se não for adequadamente protegido, pode sofrer danos por corrosão, durante o transporte e armazenamento, mesmo antes de sua utilização. A danificação pode tornar o produto completamente inadequado ou susceptível de reparos. Em qualquer dos casos, sua utilização fica comprometida com os inevitáveis transtornos. Uma inadequada proteção contra corrosão, pode, assim, dar um fim prematuro a materiais, causando prejuízos que, na maioria das vezes, poderiam ser evitados.

A importância que o assunto representa origina procedimentos próprios. A solução do problema está na elaboração de critérios que contemplem, entre outros, os seguintes tópicos:

a. inclusão de necessidades de proteção e embalagem nas especificações de compra;

b. inspeção de proteção e/ou embalagem, por ocasião do recebimento;

c. critérios de armazenamento;

d. verificação das condições de proteção;

e. critérios para preservação.

Em conseqüência, deve-se abordar o problema tendo como principal objetivo o desenvolvimento de técnicas apropriadas para a escolha dos meios de proteção e embalagem, durante o transporte e armazenamento.

11.1 Conceitos

O equacionamento da conservação de materiais em estoque demanda o perfeito entendimento do conceito dos seguintes aspectos:

a. Proteção: meio para manter inalterada a superfície dos materiais susceptíveis a corrosão.

b. Embalagem: elemento ou conjunto de elementos destinados a envolver, conter e proteger os materiais, sua movimentação, transporte e armazenamento.

c. Preservação: manutenção corretiva das partes porventura danificadas da proteção e/ou embalagem, visando manter inalterada a superfície dos materiais.

d. Verificação das condições de proteção: inspeção periódica da proteção dos materiais estocados, visando detectar pontos de deterioração, avarias em embalagem ou material protetor.

11.2 Desenvolvimento de critérios

Com base na complexidade das técnicas de conservação, constata-se o inter-relacionamento de procedimentos entre as atividades de Gestão, Inspeção e Armazenagem, o que implica o estabelecimento e desenvolvimento de procedimentos distintos, nos quais condições específicas de preservação deverão ser detalhadas para cada material e/ou agrupamento. A Figura 14.32 esclarece o enunciado.

Assim, devem-se estabelecer os requisitos mínimos necessários a serem observados para a atividade de se manter preservados os materiais estocados, sendo definidas ações e/ou rotinas de trabalho, como demonstra a Figura 14.33.

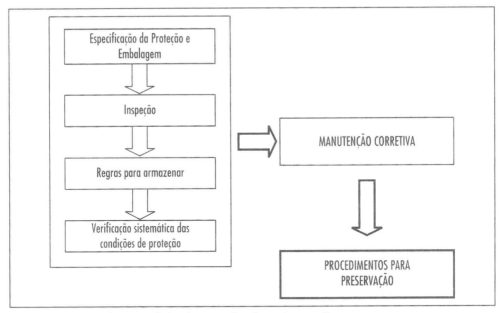

Figura 14.32 *Fluxo padrão das tarefas de preservação.*

PROCEDIMENTO TÉCNICO PARA PRESERVAÇÃO		Número
Recomendações importantes		
Material necessário – Descrição		Quantidade
Execução		
Critérios para armazenamento		
Proteção e embalagem – Especificação para compra		
Data	Preparado por	Aprovado por

Figura 14.33 *Procedimento técnico para preservação.*

O formulário em análise contempla:

a. **recomendações importantes:** Relacionam-se normas e/ou documentos que contenham informações necessárias para utilização do procedimento, como também indicam-se condições básicas, indispensáveis e/ou necessárias para início da atividade, sem as quais haverá comprometimento de resultados;
b. **material necessário – descrição:** relacionam-se materiais e ferramental necessário à execução das tarefas de preservação;
c. **execução:** relacionam-se, em ordem seqüencial, todas as etapas relativas à execução das tarefas de preservação;
d. **critérios para armazenamento:** indicam-se as condições em que o material deve ser armazenado;
e. **proteção e embalagem – especificação para compra:** indica-se proteção, embalagem e/ou dispositivos necessários a manter inalterado o estado dos materiais, durante o transporte e o armazenamento, condições estas a serem inseridas nas especificações de compra do material.

A verificação periódica das condições de proteção é um dos pontos fundamentais nos critérios acima enumerados. Constatada a avaria, deve ser sanada por meio da emissão da Ordem de Serviço de Preservação, conforme demonstra a Figura 14.34.

ORDEM DE SERVIÇO – PRESERVAÇÃO	Data		Número	
Informações sobre o material a ser preservado			
Material	Código	Quantidade	Unidade	
Localização	Q.	Localização	Q.	Localização	Q.
Descrição da avaria				
Método para preservação				
Datas			Responsável pelo trabalho	
Prazo	Início	Término		

Figura 14.34 *Ordem de serviço – preservação.*

Concluída a tarefa, deve-se destacar cada material preservado por intermédio da Etiqueta de Preservação, conforme demonstra a Figura 14.35, no intuito de obter melhor visualização no estoque para ser o primeiro material na ordem de entrega por ocasião de requisição.

PRESERVAÇÃO	
Código	
Localização	
Data da preservação	
Trabalho executado	
Efetuado por	

Figura 14.35 *Etiqueta de preservação.*

11.3 A experiência da Cosipa em preservação

A grande variedade de formas físicas de materiais utilizados na Companhia Siderúrgica Paulista (Cosipa), aliada a diversas necessidades de proteção e o contínuo desenvolvimento de técnicas de fabricação, motivaram, em face dos problemas gerados em virtude das condições climáticas da região, onde está sediada a empresa, qual seja Piaçagüera, município de Cubatão, Estado de São Paulo, que possui altos índices de umidade relativa do ar e pluviométrico, a partir de 1985 a implementação de um programa para proteger os materiais em estoque, conservando-os na sua integridade até a utilização pelas unidades requisitantes.

O estudo desenvolvido apontou na conveniência de que a solução de problemas de embalagem não fique restrita a princípios ditados pela simples experiência, mas que entrem no campo da análise e do planejamento. Assim, a solução está fundamentada no desenvolvimento de uma tecnologia própria de embalagem, de tal sorte que se mantenha inalterado o estado dos materiais estocados até sua aplicação.

Até 1988, a empresa havia contabilizado as seguintes normas de preservação, demonstradas na Figura 14.36.

TÍTULOS DAS NORMAS	QUANTIDADE DE ITENS
Procedimentos técnicos gerais para preservação	
Preservação de materiais específicos em geral	15.000
Preservação de materiais em área descoberta	800
Preservação de eixos para bombas	80
Preservação de rotores	30
Preservação de rolamentos	1.300
Preservação de vedadores	750

Figura 14.36 *Normas de preservação desenvolvidas pela Cosipa.*

Em função das normas desenvolvidas, foi possível a execução de preservação em materiais estocados avariados, durante o ano de 1986, conforme demonstra a Figura 14.37.

MÊS	QUANTIDADE	MÊS	QUANTIDADE
janeiro	265	julho	215
fevereiro	425	agosto	437
março	336	setembro	355
abril	561	outubro	419
maio	453	novembro	378
junho	587	dezembro	398

Figura 14.37 *Itens preservados.*

12 ESQUEMA DE LOCALIZAÇÃO

Um esquema de localização tem por finalidade estabelecer os meios necessários e proporcionar facilidades em identificar imediatamente o endereço da guarda do material no Almoxarifado. Assim, não deve haver dúvidas de identificação de localização para as diversas rotinas de trabalho, seja para separar ou guardar, quando da apresentação de uma requisição, da entrada em estoque, seja por compra ou por devolução, ou ainda quando da realização de inventário.

Pode-se comparar os endereços do Almoxarifado ao esquema de localização de vias públicas em qualquer cidade. Logo, a localização implica a utilização de uma codificação, normalmente alfa-numérica, representativa do local de armazenagem.

A definição do sistema de localização está intimamente ligada à disposição do arranjo físico dos materiais armazenados no Almoxarifado, motivo pelo qual é imprescindível a fixação do *layout*.

Em se tratando de empresas que possuam mais de um armazém, deve-se adotar a identificação por letras para cada um dos armazéns, como, por exemplo, no caso específico da Companhia Siderúrgica Paulista – Cosipa:

a. Depósito A – Sobressalentes para Laminações e Unidades Metalúrgicas.

b. Depósito B – Materiais normalizados em geral.

c. Depósito I – Materiais inflamáveis.

d. Depósito R – Materiais Refratários.

e. Depósito T – Materiais estocados em área descoberta.

Da mesma forma, dependendo do *layout* e da conveniência, os conjuntos de estrutura porta-paletes, *cantilever* e estanterias também podem ser identificados por letras.

A Figura 14.38 demonstra os passos seguintes para o estabelecimento da codificação no sistema de localização.

O exemplo ilustrado na figura anterior é suficiente para o entendimento e conseqüente aplicação do esquema de localização em apreço para estrutura *cantilever*, mezaninos com estanterias diversas e respectivos gaveteiros, bem como para área externa. A Figura 14.39 elucida o esquema.

Estabelecido o esquema de Localização, os endereços devem ficar registrados no formulário Ficha de Localização, para utilização nas rotinas de trabalho do Almoxarifado. A Figura 14.40 demonstra uma Ficha de Localização, considerando o critério analisado anteriormente.

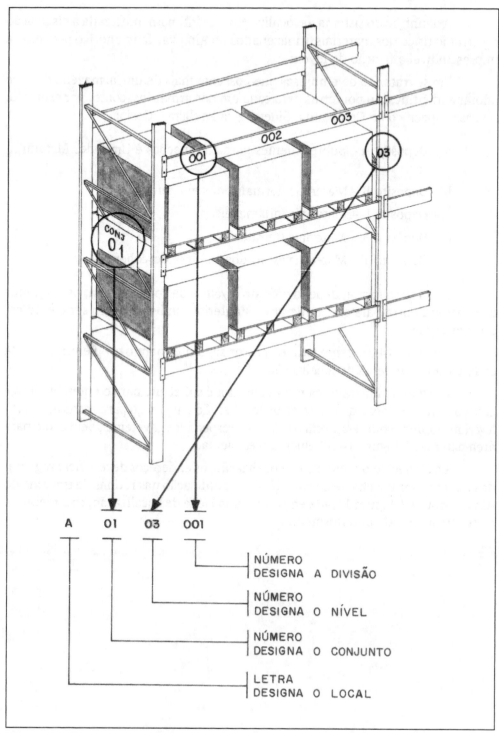

Figura 14.38 *Esquema de localização para estrutura porta-palete.*

ARMAZENAGEM 355

Fonte: Arquivo do Autor.

Figura 14.39 *Exemplo prático do esquema de localização.*

FICHA DE LOCALIZAÇÃO								
Código do material		Descrição						
Dep.	Conj.	Nível	Divisão	DC		Divisão	DC	Observações
					A			
					A			
					A			
					A			
					A			
					A			
					A			
					A			
					A			
					A			

Figura 14.40 *Ficha de localização.*

12.1 Esquema de localização da Companhia Siderúrgica Nacional (CSN)

Objetivando padronizar a linguagem da localização dos materiais estocados nos diversos galpões e pátios do Almoxarifado e, ainda, obedecendo às diversas diretrizes e normas do Sistema de Administração de Materiais, foi implantado, a partir de junho de 1979, um sistema alfanumérico para uso mecanizado, constando de até 10 dígitos conforme a Figura 14.41.

Esse sistema oferece condições de obter, a qualquer momento, relatórios de estoque por galpão, por andar ou por ala, facilitando os trabalhos de inventário, em linguagem única que permite minimização no tempo de busca dos materiais, inclusive por pessoas não familiarizadas com o Almoxarifado.

De conformidade com tal sistema, a localização de um material estocado no vão 120 do 3º andar da ala A do galpão nº 1 teria a seguinte configuração, conforme demonstra a Figura 14.42.

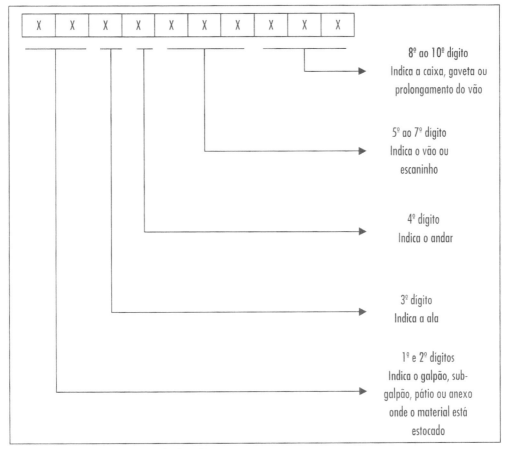

Figura 14.41 *Esquema de localização na CSN.*

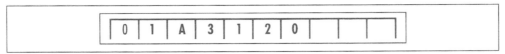

Figura 14.42 *Exemplo de localização na CSN.*

13 ATENDIMENTO ÀS REQUISIÇÕES DE MATERIAL

A Requisição de Material está para o gerenciamento do controle de estoque assim como o cheque está para o gerenciamento de controle bancário, motivo pelo qual o atendimento das necessidades de um usuário somente se faz mediante a apresentação da respectiva RM (Requisição de Material), devidamente preenchida e subscrita por emitente credenciado junto ao Almoxarifado. A Figura 14.43 ilustra uma Requisição de Material.

REQUISIÇÃO DE MATERIAL		Data	Número
Código do Material	Requisitante	Centro de Custo	OS
Quantidade	Unidade	Descrição	
Requisitada			
Entregue			
Uso do Almoxarifado			
Localização	Separado por	Conferente	Data
Requisitado por	Aprovado por	Recebido por	Data

Figura 14.43 *Requisição de material.*

Em hipótese alguma pode haver atendimento, sem o correspondente documento hábil que "pague" o material a ser entregue, e garanta o *input* nos sistemas de gerenciamento. Por essa razão, é conveniente manter controle de assinaturas dos requisitantes autorizados, bem como estabelecer normas e instruções relativas a "quem pode o quê? Requisitar". A Figura 14.44 ilustra o documento Assinatura credenciada.

ASSINATURA CREDENCIADA		
O funcionário abaixo está autorizado a assinar.		Unidade (sigla)
Nome por extenso	Cargo	Fone
Assinatura		Rubrica
Abono: nome e assinatura	Cargo	Data

Figura 14.44 *Assinatura credenciada.*

13.1 Tipos de requisição de material

A Requisição de Material pode ser classificada, conforme segue, em normal e em emergência:

a. Requisição de material normal: solicitação efetuada por usuários para atendimento das necessidades da empresa, com entrega que obedece à programação prévia.
b. Requisição de material em emergência: solicitação efetuada por usuários para atendimento das necessidades da empresa, ocasionadas por motivos imprevistos, como falha de planejamento, risco de parada de produção, perda de qualidade ou risco de segurança pessoal e patrimonial, os quais fugiram à programação normal; atendida imediatamente, evita prejuízos diretos ou indiretos à empresa.

13.2 Controle de cotas por usuário

Controles de limites máximos requisitáveis por usuário, principalmente para determinados materiais especiais, também podem ser utilizados, com o intuito de se evitar piques de consumo, conforme analisado no Capítulo 5, *Fundamentos do gerenciamento de estoques*, tópico 9, *Acompanhamento de consumo por meio do sistema de cotas*. Observa-se, na análise da Requisição de Material apresentada na Figura 14.43, a previsão de tal situação.

A Figura 14.45 apresenta para melhor entendimento o Fluxo Operacional da Requisição de Material.

14 CONTROLE FÍSICO DOS ESTOQUES

Para o perfeito gerenciamento de materiais, é imprescindível o exercício do controle físico, registro de todas as operações, o que possibilita informações precisas a respeito do saldo existente em estoque.

O controle de estoque primitivo, efetuado por Fichas de Prateleira, demonstrado na Figura 14.46, ou por Fichas de Controle, arquivadas em Kardex, as quais, atualmente quase em desuso, foram substituídas pelo controle informatizado, objeto de análise no Capítulo 18, *A administração de materiais utilizando a informática*. O controle manual pode gerar duplo controle de estoque, por meio da Ficha de Prateleira, colocada junto a cada material, e da Ficha de Controle Geral, em que se registram, além das transações propriamente ditas, os níveis de estoque, máximo, mínimo e de segurança e outras informações a critério da empresa que a utiliza.

360 ADMINISTRAÇÃO DE MATERIAIS

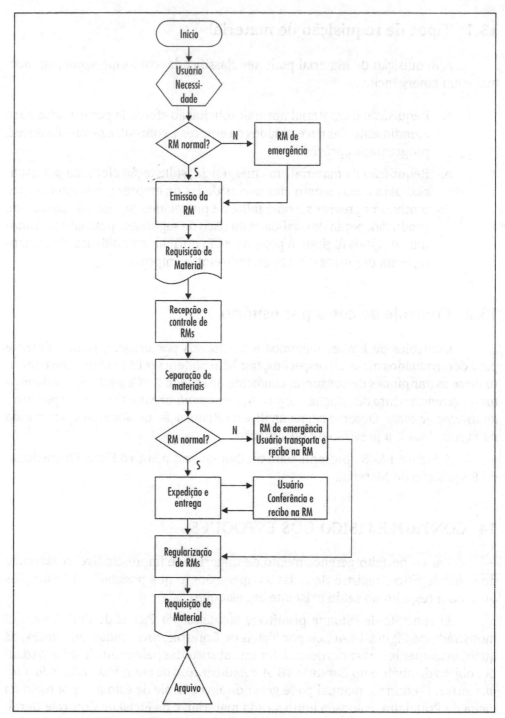

Figura 14.45 *Fluxo operacional da requisição de material.*

O grande inconveniente do controle manual é a sujeição a falhas, pois o Controlador também tem a atribuição de gerar *input* para reposição do estoque quando este atingir o ponto de ressuprimento.

Qualquer que seja o método, é fundamental a plena observância das rotinas em prática a fim de se evitar problemas de controle, com conseqüências no Inventário, que redundam em prejuízos para a empresa.

A Figura 14.47 apresenta uma Ficha para Controle Manual de Estoque, a qual contém todas as informações necessárias ao exercício do controle mecanizado.

FICHA DE PRATELEIRA									Número
MATERIAL:									Unidade
Data	Doc. nº	Entrada	Saída	Saldo	Data	Doc. nº	Entrada	Saída	Saldo

Figura 14.46 *Ficha de prateleira.*

FICHA PARA CONTROLE DE ESTOQUE			Número
Código	Unidade	Localização	Requisitantes

Material		
Estoque máximo	Estoque mínimo	Estoque de segurança
Retirada máxima	Retirada mínima	Observações

Data	Doc. nº	Entrada	Saída	Saldo	Data	Doc. nº	Entrada	Saída	Saldo

Figura 14.47   *Ficha de controle de estoque.*

15   QUESTÕES E EXERCÍCIOS

1. Detalhar a importância dos conjuntos de regras e critérios para a determinação de *layout* na armazenagem.

2. Quais os principais meios disponíveis para armazenagem? Detalhar as funções típicas de cada um.

3. Quais os principais equipamentos para manuseio? Detalhar as funções típicas de cada equipamento.

4. Detalhar a importância da proteção e embalagem para os materiais armazenados.

5. Detalhar a importância do exercício do controle de estoque no Almoxarifado.

15 DISTRIBUIÇÃO

VOCÊ VERÁ NESTE CAPÍTULO:

- *Características de transporte*
- *Logística da distribuição*
- *Contrato de transporte*

1 OBJETIVOS

Distribuição é a atividade por meio da qual a empresa efetua as entregas de seus produtos, estando, por conseqüência, intimamente ligada a movimentação e a transportes.

Deve-se considerar alguns fatores importantes para o equacionamento da distribuição, como:

1.1 Natureza dos produtos a transportar

Os produtos da empresa, para efeito de transporte, podem ser assim classificados:

a. Carga geral: a carga geral deve ser consolidada para materiais com peso individual de até 4 t.
b. Carga a granel, líquida e sólida.
c. Carga semi-especial: trata-se de materiais com dimensões e peso que exigem licença especial, porém no gabarito que permite tráfego em qualquer estrada.
d. Carga especial: trata-se de uma variável da definição anterior, com a ressalva de que seu tráfego exige estudo de rota, para avaliar a largura das obras de arte e a capacidade das pontes e viadutos.
e. Carga perigosa: os produtos classificados como perigosos englobam mais de 3.000 itens, estando codificados em nove classes, de acordo com norma internacional.

1.2 Origem dos recursos de transporte

A necessidade de se possuir um bom sistema de controle de custos na distribuição física é conseqüente de duas determinantes básicas:

a. a distribuição física representa uma despesa, ou seja, não agrega nenhuma melhoria ou valor ao produto;
b. a distribuição física é um custo que consome certa percentagem do valor das vendas.

Dependendo da situação, a distribuição pode ser classificada como segue:

a. Distribuição interna: trata-se da distribuição de matérias-primas, componentes ou sobressalentes para manutenção, do almoxarifado ao requisitante, para continuidade das atividades da empresa.
b. Distribuição externa: trata-se da entrega dos produtos da empresa a seus clientes, tarefa que envolve o fluxo dos produtos/serviços para o consumidor final, motivo pelo qual adota-se a denominação de *distribuição física*.

2 CARACTERÍSTICAS DE TRANSPORTE

O progresso da civilização tem sido determinado pelo desenvolvimento dos meios de transporte, os quais se desenvolvem em função do avanço tecnológico e do aproveitamento das disponibilidades de energia.

As iniciativas da boa organização da distribuição envolvem grandes recursos e aglutinam atividades tradicionalmente segmentadas, como o já mencionado transporte, e depósitos e expedição, o que implica, nas páginas seguintes, a análise para o estabelecimento de vantagens e desvantagens das várias formas de transporte, por meio de frota própria ou não, objetivando os interesses da empresa.

Como não poderia deixar de ser, a distribuição é efetuada via transporte, o que nos leva a enumerar suas várias modalidades:

a. Transporte rodoviário: destinado a cargas que exigem prazos relativamente rápidos de entrega.

b. Transporte ferroviário: destinado a cargas maiores, cujo fator tempo para a entrega não será preponderante.

c. Transporte hidroviário e marítimo: destinado a cargas cujo tempo de entrega não seja fator preponderante no encarecimento do produto.

d. Transporte aeroviário: destinado a cargas, cujo prazo de entrega seja imperioso.

e. Transporte intermodal: o transporte intermodal requer tráfego misto, envolvendo várias modalidades, com parte do percurso podendo ser feita mediante um método e parte mediante outro, motivo pelo qual o intermodal constitui a solução ideal para atingir locais de difícil acesso ou de extrema distância.

Surge, então, a aplicação do conceito de logística, atividade que coordena a armazenagem, a movimentação e o transporte dos materiais da empresa ao cliente. Na prática, a maior preocupação da logística concentra-se com o tráfego e com o transporte interno e externo de materiais. Rotineiramente, a logística está voltada para a distribuição dos produtos aos clientes, envolvendo, como já vimos, todo um sistema de transportes, originando a logística de distribuição.

Pelos motivos expostos, a administração de transporte exige especialistas para seu gerenciamento. O administrador de transportes ocupa-se de todas as ações a fim de melhor distribuir as mercadorias a seu encargo, optando pelo meio mais eficiente, simples ou misto, analisando também o tipo de embalagem, palete ou contêiner mais apropriado, visando transporte seguro, rápido e econômico.

O meio de transporte mais utilizado na distribuição física, no entanto, é o rodoviário.

3 SELEÇÃO DA MODALIDADE DE TRANSPORTE

A seleção da modalidade de transporte depende de dois fatores primordiais:

a. A diferença entre o preço de venda do produto na origem e no local de consumo, fator este conhecido.

b. O custo de transporte entre o centro de produção e o local de consumo, fator que para ser calculado depende de dois aspectos:

   1º Características da carga a ser transportada: envolve tamanho, peso, valor unitário, tipo de manuseio, condições de segurança, tipo de embalagem, distância a ser transportada, prazo de entrega e outros.

   2º Características das modalidades de transporte: condições da infra-estrutura da malha de transportes, condições de operação, tempo de viagem, custo e frete, mão-de-obra envolvida e outros.

Também influem na seleção da modalidade de transporte outros fatores:

a. Tempo: cada modalidade apresenta um tempo diferente em função de suas próprias características.

b. Custo: cada modalidade tem seu componente de custos, que determina o valor do frete.

c. Manuseio: cada modalidade está sujeita a determinadas operações de carga e descarga, nas quais a embalagem permite facilitar o manuseio, reduzir perdas e racionalizar custos.

d. Rotas de viagem: cada modalidade envolve maior ou menor número de viagens, podendo a empresa adotar o transporte intermodal sempre que os custos do transporte possam ser racionalizados.

Um aspecto importante a considerar é quando se pode adotar frota própria para transporte, o que demanda estudo de viabilidade técnica e financeira.

4 ESTRUTURA PARA A DISTRIBUIÇÃO

Entre as muitas formas existentes para estruturar a distribuição física, deve-se mencionar a mais adequada às condições e necessidades de nosso mercado, a qual envolve e contempla os seguintes segmentos:

a. Depósitos regionais e de mercadorias em trânsito: recebimento, armazenagem e expedição de materiais.

b. Movimentação de materiais: manuseio interno dos depósitos, movimentação interna e externa dos depósitos e terminais e centros de distribuição.

c. Transportes e fretes: determinação de roteiros para utilização dos serviços de transporte da forma mais econômica e eficiente.

d. Embalagem e acondicionamento: embalagem de proteção e acondicionamento, material de embalagem, serviços de carpintaria, mecanização de embalagem e enchimento.

e. Expedição: preparação de cargas, determinação das condições de transporte, carregamento, expedição e controle cronológico das remessas.

O transporte, como se pode concluir, faz parte da engrenagem do abastecimento e representa o fim da linha, ou seja, é o setor em que o tempo torna-se mais curto entre a colocação de uma encomenda, sua produção e seu uso, motivo pelo qual deve ser efetuado no menor prazo possível e ao menor custo.

Apresentamos a seguir, as Figuras 15.1 e 15.2, ilustrações de veículos utilitários utilizados, conforme o caso, na distribuição interna de materiais em almoxarifados de grandes indústrias, aeroportos, hospitais etc.

Fonte: Catálogo da Yasi Comércio de Máquinas e Engenharia Ltda.

Figura 15.1 *Veículo utilitário para distribuição interna de materiais.*

Fonte: Ilustração retirada de catálogo cedido pela Rucker.

Figura 15.2   *Rebocador industrial comboiando carretas.*

5   TRANSPORTE DE PRODUTOS PERIGOSOS

Produto perigoso é o que, por suas propriedades físicas ou químicas, oferece algum risco ao ser humano, ao meio ambiente ou ao transporte. Os maiores problemas até agora enfrentados no transporte de produtos perigosos são a falta de conhecimento da regulamentação em vigor, além da falta de informações técnicas a seu respeito, o que dificulta muito a classificação dos artigos, bem como a melhor escolha da embalagem a ser utilizada.

A verdade é que existem parâmetros a serem seguidos por quem trabalha com produtos perigosos. A Portaria nº 204, de 20 de maio de 1997, normatiza o *modus operandi* do transporte, embalagem e armazenagem de produtos perigosos. Esta Portaria foi baseada na 7ª edição do livro da ONU, *Recomendações para o transporte de produtos perigosos*, também conhecido como *Orange book*. Este livro é editado a cada 2 (dois) anos. É o resultado de uma reunião de especialistas do assunto.

Cada modal de transporte é fiscalizado por uma autoridade competente. O responsável pelo transporte terrestre é o Ministério dos Transportes (GEIPOT – Empresa Brasileira de Planejamento de Transportes). Já o Marítimo é fiscalizado pelo Ministério da Marinha (Diretoria de Portos e Costas) e o Aéreo pelo Ministério da Aeronáutica (DAC – Departamento de Aviação Civil e CTA – Centro Técnico Aeroespacial).

5.1 Classificação

A Portaria nº 204 classifica os produtos considerados perigosos com base no tipo de risco que apresentam, conforme demonstrado na Figura 15.3.

CLASSE	PRODUTO
Classe 1	EXPLOSIVOS
Classe 2	GASES, com as seguintes subclasses: 2.1 Gases inflamáveis 2.2 Gases não inflamáveis, não tóxicos 2.3 Gases tóxicos
Classe 3	LÍQUIDOS INFLAMÁVEIS
Classe 4	Essa classe divide-se nas seguintes subclasses: 4.1 Sólidos inflamáveis 4.2 Substâncias sujeitas a combustão expontânea 4.3 Substâncias que, em contato com a água, emitem gases inflamáveis
Classe 5	Essa classe divide-se nas seguintes subclasses: 5.1 Substâncias oxidantes 5.2 Peróxidos orgânicos
Classe 6	Essa classe divide-se nas seguintes subclasses: 6.1 Substâncias tóxicas (venenosas) 6.2 Substâncias infectantes
Classe 7	MATERIAIS RADIOATIVOS
Classe 8	CORROSIVOS
Classe 9	SUBSTÂNCIAS PERIGOSAS DIVERSAS

Figura 15.3 *Classificação de produtos perigosos.*

Os produtos das Classes 3, 4, 5 e 8 e da Subclasse 6.1 classificam-se, para fins de embalagem, segundo 3 (três) grupos, conforme o nível de risco que apresentam:

a. Grupo de Embalagem I – alto risco.
b. Grupo de Embalagem II – risco médio.
c. Grupo de Embalagem III – baixo risco.

Atualmente, existem no Brasil vários tipos de legislação para os produtos perigosos:

a. Decreto nº 96.044, de 18 de maio de 1988 – Regulamento para o transporte rodoviário de produtos perigosos.
b. Decreto nº 1.797, de 25 de agosto de 1996 – Acordo para a facilitação do transporte de produtos perigosos para o Mercosul.
c. Portaria nº 204, de 20 de maio de 1997 – Instruções complementares ao regulamento do transporte terrestre de produtos perigosos.
d. Leis Estaduais e Municipais – Estas de caráter restritivo com relação a rotas, horários e até mesmo produtos.

5.2 Identificação de unidades de transporte

As unidades de transporte devem ser identificadas pelos rótulos de risco e painéis de segurança para advertir que seu conteúdo é composto de produtos perigosos e apresenta riscos.

5.2.1 RÓTULOS DE RISCO

Os rótulos de risco, exceto para a classe 7, devem:

a. Ter dimensões mínimas de 250 mm, com uma linha da mesma cor do símbolo a 12,5 mm da borda e paralela a todo o seu perímetro.
b. Corresponder ao rótulo de risco estipulado para a classe do produto perigoso em questão quanto à cor e ao símbolo.
c. Conter o número da classe ou subclasse (e para os produtos da classe 1, o grupo de compatibilidade) dos produtos perigosos em questão, em caracteres com altura mínima de 25 mm.
d. Para a classe 7, os rótulos devem ter dimensões de 250 mm por 250 mm com uma linha preta ao redor de toda a borda. Quando a expedição con-

sistir de material radioativo BAE-I (Baixa Atividade Específica – I) ou OCS-I (Objeto Contaminado na Superfície – I) sem embalagem ou, ainda, quando se tratar de uma remessa de uso exclusivo de materiais radioativos embalados, correspondentes a um único número ONU, este número, em caracteres negros, com altura não inferior a 65 mm, poderá ser inscrito na metade inferior do rótulo.

5.2.2 NÚMEROS DE RISCO

Os números que indicam o tipo e a intensidade do risco são formados por 2 (dois) ou 3 (três) algarismos. A importância do risco é registrada da esquerda para a direita. Os algarismos que compõem os números de risco têm o seguinte significado:

a. 2 – Emissão de gás devido à pressão ou à reação química.

b. 3 – Inflamabilidade de líquidos (vapores) e gases, ou líquido sujeito a auto-aquecimento.

c. 4 – Inflamabilidade de sólidos ou sólidos sujeitos a auto-aquecimento.

d. 5 – Efeito oxidante (favorece incêndio).

e. 6 – Toxicidade.

f. 7 – Radioatividade.

g. 8 – Corrosividade.

h. 9 – Risco de violenta reação espontânea.

A letra "X" antes dos algarismos significa que a substância reage perigosamente com água. A repetição de um número indica, em geral, aumento da intensidade daquele risco específico. Quando o risco associado a uma substância puder ser adequadamente indicado por um único número, este será seguido por zero.

6 CONTRATO DE TRANSPORTE

Considerando-se a impossibilidade de adotar frota própria para transporte, a solução está na contratação para efetuar a distribuição dos produtos da empresa, os quais são acolhidos pela empresa Transportadora, mediante o documento Conhecimento de Transporte, e regidos por respectivo Contrato de Transporte, cujo modelo será a seguir apresentado.

Ressalte-se, entretanto, que o referido Contrato de Transporte pode ou não encontrar-se impresso no verso do Conhecimento de Transporte Rodoviário de Cargas, formulário emitido em 6 (seis) vias, as quais têm o seguinte destino:

a. 1ª via – Tomador do serviço.

b. 2ª via – Comprovante de entrega.

c. 3ª via – Fisco origem.

d. 4ª via – Fixa.

e. 5ª via – Fisco destino.

f. 6ª via – Controle.

MINUTA DE CONTRATO DE TRANSPORTE

O Remetente, indicado no verso deste Instrumento (Conhecimento de Transporte), entrega à Transportadora, nesse ato, a mercadoria de que trata este documento, manifestando, assim, de modo expresso, seu consentimento ao Contrato de Transporte que passa a vigorar entre ambas, com as seguintes condições contratuais:

1 Das obrigações da Transportadora

1.1 A Transportadora obriga-se a deslocar, por si ou mediante terceiros que venha a contratar, a mercadoria referida na(s) nota(s) fiscal(ais) mencionada(s) no verso deste Contrato, entregá-la ao destinatário também ali referido e, quando houver solicitação por escrito do Remetente, comprovar as entregas.

1.2 A Transportadora é responsável pela mercadoria que lhe for confiada a transporte, desde seu recebimento até sua chegada ao destino, obedecidas as condições deste Contrato e as leis aplicáveis à espécie.

1.3 Quando outro prazo não for estabelecido em condições especiais, será de 30 (trinta) dias o prazo máximo para que a Transportadora efetue a entrega da carga ao destinatário, a contar da data da coleta ou do recebimento, desde que não ocorram fatos impeditivos, tais como: caso fortuito ou força maior, sinistro, avaria, necessidade de troca de mercadorias etc.

1.4 Não se inclui no prazo acima especificado o transporte misto rodo-marítimo, rodo-fluvial, rodo-ferroviário etc.

1.5 Não se incluem na obrigação da Transportadora as operações que precedem ou se seguem imediatamente ao transporte, quando essas operações exigirem o uso de equipamento de qualquer natureza para a movimentação da carga.

1.6 A mercadoria destinada à localidade não incluída na área operacional da Transportadora terá seu transporte feito por outra empresa indicada pelo Remetente, e inexistindo tal indicação por empresa que, a critério da Transportadora, melhor preste serviços para a área de destino.

1.7 A Transportadora manterá apólice de Seguro Obrigatório (RCTRC) em limite compatível com seu movimento pelo prazo de 30 (trinta) dias, nos termos da legislação vigente.

1.8 A Transportadora não responderá por danos provenientes do vício próprio do bem ou quando este não estiver embalado de forma própria e segura, e, ainda, quando decorrente de caso fortuito, força maior ou inadimplemento do Remetente.

1.9 Nos casos de extravio ou avaria da mercadoria transportada e não abrangida pelas excludentes previstas neste Contrato, na lei ou, ainda, não coberta pelo Seguro Obrigatório (RCTRC), a Transportadora indenizará o Remetente, no limite de sua responsabilidade, baseando-se, exclusivamente, no valor declarado pelo Remetente quando da coleta ou do recebimento da mercadoria.

1.10 Caso o Remetente mantenha seguro próprio deverá reclamar a indenização diretamente de sua seguradora, não se eximindo a Transportadora, mesmo nessa hipótese, de cumprir a obrigação prevista no item 1.9.

2 Do Conhecimento de Transporte Rodoviário de Cargas e a condição "FOB"

2.1 O Conhecimento de Transporte Rodoviário de Cargas, emitido pela Transportadora, além do que dispõe o art. 1º do Decreto nº 19.473, de 10-12-1930, faz prova deste Contrato não só para as partes contratantes como também para o destinatário que a ele adira por força da condição "FOB".

2.2 Aqui neste documento estão reproduzidas todas as cláusulas e condições pactuadas no Contrato de Transporte, sendo considerada para os fins e efeitos de direito uma de suas vias.

2.3 O recebimento da mercadoria pelo destinatário, quando esta for despachada com a condição "FOB", é a manifestação expressa de seu consentimento ao Contrato de Transporte em todas as suas cláusulas e condições.

2.4 A adesão do destinatário ao Contrato de Transporte quando a mercadoria for despachada com a condição "FOB" não exclui o Remetente da obrigação de pagar o frete, respondendo ambos, Remetente e destinatário, solidariamente, com esta obrigação, frente à Transportadora.

3 Das obrigações do Remetente

3.1 O Remetente obriga-se, para possibilitar a prestação dos serviços objeto do presente Contrato, a observar as seguintes condições básicas:

a. declaração correta do conteúdo, do peso e do valor da mercadoria confiada à Transportadora;

b. observação da legislação fiscal pertinente;

c. acondicionamento da mercadoria em embalagens adequadas e seguras;

d. marcação legível e individual dos volumes, com as seguintes indicações mínimas: nome e endereço completo do destinatário, número do volume, número da nota fiscal e/ou ordem de despacho;

e. indicação precisa que possibilite à Transportadora a pronta localização do destinatário, quando se tratar da entrega a ser realizada em zona rural.

3.2 O Remetente reembolsará à Transportadora, de imediato, todos os pagamentos que esta for obrigada a efetuar ao fisco (tributos, multas, taxas etc.) em decorrência de autuações determinadas por irregularidades de responsabilidade do próprio Remetente, ainda que os autos de infração sejam lavrados contra a Transportadora ou contra o motorista do veículo.

3.3 No caso do item anterior, se, além da autuação, houver a apreensão de mercadoria por parte do fisco, a Transportadora comunicará o fato ao Remetente e somente providenciará os pagamentos necessários à liberação da mesma após o recebimento de autorização escrita do Remetente, neste sentido, salvo quando, no entender da Transportadora, a demora decorrente dessa providência puder causar prejuízo maior ao Remetente.

3.4 Obriga-se o Remetente e/ou o destinatário a pagar pontualmente o preço cobrado pela Transportadora nos termos estabelecidos neste Contrato, sob pena de, em caso de inadimplemento, estar sujeita ao protesto e à cobrança judicial pela via executiva ou outra medida judicial, visto tratar-se de dívida líquida e certa, de duplicata de prestação de serviços sacada pela Transportadora na forma da legislação vigente, além de juros de mora, à razão de 1% ao mês, correção monetária a partir do vencimento da duplicata e multa de 10% sobre o valor acrescido de juros e correção monetária.

3.4.1 A Transportadora poderá reter bens de propriedade do Remetente, que lhe tenham sido confiados a transporte, para garantia de pagamento do preço do transporte, já efetuado e não pago no vencimento.

3.5 Para que o Remetente possa exigir o cumprimento das obrigações da Transportadora deverá antes cumprir integralmente com as suas, estabelecidas nos itens 3.1 a 3.4.

3.6 O Remetente, descumprindo qualquer de suas obrigações, previstas no item 3.1, não terá implemento à responsabilidade da Transportadora.

3.7 O Remetente não fará jus a qualquer indenização e, ainda, será responsável por quaisquer danos que causar à Transportadora ou a terceiros, nos casos de quebras, vazamentos, explosões ou outros eventos danosos provocados por:

a. acondicionamento dos bens em embalagens inadequadas ou defeituosas;

b. declaração incorreta ou falsa do conteúdo, peso ou valor dos volumes confiados à transportadora;

c. nos casos previstos nos itens 3.2 e 3.3.

3.8 Em caso de recusa de recebimento pelo destinatário, por qualquer razão não imputável à Transportadora, o Remetente obriga-se a receber a carga em devolução e a pagar o preço dos serviços, inclusive pela operação de retorno de acordo com a tabela vigente à época, sob pena de, não o fazendo no prazo máximo de 10 (dez) dias, a contar da data em que a carga for colocada a sua disposição, responder por uma taxa adicional de armazenagem correspondente a 1% do valor declarado da mercadoria por dia de permanência da mesma em poder da Transportadora, a partir do dia subseqüente ao do vencimento do prazo supra.

3.8.1 Caso tenha decorrido o prazo de 90 (noventa) dias, contados da data em que a carga foi colocada à disposição do Remetente sem que este venha, concomitantemente, receber a carga, pagar o preço dos serviços e a taxa adicional de armazenagem, entender-se-á que ele abandonou a carga e renunciou a sua propriedade, o que autorizará a Transportadora a vender a carga, independentemente da prestação de contas ao Remetente.

3.9 Na recusa de mercadorias pelo destinatário em razão de avaria por fato imputável à Transportadora, o Remetente estará obrigado a pagar o preço do serviço proporcionalmente às mercadorias recebidas pelo destinatário e totalmente caso a Transportadora coloque a sua disposição o valor declarado na coleta ou recebimento para embarque, da mercadoria avariada.

3.9.1 Na ocorrência de avaria parcial da mercadoria, o Remetente é obrigado a recebê-la em devolução, desde que lhe seja colocado à disposição o valor da indenização eventualmente devida pela Transportadora, sob pena de responder pela taxa de armazenagem de que trata o item 3.8.

3.10 Serão ressarcidas pelo Remetente e/ou pelo destinatário as despesas adicionais comprovadamente suportadas pela Transportadora, em caso de bloqueio ou interrupção do tráfego rodoviário por período superior a 48 (quarenta e oito) horas, ou quando a interrupção obrigar a Transportadora a utilizar recursos, meios ou itinerários mais onerosos.

4 Do preço dos serviços de transporte

4.1 O preço, a ser cobrado pela Transportadora, da prestação de seus serviços é o constante de suas tabelas de tarifa, que o Remetente declara expressamente conhecer e com elas concordar.

4.2 Sempre que as mercadorias forem volumosas, isto é, sua densidade for menor do que 300 kg/m^3, o frete/peso estará sujeito a um acréscimo percentual, de conformidade com a lista classificada de mercadorias, publicada pelo Decope, com o que expressamente concorda o Remetente.

4.3 Incorporam-se ao preço os serviços para todos os efeitos destas condições gerais, as taxas e despesas adicionais previstas nos itens 3.8, 3.9 e 3.10, pelo que, sempre que ocorrer os pressupostos de sua cobrança, serão incluídas, se assim o desejar a Transportadora nas duplicatas de prestação de serviços emitidas pela mesma.

7 A EXPERIÊNCIA DA COSIPA NA DISTRIBUIÇÃO INTERNA DE MATERIAIS

7.1 Considerações iniciais

Atrasos constantes na distribuição de materiais e sobressalentes do almoxarifado aos órgãos de produção, em decorrência da falta de meios provocada pela demora de descarga e repetido deslocamento de material transportado, tornavam morosa a entrega.

Esses fatores foram determinantes para estudo e implementação de um sistema de transporte inovador, eficiente e racional, que proporcionasse a redução nos custos de transporte, de mão-de-obra e de consumo de combustível.

7.2 Evolução do sistema de distribuição de materiais

A Cosipa passou por três fases em seu sistema de distribuição interna de materiais:

a. Primeira fase: os usuários retiravam e transportavam do almoxarifado para seus locais de aplicação os materiais requisitados.

b. Segunda fase: objetivando-se redução no número de veículos de carga na usina, o almoxarifado passa a entregar diretamente nos locais designados com antecedência os materiais requisitados, em 48 horas a partir do recebimento das requisições de material. Para tanto, contava-se com uma frota alugada composta por:
   - 1 cavalo mecânico acoplado com carreta, com capacidade para 25 t;
   - 4 caminhões trucados, com capacidade para 15 t;
   - 9 caminhões simples, com capacidade para 6 t;
   - 1 caminhão tipo baú, com capacidade para 6 t.

c. Terceira fase

    Representa o sistema distribuição de materiais por carretas industriais, movidas por trator, com as seguintes premissas fundamentais:
    - carregamento: almoxarifado;
    - descarga: requisitante (unidade consumidora).

    Os equipamentos foram distribuídos conforme a tabela disposta na Figura 15.4.

7.3 Fundamentos do sistema trator × carreta

A principal característica é o descarte das carretas nos locais convencionados em cada unidade, liberando-se a tração, no caso o trator, para a realização de outras tarefas, sistema que apresenta as seguintes particularidades:

a. facilidade para distribuição de materiais;
b. rotas curtas e diretas, desde o depósito até a unidade de produção requisitante, a fim de proporcionar ciclo rápido e eficaz;
c. disposição planejada e acesso livre para que a entrega possa acontecer imediatamente em cada setor.

Apesar da funcionalidade do sistema, 9 (nove) caminhões foram mantidos pelo almoxarifado pelos seguintes motivos:

a. determinados tipos de carga não se mostraram adequados para o transporte por carretas, como óleos, graxas, gases, papelaria e miudezas em geral;
b. determinadas unidades requisitantes inviabilizam o sistema trator x carreta, em virtude de suas particularidades.

UNIDADE REQUISITANTE	CARRETAS QUANTIDADE	CARRETAS TIPO	QUANTIDADE DE TRATORES
ACIARIA	1	4 t	1
	1	6 t	
OFICINAS CENTRAIS	1	4 t	3
	1	6 t	
	1	15 t	
ALTOS FORNOS	3	4 t	1
	1	6 t	
LAMINAÇÕES	6	4 t	3
	2	15 t	
ALMOXARIFADO	20	4 t	4
	2	6 t	
	2	15 t	
	1	25 t	
GARAGEM	5	4 t	3
	1	15 t	
	1	25 t	
SUBTOTAL	36	4 t	15
	5	6 t	
	6	15 t	
	2	25 t	
TOTAL GERAL	49		15

Figura 15.4 *Distribuição de equipamentos para o sistema trator x carreta.*

A enorme variedade de formas físicas dos materiais determinou a seguinte divisão para o transporte:

    a. materiais paletizados: carretas industriais, capacidade 4 t;

    b. médio e grande portes: carretas industriais, capacidade 6, 15 e 25 t;

    c. materiais de expediente: caminhão tipo baú;

    d. óleos, graxa, gases: caminhão;

    e. miudezas, especialmente de natureza elétrica: camioneta fechada.

7.4 Programação

O sistema de transporte enfocado raramente demonstrou enfrentar problemas de urgência em vista da confiabilidade mantida por uma programação permanente de entrega de materiais, conforme demonstrado na tabela disposta na Figura 15.5. Os feriados são contornados por programa complementar. Os materiais que são necessários e não entraram, por qualquer motivo, no programa são retirados e transportados diretamente pelos interessados.

O sucesso do programa depende de determinadas regras cumpridas integralmente de parte a parte, como:

a. os interessados devem entregar suas requisições de material no mínimo com 48 horas de antecedência à entrega programada e sempre no período compreendido entre 8 e 10 horas;

b. as carretas chegam ao local de recepção da unidade requisitante impreterivelmente até as 10h30;

c. a unidade requisitante desloca as carretas por meio de seu próprio trator para seus diversos pontos de descarga, liberando-as vazias até no máximo às 15h30, oportunidade na qual inicia-se o recolhimento para que a entrega do dia seguinte aconteça;

d. o sistema admite o carregamento pelo interessado de materiais que porventura sejam devolvidos ao estoque do almoxarifado, o que acontece normalmente quando da devolução das carretas, conforme disposto no item anterior.

DIA DA ENTREGA DA REQUISIÇÃO DE MATERIAL	UNIDADES REQUISITANTES					DIA DA ENTREGA DE MATERIAIS
5ª feira	Laminações	Ofinas centrais	Instrumentação	Calcinação	Pátio de minérios	2ª feira posterior
6ª feira	Laminações	Ofinas centrais	Aciaria	Energia e utilidades	Altos-fornos	3ª feita posterior
2ª feira	Laminações	Ofinas centrais	Instrumentação	Calcinação	Sinterização	4ª feira
3ª feira	Laminações	Ofinas centrais	Coqueria	Aciaria	Garagem	5ª feira
4ª feira	Laminações	Ofinas centrais	Manutenção civil	Fundição	Outros órgãos	6ª feira

Figura 15.5 *Programa permanente para entrega de materiais.*

7.5 Resultados obtidos

Considerando-se as condições de movimentação, de distribuição e as técnicas aqui detalhadas, os objetivos previstos foram atingidos, e podem assim ser consubstanciados:

a. redução da frota de veículos de carga, conforme demonstra a Figura 15.6;

b. maior eficiência no processo de movimentação de materiais, ao menor custo e com maior capacidade de transporte.

UNIDADE	2ª FASE	SISTEMA CARRETAS
COQUERIA	1	1
ALTOS-FORNOS	2	–
ACIARIAS	2	–
LAMINAÇÕES	5	–
ENERGIA E UTILIDADES	1	1
FUNDIÇÃO	1	1
OFICINAS CENTRAIS	8	–
ALMOXARIFADO	15	4
GARAGEM	–	2
TOTAL GERAL	35	9

Figura 15.6 *Redução do número de caminhões proporcionada pelo sistema trator × carretas industriais.*

8 QUESTÕES E EXERCÍCIOS

1. Conceituar transporte.
2. Definir e detalhar as modalidades de transporte.
3. Conceituar transporte intermodal.
4. Esclarecer o papel da logística na área de transportes.
5. Quais as aplicações do transporte rodoviário?
6. Conceituar distribuição física.

16

INVENTÁRIO FÍSICO

VOCÊ VERÁ NESTE CAPÍTULO:

- *Características de inventário*
- *Origens das divergências de quantidades entre estoques registrado e físico*
- *Épocas indicadas para inventariar*
- *Compensação entre inventário anual e inventário rotativo*
- *Inventário rotativo, com suporte de informática*
- *Avaliação da confiabilidade dos estoques*

1 CONCEITUAÇÃO

O inventário físico é uma contagem periódica dos materiais existentes para efeito de comparação com os estoques registrados e contabilizados em controle da empresa, a fim de se comprovar sua existência e exatidão. Desse modo, os inventários visam confrontar a realidade física dos estoques, em determinado momento, com os registros contábeis correspondentes nesse mesmo momento. Com sua realização, fica viável efetuar as conciliações necessárias e identificar as possíveis falhas de rotina ou de sistema, corrigindo-as.

Os sistemas de controle de estoques estão sujeitos a falhas, não havendo garantia de que as quantidades registradas correspondam efetivamente às existentes na prateleira. A exatidão é essencial para que o sistema de controle funcione com a eficiência requerida.

Excluindo as imperfeições que provocam perda de exatidão nos registros em virtude de falhas durante a movimentação de materiais, podem ainda ocorrer extravios, furtos e perdas por deterioração. Tais fatores em conjunto levam à necessidade de que, periodicamente, seja feita uma verificação para comprovar a existência e exatidão dos estoques registrados. Essa verificação é o inventário físico.

Os inventários tornam-se importante instrumento de gerenciamento e, por razões de auditoria, é necessário ter-se a comprovação real da exatidão de seu valor.

2 ORIGEM DAS DIVERGÊNCIAS NOS ESTOQUES

Os almoxarifes devem dedicar especial atenção a determinadas funções, entre as quais merecem destaque: procedimentos, recebimento, localização e conferência de embarque. A exatidão das informações referentes ao sistema de controle de estoque depende do perfeito funcionamento dessas funções. Não há sistema de inventário que suporte e garanta a fidelidade de informações quando há distorções nas funções acima relacionadas.

Portanto, antes de se pensar no desenvolvimento de uma política de inventário, há que se ponderar a respeito do completo cumprimento de execução de tais funções.

Detalhadamente, as influências de cada função no sistema são:

2.1 Procedimentos

Para o controle dos estoques a observância dos procedimentos em vigor é fundamental, a fim de se evitarem distorções que irão causar divergências entre os saldos registrados e as quantidades físicas de estoque.

A análise das divergências constatadas oferece excelente oportunidade para a correção dos desvios observados.

2.2 Recebimento

São fundamentais para o controle dos estoques as normas que assegurem à empresa receber realmente as mercadorias pelas quais pagou ou vai pagar.

A conferência quantitativa dos materiais deverá ser efetuada detectando-se por contagem a quantidade recebida, desconhecendo-se, todavia, a quantidade faturada pelo fornecedor.

2.3 Localização

Os custos de estoque são diretamente afetados pela capacidade demonstrada na organização, de se identificar e localizar com precisão materiais disponíveis, à medida que estes são necessários. Se não se podem localizar os materiais, o resultado é semelhante ao de uma falta nos estoques. Além do mais, a incapacidade de localizar itens de estoque pode provocar a necessidade de comprar ou produzir o item.

A solução para se encontrar material, quando se necessita dele, é associada a determinada localização no almoxarifado, pois todo item de estoque deve ter endereço certo.

As distorções acima descritas são geradas por falhas humanas. Assim, um método para evitar tais falhas é a associação de dígitos de controle nas localizações predefinidas, desde que se conte, evidentemente, com sistema informatizado.

2.4 Conferência de embarque

Visa garantir a exatidão das quantidades separadas refletindo aquilo que realmente foi requisitado, devendo ser efetuada anteriormente ao embarque dos materiais requisitados para distribuição aos interessados.

Ao se eliminarem as causas das divergências, aprimora-se a confiabilidade dos estoques, ou seja, as informações tornam-se seguras. Esta segurança com qualidade é obtida por intermédio do inventário. Na moderna gestão, a qualidade do inventário é importante indicador gerencial. Para se aquilatar tal questão, desde que disponha de controle aprimorado, a confiabilidade atinge de 98 a 99%, índice normalmente aceito por auditorias.

3 ÉPOCAS INDICADAS PARA O INVENTÁRIO

A prática mais disseminada e tradicional nas empresas é o inventário anual em época de balanço. Este método exige a paralisação das atividades durante o transcorrer da contagem. Em empresas de grande porte, tal método é impraticável, sendo também inviável a realização contínua das verificações a cada entrada ou saída do estoque.

Descartando-se a prática anual, resta a opção pelo inventário rotativo, o qual, obviamente, encontra-se alicerçado em recursos de informática.

A Figura 16.1 evidencia as principais características entre as opções de periodicidade de inventário:

Inventário Anual	Inventário Rotativo
• Esforço concentrado, produzindo pico de custo.	• Sem grandes esforços, com custos distribuídos.
• Gera impacto nas atividades da empresa, com almoxarifado de portas fechadas.	• É possível a continuidade de atendimento com o almoxarifado de portas abertas.
• Produtividade da mão-de-obra decrescente ocorrendo falhas durante o processo.	• Incremento da produtividade, com ações preventivas, que, em conseqüência, reduzem as falhas.
• Almoxarifes "reaprendem" ano após ano.	• Almoxarifes tornam-se especialistas no processo e no ajuste.
• As causas das divergências não são identificadas.	• O *feedback* imediato eleva a qualidade, havendo motivação e participação geral; assim, as causas das divergências são rapidamente identificadas.
• Confiabilidade não melhora.	• Aprimoramento contínuo da confiabilidade.

Figura 16.1 *Quadro comparativo entre opções de inventário.*

4 INVENTÁRIO ROTATIVO

O sistema rotativo de inventário, enquadrado no princípio de garantir permanente relação biunívoca entre controle de estoque e estoque físico, utiliza os recursos de informática e pode ser classificado em 3 (três) tipos:

4.1 Inventário automático

Trata-se de solicitação em sistema para inventário item a item, mediante a ocorrência de qualquer dos seguintes eventos indicadores de possível divergência e/ou que também visem garantir a confiabilidade de estoque de materiais vitais:

a. saldo zero no sistema de controle;
b. requisição de material atendida parcialmente;
c. requisição de material não atendida;
d. material crítico requisitado;
e. material crítico recebido;
f. transferência de localização.

4.2 Inventário programado

Trata-se de solicitação em sistema para inventário por amostragem de itens, em períodos estabelecidos conforme exemplo na Figura 16.2, a seguir:

Classificação do item		Amostragem	Freqüência
A	Z	100%	Mensal
	Y	100%	Bimestral
	X	100%	Trimestral
B	Z	100%	Mensal
	Y	20%	Semestral
	X	20%	Anual
C	Z	100%	Mensal
	Y	5%	Anual
	X	5%	Bienal
Estoque Residual		100%	Anual

Figura 16.2 *Exemplo de ciclo para inventário programado.*

4.3 Inventário a pedido

Trata-se de *input* para solicitação em sistema para inventário item a item por interesse dos órgãos de administração de materiais e de controladoria, como:

a. falhas de processamento;
b. solicitações do almoxarife ou da gestão;
c. solicitações da auditoria;
d. outros motivos.

5 METODOLOGIA PARA REALIZAÇÃO DO INVENTÁRIO

As verificações para comprovação da exatidão dos estoques físicos com os saldos registrados, quaisquer que sejam suas origens ou necessidades, são efetuadas por meio do formulário Requisição de Inventário, Figura 16.3, e respectiva rotina específica, demonstrada no Fluxograma Operacional, Figura 16.4.

A Requisição de Inventário é um instrumento gerado por sistema mecanizado ou manual, de conformidade com os parâmetros prefixados no item 4, para:

a. solicitação de conferência de estoques físicos;
b. registro dos resultados da conferência;
c. reajustes necessários identificados pela contagem e confirmados por análise.

REQUISIÇÃO DE INVENTÁRIO				Causa		RI Número	
Especificação do material				Código		Unidade	Data de emissão

Localizações		Quantidade	Localizações			Quantidade	
1º			4º				
2º			5º				
3º			6º				
QUANTIDADE CONTADA TOTAL							
SEM CONDIÇÕES DE CONTAGEM							
1	Material sem identificação			3	Necessidade de Empilhadeira		
2	Materiais diferentes no mesmo código			4			
Inventariante							
Assinatura			Registro			Data	

INFORMAÇÕES ADICIONAIS PARA ANÁLISE DE DIVERGÊNCIAS					
Modelo de Ressuprimento	Classificação de Importância	Último Ajuste de Estoque			
^	^	Data	Número	Tipo de Ajuste	Quantidade
Documentos de estoque em processamento					
RM nº	Quantidade	DM nº	Quantidade	CR nº	Quantidade
Saldo em estoque	Data		Recontagem		Data

RESULTADO DA ANÁLISE	SEM DIVERGÊNCIA		COM DIVERGÊNCIA		
Tipo de Ajuste (±)	Nº de ajuste	Data da transação	Diferença a ser ajustada	Preço unitário	Valor total do ajuste
Justificativa da diferença					
Preparado por		Aprovado por		Processado por	

Figura 16.3 *Requisição de inventário.*

INVENTÁRIO FÍSICO **387**

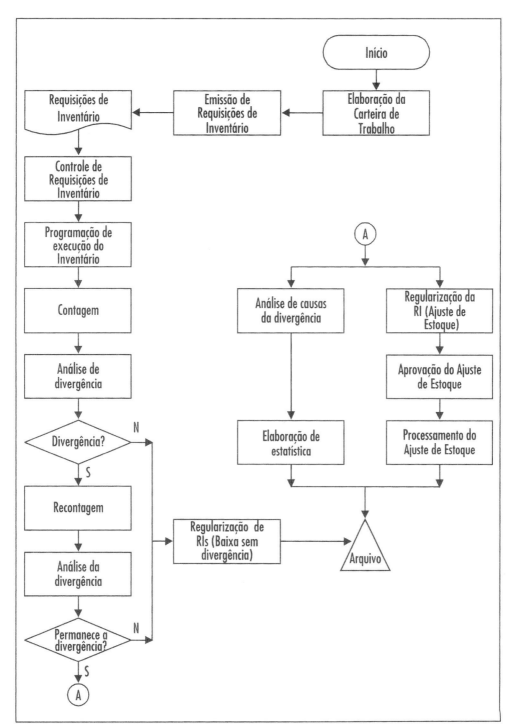

Figura 16.4 *Fluxo operacional do inventário.*

6 AVALIAÇÃO E CONTROLE

A emissão das Requisições de Inventário por sistema mecanizado possibilita o acompanhamento e o controle do andamento das verificações por meio do próprio sistema, o qual deve estar programado para gerar os seguintes relatórios:

a. Requisições de Inventário ainda não atendidas pelo almoxarifado, com emissão diária e acumulativa, enquanto persistir a pendência, conforme exemplo na Figura 16.5.

REQUISIÇÕES DE INVENTÁRIO AINDA NÃO ATENDIDAS				
RI nº	Dias de pendência	Data de emissão	Código do material	Descrição do material

Figura 16.5 *Requisições de inventário ainda não atendidas.*

b. Resumo dos resultados das Requisições de Inventário, com emissão mensal, conforme exemplo na Figura 16.6.

Mês e Ano de Referência		Data de emissão do Relatório	
Descrição		Quantidades	Valores
Requisições de Inventário emitidas			
Total de Requisições de Inventário solucionadas			
Requisições de Inventário pendentes			
Requisições de Inventário sem divergência			
Ajustes de Estoque positivos emitidos			
Ajustes de Estoque negativos emitidos			
Total do material em estoque			
% de variação: Ajustes de Estoque positivos			
% de variação: Ajustes de Estoque negativos			

Figura 16.6 *Resumo dos resultados das requisições de inventário.*

c. Resumo dos resultados das requisições por tipo de inventário, com emissão mensal, conforme exemplo na Figura 16.7.

INVENTÁRIO FÍSICO

Mês e Ano de Referência			Data de emissão do Relatório		
Tipo	Código	Causa-Origem		Situação	Quantidade
A U T O M Á T I C O	1	Saldo ZERO no sistema de controle		Geradas	
				Solucionadas	
				Pendentes	
	2	RM atendida parcialmente		Geradas	
				Solucionadas	
				Pendentes	
	3	RM não atendida		Geradas	
				Solucionadas	
				Pendentes	
	4	Material crítico requisitado		Geradas	
				Solucionadas	
				Pendentes	
	5	Material crítico recebido		Geradas	
				Solucionadas	
				Pendentes	
	6	Transferência de localização		Geradas	
				Solucionadas	
				Pendentes	
P R O G R A M A D O	7	Material classificado como A-Z		Geradas	
				Solucionadas	
				Pendentes	
	8	Material classificado como A-Y		Geradas	
				Solucionadas	
				Pendentes	
	9	Material classificado como A-X		Geradas	
				Solucionadas	
				Pendentes	
	10	Material classificado como B-Z		Geradas	
				Solucionadas	
				Pendentes	

P R O G R A M A D O	11	Material classificado como B-Y	Geradas
			Solucionadas
			Pendentes
	12	Material classificado como B-X	Geradas
			Solucionadas
			Pendentes
	13	Material classificado como C-Z	Geradas
			Solucionadas
			Pendentes
	14	Material classificado como C-Y	Geradas
			Solucionadas
			Pendentes
	15	Material classificado como C-X	Geradas
			Solucionadas
			Pendentes
	16	Estoque residual	Geradas
			Solucionadas
			Pendentes
A P E D I D O	17	Falhas de processamento	Geradas
			Solucionadas
			Pendentes
	18	Solicitações do almoxarife e/ou gestão	Geradas
			Solucionadas
			Pendentes
	19	Solicitações da auditoria	Geradas
			Solucionadas
			Pendentes
	20	Outros motivos	Geradas
			Solucionadas
			Pendentes
		Situação geral do inventário	Geradas
			Solucionadas
			Pendentes

Figura 16.7 *Resumo dos resultados por tipo de inventário.*

d. Itens inventariados acumulados (histórico em microficha), com emissão mensal.

e. Itens inventariados repetidamente, com emissão mensal, conforme exemplo na Figura 16.8.

Mês e Ano de Referência							Data de emissão do Relatório	
Código do material:								
	Nº da RI	Data do Emissão	Data do Ajuste	Motivo	Código do Ajuste	Número do Ajuste	Quantidade	
Atual								
Anterior								
Código do material:								
	Nº da RI	Data de Emissão	Data do Ajuste	Motivo	Código do Ajuste	Número do Ajuste	Quantidade	
Atual								
Anterior								

Figura 16.8 *Itens inventariados repetidamente.*

Os resultados do inventário que refletem a confiabilidade da qualidade dos estoques devem ser avaliados mensalmente, por meio do instrumento gerencial exemplificado na Figura 16.6, *Resumo dos resultados das requisições de inventário,* com destaque para:

a. ajustes de estoque emitidos, em quantidade positiva, com respectivos percentuais;

b. ajustes de estoque emitidos, em quantidade negativa, com respectivos percentuais;

c. comparação de valores dos ajustes emitidos, tanto positivos quanto negativos, e seus reflexos no capital imobilizado.

Sendo de fundamental importância para o gerenciamento, sugere-se que as empresas introduzam **CAMPANHAS CONTRA DIVERGÊNCIAS DE ESTOQUE** que mobilizem os funcionários envolvidos no sistema com o objetivo da tão desejada confiabilidade. O estímulo dar-se-á mediante a projeção da divulgação da campanha por meio de cartazes estrategicamente localizados no almoxarifado e que contenham os seguintes dizeres:

ESTAMOS COM ___ DIAS SEM DIVERGÊNCIAS

7 A EXPERIÊNCIA DA ACESITA EM INVENTÁRIO[1]

O sistema de inventário da Acesita implantado em 1980 possuía as seguintes principais características:

a. inventários anuais;
b. itens selecionados pela auditoria;
c. inexistência de equipe específica para realização do inventário;
d. bloqueio físico/documental no almoxarifado em inventário.

Como tais procedimentos apresentassem resultados não muito confiáveis, ficou evidenciada a necessidade de substituição por sistema que eliminasse ou minimizasse os problemas existentes.

Destacam-se, entre outros, os seguintes pontos negativos da rotina de 1980:

a. morosidade do processo de inventário;
b. conhecimento prévio dos itens a serem inventariados;
c. identificação do saldo físico efetuado por funcionários do Almoxarifado;
d. bloqueio físico/documental do Almoxarifado interrompendo o fluxo de entradas e saídas;
e. resultado do inventário não era refletido no mês de referência;
f. dificuldade de compor a equipe responsável pela contagem.

Em conseqüência, foi implantado em outubro de 1985 o Sistema de Inventário Permanente Rotativo – SIR, o qual permitiu suplantar as dificuldades anteriormente relacionadas, por meio de um modelo de seleção de itens baseado na classificação dos materiais na Curva ABC combinado com os seguintes momentos de estoque:

a. item movimentado com estoque zerado;
b. item movimentado com estoque atingindo o nível de segurança;
c. itens movimentados;
d. itens não movimentados;
e. data indicada para inventário em função do período de cobertura do estoque.

---

1. **Fonte**: Anais do VIII Seminário de Abastecimento. Minas Gerais: Associação Brasileira de Metais, 1987.

Contando com suporte de informática, o SIR apresenta para execução, acompanhamento e controle uma série de informações processadas em telas de microcomputadores e relatórios gerenciais, entre os quais merecem destaque:

a. demonstrativo de itens inventariados com diferença;

b. demonstrativo de itens não inventariados;

c. resultados do inventário;

d. desempenho do inventário.

Os resultados obtidos estão demonstrados na Figura 16.9, com dados do período de 1983 a 1987, ressaltando-se que, por razões de auditoria, não estão computados os percentuais de diferença de 1985.

ACESITA – HISTÓRICO DE INVENTÁRIOS						
Ocorrência	1983	1984	1985	1986	1987
Nº de itens inventariados	18.875	1.721	1.079	26.840	24.143
Nº de funcionários envolvidos	163	67	4	5	5
Horas extras realizadas	3.999	28	–	–	–
% de diferença – nº itens	–	–	–	6,28	4,79
% de diferença – valor	0,36	0,18	–	1,57	0,43

Figura 16.9 *Histórico de inventários da Acesita.*

8 QUESTÕES E EXERCÍCIOS

1. Definir inventário físico.
2. Qual a importância do inventário físico?
3. Quando são efetuados os inventários físicos?
4. Definir inventário rotativo.
5. Esclarecer por que o inventário rotativo é atualmente mais utilizado.
6. Esclarecer seu entendimento a respeito de reconciliação.
7. Esclarecer a necessidade de planejamento de inventário.
8. Tema para dissertação: O inventário – ferramenta de segurança para o controle dos estoques.

17
VENDA DE MATERIAIS ALIENADOS

VOCÊ VERÁ NESTE CAPÍTULO:

- *Modalidades de venda de materiais alienados*
- *A importância do leilão*
- *Organização e condições para efetivação do leilão*
- *Exemplo de leilão*

1   CONSIDERAÇÕES INICIAIS

Como vimos no Capítulo 5, a análise de obsolescência, atributo do gerenciamento de estoques, tem como conseqüência a alienação de materiais inservíveis, os quais, por conseguinte, devem ser segregados do estoque normal, para controle, formação de lotes e facilitação dos procedimentos de venda.

Nesse sentido, os procedimentos físicos referentes ao controle, armazenamento segregado e venda tornam-se atribuições do almoxarifado, principal interessado nesse processo, visando, primordialmente, desocupar áreas de armazenagem.

2   MODALIDADES DE VENDA

As modalidades de venda conhecidas dos materiais alienados são: vendas a varejo, vendas por concorrência e vendas por leilão.

As vantagens e desvantagens demonstradas a seguir, nas Figuras 17.1, 17.2 e 17.3, para cada método de venda, possibilitam melhor análise e conclusão a respeito.

VENDAS A VAREJO	
VANTAGENS	DESVANTAGENS
Possibilita o contato do interessado com o material.	a. exige maior recurso de funcionários destinados à tarefa de venda; b. exige grandes controles; c. fluxo constante de pessoas visitando os materiais; d. pequeno giro do material, possibilitando a venda de materiais de maior interesse do mercado e a retenção dos de menor interesse; e. não motiva os clientes distantes, podendo facilitar a criação de intermediários; f. facilita a venda dos materiais que tenham sido avaliados a menor e retém os que estejam avaliados a maior; g. impossibilita boa divulgação dos materiais existentes; h. possibilita a realização de boa compra ao primeiro interessado em detrimento de outros.

Figura 17.1   *Vantagens e desvantagens de vendas a varejo.*

VENDAS POR CONCORRÊNCIA	
VANTAGENS	DESVANTAGENS
a. possibilita a obtenção de preço na venda superior ao avaliado; b. propicia a divulgação dos materiais a venda a maior gama de clientes e em maior distância.	a. dificulta a venda de itens de pouca expressão; b. facilita a formação de cartéis para os materiais mais expressivos; c. possibilita desistência de propostas vencedoras; d. não possibilita a elevação dos preços das propostas vencidas; e. tem alto custo de divulgação; f. não atinge toda a clientela potencial.

Figura 17.2   *Vantagens e desvantagens de vendas por concorrência.*

VENDAS POR LEILÃO	
VANTAGENS	DESVANTAGENS
a. é público. Todos acompanham as negociações feitas; b. possibilita grande divulgação de sua realização e dos materiais ofertados por meio de anúncios em jornais e mala direta encaminhada aos clientes em potencial; c. possibilita a venda dos materiais pelo preço atual de mercado; d. facilita as visitas aos materiais a venda; e. oferece oportunidade igual a todos; f. reduz os funcionários necessários às atividades de venda; g. possibilita a formação de lotes que ensejam a venda de materiais de menor interesse no mercado; h. possibilita a venda de todos os materiais ofertados; i. possibilita ação efetiva do leiloeiro ou da administração do leilão se for observada a formação de cartel; j. reduz os riscos de prejuízo por avaliação malfeita; k. desenvolve o espírito de competição entre os clientes; l. possibilita elaboração de planejamento das diversas fases, coleta, análise, avaliação, venda, embarque dos materiais.	a. exige maior análise dos materiais para formação dos lotes; b. em face do grande número de clientes, exige aparato logístico de transporte e acompanhamento nos dias de visita e do leilão; c. possibilita a formação de cartel em determinado lote.

Figura 17.3 *Vantagens e desvantagens de vendas por leilão.*

As técnicas do leilão são mais simplificadas e resolvidas no próprio ato de arrematação.

No leilão público, tudo pode ser negociado, como bens móveis e imóveis, sucatas, materiais inservíveis, equipamentos, máquinas operatrizes, veículos e matérias-primas de todas as formas, só para citar alguns exemplos, o que propicia a desmobilização do imobilizado superado, recuperando capital para a empresa. O conceito de inservível ou inoperante é relativo, pois o que não mais tem utilidade para uma empresa é perfeitamente útil para outra.

3 PROCEDIMENTOS PARA VENDA EM LEILÃO

Pelas desvantagens apresentadas nos sistemas de vendas a varejo e por concorrência, atualmente, a sistemática de venda de materiais alienados em leilão tornou-se rotina em muitas empresas, as quais adotam uma Comissão, composta por funcionários das áreas financeira, de vendas e de materiais, para determinação do preço mínimo de venda e organização e condução do evento.

A comissão em pauta tem as seguintes atribuições:

a. a organização do leilão;
b. determinação dos preços mínimos;
c. elaboração da folha de avaliação;
d. contratação do leiloeiro.

4 CONSIDERAÇÕES HISTÓRICAS. ORIGENS DO LEILÃO

O leilão é comprovadamente uma das mais antigas práticas comerciais de que se tem registro na história da humanidade, a qual nos revela como foi importante a comercialização por seu intermédio, em tempos remotos, desde Roma e Grécia antigas.

Eficiente, ágil e justa para as partes, a prática do leilão sobreviveu a todas as mutações da civilização, adaptando-se e atualizando-se.

No Brasil, o leilão teve seu incremento a partir dos anos 60, quando empresas multinacionais, já habituadas a operá-lo, e estatais, em franca substituição dos meios produtivos, demandavam por firmes e renovados mercados secundários de compra.

Assim, essa atividade milenar torna-se instrumento de nossos dias, fascinando o homem por meio de perspectivas para dinamização de negócios.

O pregão é conduzido por leiloeiro oficial, profissão regulamentada pelo Decreto-lei nº 21.981, de 19 de outubro de 1932, com as alterações introduzidas pelo Decreto-lei nº 22.427, de 1º de fevereiro de 1933, o que o transforma em autoridade com poderes de fé pública, para garantir a transação, consolidada de forma irretratável e irrevogável, mediante a aceitação do lance confirmado pelo sinal obrigatório. A lei garante a validade dos negócios realizados até seu final. Eventual desistência do comprador implica a perda do sinal dado em benefício do vendedor.

O leilão é regido pela lei mais fundamental do mercado: a da oferta e da procura. O lance tem que atingir o mínimo determinado pelo vendedor. A experiência tem demonstrado que o clima de disputa e entusiasmo durante seu transcorrer eleva os lances para níveis surpreendentes e compensadores, muito acima dos mínimos desejados.

Os bens ofertados podem ser reunidos em grupos homogêneos ou desmembrados em lotes, acessíveis ao poder aquisitivo dos licitantes.

5 ORGANIZAÇÃO DO LEILÃO

Compete à Comissão em pauta a organização de cada leilão promovido pela empresa, por meio das seguintes atribuições:

a. formalizar o processo de liberação dos materiais em disponibilidade para venda, consoante as diretrizes da empresa;
b. determinar preços mínimos para venda;
c. emitir folha de avaliação para formalizar o processo;
d. encaminhar processo para apreciação e aprovação da empresa;
e. coordenar a realização da venda.

6 DETERMINAÇÃO DOS PREÇOS MÍNIMOS

A determinação do preço mínimo está condicionada à natureza de cada material, o que envolve, entre outros, estado atual e colocação no mercado. Para subsidiar a determinação do preço mínimo, costuma-se classificar os materiais dispostos para venda em sucata ferrosa, sucata nobre, materiais sucatados diversos, materiais usados diversos, materiais sem uso, materiais em estado precário e materiais de pouco valor. Os preços mínimos deverão ser determinados mediante os critérios a seguir definidos para cada grupo de material, no formulário Memória de Cálculo para Fixação de Preço Mínimo, conforme demonstra a Figura 17.4.

6.1 Sucata ferrosa

A sucata ferrosa compreende os resíduos de usinagem, sendo seu preço mínimo fixado por meio da oferta de mercado.

6.2 Sucata nobre

A sucata nobre compreende os resíduos de usinagem e materiais sucatados, constituídos por bronze, cobre, latão e platina, sendo seu preço mínimo fixado por meio de pesquisa de preços em órgãos especializados e à oferta de mercado.

Código(s)			Quantidade			Unidade		

Especificação do(s) material(ais)								
Dados do leilão anterior								
Data do leilão			Material igual			Material similar		
Quantidade			Preço mínimo calculado			Preço obtido		
Pesquisa de mercado								
Material pesquisado								
Empresa	Contatos	Data	Preço	Empresa	Contatos	Data	Preço	
Preço de compra			Preço médio de mercado			Preço atual de mercado		
Avaliação								
Depreciação			Impostos			Valor residual		
Preço mínimo sugerido				Preço mínimo confirmado				
Parecer da Comissão de Alienação								
Data			Avaliado por			Aprovado por		
Reformulação do cálculo de preço mínimo quando não houver arrematante								
Características			2º Leilão			3º Leilão		
Preço mínimo sugerido								
Preço mínimo confirmado								
Parecer da Comissão de Alienação								
Data			Avaliado por			Aprovado por		

Figura 17.4 *Memória de cálculo para fixação de preço mínimo.*

6.3 Materiais sucatados diversos

A classe de materiais sucatados, portanto sem condições de uso, engloba máquinas e equipamentos diversos e seus acessórios, motores diversos e seus acessórios, bombas e compressores diversos e seus acessórios, rolamentos, pneus, tambores e embalagens diversas, sobressalentes e peças diversas, sendo seu preço mínimo fixado por meio de pesquisa de mercado com os comerciantes desses materiais. Na impossibilidade de apurar o preço mínimo de modo satisfatório, utiliza-se como base o valor da última venda.

6.4 Materiais usados diversos

A classe de materiais usados, portanto em condições de uso, cujo processo de recuperação, porém, não seja de interesse da empresa, engloba praticamente os itens relacionados anteriormente no tópico 4.3, sendo seu preço mínimo fixado mediante pesquisa de mercado com os comerciantes desses materiais, podendo-se, ainda, adotar descontos, a partir do preço do material novo, a serem determinados em função do tempo de uso, estado do material e aplicação específica.

6.5 Materiais sem uso

Compreendem os materiais novos, no estado, ainda sem utilização, sendo seu preço mínimo fixado mediante pesquisa de mercado com os comerciantes desses materiais, podendo-se, ainda, adotar descontos, a partir do preço do material novo, a serem determinados em função do tempo de estocagem, estado do material e aplicação específica.

6.6 Materiais em estado precário

Compreendem os materiais reconhecidamente em péssimo estado de conservação, com perda parcial ou total de suas características. Em vista da dificuldade de obtenção de preço mínimo, pode-se adotar um dos procedimentos:

   a. descaracterizar o material, vendendo-o a preço de sucata;
   b. fixar, como base, um preço simbólico, o qual poderá ou não coincidir com o valor de sua embalagem, se for o caso.

6.7 Materiais de pouco valor

Compreendem aqueles que por força de sua condição tornam irrelevante uma pesquisa de mercado, uma vez que as despesas daí resultantes facilmente ultrapassam o valor das receitas. A fixação de preço mínimo poderá, nestes casos, ser simbólica.

7 FORMAÇÃO DOS LOTES

Os lotes de materiais para venda em leilão são feitos a partir da formação de lotes para venda de materiais alienados, demonstrada na Figura 17.5, formulário que contém as informações necessárias para a atividade.

Código	Especificação	Lote	Leilão

Quantidade	Local(ais) de estocagem

Estado do material

Autorização de alienação

Observações

Data	Aprovado por

Figura 17.5 *Formação de lotes para venda de materiais alienados.*

8 CONTRATAÇÃO DE LEILOEIRO

A contratação de leiloeiros oficiais deve seguir os seguintes critérios:

a. contratação em regime de alternância;
b. desempenho do leiloeiro contratado em outros leilões já realizados na empresa;
c. contratação sem ônus, salvo as despesas de divulgação.

9 ATRIBUIÇÕES DO LEILOEIRO

As atribuições do leiloeiro envolvem várias providências administrativas, como publicação de editais, convocação de interessados, mala direta, catálogos com descrições dos bens, marcação dos lotes, vendas, contabilização e recebimentos.

Portanto, o vendedor livra-se de inúmeras tarefas, despesas e complicações comuns.

10 CONDIÇÕES DO LEILÃO

O material publicitário do leilão deverá conter as seguintes orientações, as quais subsidiarão os interessados na arrematação.

10.1 Venda em leilão

a. os bens serão leiloados em lotes e vendidos a quem maior lance oferecer, reservando-se a EMPRESA o direito de não liberar os bens que não alcançarem os preços mínimos de venda;

b. na hipótese de lances de igual valor, ganhará o lance apresentado primeiro;

c. para os materiais vendidos "pelo lote", as quantidades são indeterminadas e os pesos mencionados são estimativos, servindo apenas como simples orientação do comprador, não havendo por parte da EMPRESA, nesse sentido, qualquer compromisso ou responsabilidade da entrega efetiva ao arrematante, de quantia certa e predeterminada;

d. para os materiais sujeitos à pesagem, prevalecerá o peso indicado pela balança da EMPRESA;

e. nos materiais negociados por peso, se a quantidade estimada for inferior à quantidade real e não havendo condições de reposição do material em falta, a EMPRESA devolverá ao comprador seu saldo credor sem juros;

f. as taxas e impostos que incidirem sobre os bens alienados não estarão incorporados no preço de venda, sendo os pagamentos de responsabilidade dos arrematantes, inclusive o ICMS, que, quando devido, será destacado e acrescido no valor da mercadoria arrematada.

g. as despesas e outros encargos decorrentes da venda, carregamento, transporte, bem como a segurança de pessoal e equipamentos, serão de inteira, única e exclusiva responsabilidade dos arrematantes;

h. no ato da arrematação, deverão ser prestadas pelo arrematante todas as informações necessárias e solicitadas e, em hipótese alguma, o nome do arrematante será trocado;

i. não serão aceitas, em hipótese alguma, reclamações posteriores à arrematação, bem como, da mesma forma, não serão aceitas desistências;

j. em caso de força maior ou calamidade pública, a EMPRESA reservará para si o direito de deixar de entregar o material, no todo ou em parte, devolvendo a quantia correspondente ao material não retirado, sem juros, desde que a devolução seja feita no prazo máximo de 30 (trinta) dias, a contar da data da complementação do pagamento;

k. os interessados em participar do leilão deverão estar presentes 30 (trinta) minutos antes do horário inicial do mesmo. Será fornecido transporte para o local de realização, sendo que tal transporte retornará após o término do leilão;

l. nas dependências da área da EMPRESA não é permitido, em hipótese alguma, o acesso de pessoas com máquinas fotográficas e afins;

m. o leilão será efetuado em horário corrido e quando do intervalo para locomoção de um local para outro, onde serão leiloados os materiais, funcionará uma cantina para lanche;

n. a EMPRESA poderá agrupar ou, mesmo, retirar quaisquer lotes a seu único e exclusivo critério;

o. os produtos usados serão vendidos no estado em que se encontram e a comitente não dará qualquer garantia no tocante ao funcionamento, eficiência e utilidade dos materiais e equipamentos leiloados, que ficarão à disposição dos interessados para vistoria e exame nos dias predeterminados.

10.2 Pagamentos

a. No ato de arrematação, deverão ser pagos pelo comprador, respectivamente, à EMPRESA e ao leiloeiro, 20% (vinte por cento) do valor total do lote arrematado, a título de sinal, mais 5% (cinco por cento) a título de comissão do leiloeiro, devendo os compradores complementar o pagamento do valor do bem arrematado à EMPRESA, no máximo em até 7 (sete) dias úteis, posteriores à data de realização do leilão.

b. Portanto, para cada lote vendido, o arrematante deverá emitir 2 (dois) cheques: 1 (um) de 20% (vinte por cento), em favor da EMPRESA, a título de sinal e princípio de pagamento, outro de 5% (cinco por cento), em favor do leiloeiro, a título de comissão. O sinal devido à EMPRESA (20%) e a comissão devida ao leiloeiro (5%) deverão ser pagos ao leiloeiro ou a sua equipe, no mesmo ato e local do leilão.

c. A não-complementação dos pagamentos acarretará multa diária sobre o valor total do lote ou lotes arrematados de 10% (dez por cento) durante o prazo de 2 (dois) dias, findo o qual perderá o arrematante qualquer direito de propriedade sobre os bens leiloados, assim como o valor do sinal já pago, podendo a EMPRESA dar a eles o destino que melhor lhe aprouver.

10.3 Retirada de materiais

a. a retirada dos materiais deverá ser efetuada obrigatoriamente no período compreendido entre (definir as datas);

b. a não-retirada do bem arrematado no prazo acima definido implicará pagamento de multa de 10% (dez por cento) sobre o valor total do lote a cada 10 (dez) dias, por um período de 30 (trinta) dias, findo o qual perderá o arrematante qualquer direito de propriedade sobre o bem leiloado, podendo a EMPRESA dar a ele o destino que melhor lhe aprouver;

c. os materiais deverão ser retirados no estado em que estão sendo colocados a venda, não sendo permitida, em hipótese alguma, a transformação ou beneficiamento dos mesmos, na área da EMPRESA. Entende-se por transformação qualquer modificação que seja feita nas características de forma, substância, dimensões e aspecto do material;

d. no ato da retirada, o comprador obriga-se a apresentar à EMPRESA o(s) recibo(s) de quitação total emitido(s);

e. no ato do carregamento, o comprador deverá trazer todos os equipamentos de proteção e segurança necessários, devendo obedecer rigorosamente às normas de segurança vigentes na EMPRESA;

f. na ocasião do carregamento, todos os veículos deverão ter uma "Ordem de Carregamento" da empresa arrematante, referente ao material adquirido, na qual deverá estar anotado o nome e número do documento das pessoas que irão carregar o material. Em nenhuma hipótese os veículos adentrarão a área da EMPRESA sem a "Ordem de Carregamento".

10.4 Outras informações

a. Com o leiloeiro e equipe (*efetuar a qualificação*).
b. As demais condições obedecerão ao que dispõe o Decreto nº 21.981, de 10 de outubro de 1932, com as alterações introduzidas pelo Decreto nº 22.427, de 1º de fevereiro de 1933, que regula a profissão de leiloeiro oficial.

11 QUESTÕES E EXERCÍCIOS

1. Qual a importância da venda de inservíveis para a empresa?
2. Esclarecer por que o leilão é a modalidade preferida de venda de inservíveis pela empresa.

18
A Administração de Materiais Utilizando a Informática

VOCÊ VERÁ NESTE CAPÍTULO:

- *O futuro gerencial da empresa*
- *Finalidade da adoção de sistemas mecanizados*
- *Vantagens apresentadas*
- *Exemplo de Sistema de Gerenciamento de Estoque*

1 OBJETIVOS

De forma geral, a introdução de sistemas informatizados, qualquer que seja o setor alvo da empresa, tem a finalidade, independentemente de se obterem as informações necessárias em tempo real, de modernizar procedimentos por meio da implementação da primazia pela qualidade, envolvendo a estrutura organizacional para assegurar a melhoria dos serviços.

Entre os benefícios advindos, destacam-se:

a. garantia do domínio tecnológico e melhoria dos serviços;
b. ganho de produtividade, pois todas as decisões deixam de ser intuitivas e passam a adotar critérios padronizados, obtendo-se economia de custos;

c. informação disponível para gestores, funcionários, clientes e fornecedores;

d. agilização do processo de tomada de decisão;

e. criação de um banco de dados, extremamente confiável;

f. aumento da velocidade de localização das informações e diminuição da manipulação de grande quantidade de documentos;

g. controle efetivo de procedimentos e sistemas.

A informatização da Administração de Materiais, por meio de sistema mecanizado integrado, que contemple o controle desde a necessidade de materiais e serviços até o efetivo pagamento de fornecedores, visa, entre outras, às seguintes metas:

a. estabelecimento de política de estoques para reposição automática de todo e qualquer material de uso constante e de consumo regular utilizado pela empresa;

b. estabelecimento de política de cotas por unidade administrativa requisitante, para garantia da existência em estoque, dos materiais utilizados;

c. estabelecimento de política de inventário permanente;

d. implantação de rotinas internas e específicas que contemplem o processo de cadastramento de materiais;

e. implantação de rotinas internas e específicas que contemplem o processo licitatório, inclusive com a adoção de política de contratos de longo prazo para execução de serviços e compra de materiais;

f. implantação de rotinas internas e específicas que contemplem os processos de recebimento e armazenagem.

Entre os benefícios advindos pela implementação das políticas e rotinas anteriormente enumeradas, destacam-se:

a. atenuante do risco de falta de materiais de uso constante e regular consumidos pela empresa;

b. domínio das dimensões do estoque e das necessidades de consumo, por unidade administrativa requisitante;

c. conhecimento do total imobilizado em estoque;

d. redução de custos, em função do maior poder de negociação, propiciada por compras em grande quantidade;

e. redução do número de processos repetitivos de compras e, conseqüentemente, do custo administrativo;

f. aquisição direta dos fabricantes, evitando-se intermediários;

g. redução dos estoques mantidos por unidade isoladamente;

h. pagamento a fornecedores correspondente ao efetivamente recebido;

i. armazenagem que reflita fielmente as quantidades contabilizadas;

j. eliminação de desperdícios de materiais por vencimento de validade;

k. acompanhamento e controle do consumo real por unidade requisitante, de acordo com a previsão.

2 A EMPRESA ATUAL UTILIZANDO OS CONTROLES INFORMATIZADOS

Atualmente, não se concebe empresa sem gerenciamento mediante os meios informatizados. É evidente que empresas de pequeno e também de médio porte não podem adotar um sistema de gerenciamento informatizado na amplitude do aqui preconizado e analisado adiante no item 3. Os benefícios gerados pela informatização motivaram as Consultorias do ramo a desenvolverem e oferecerem uma série de *softwares* de gerenciamento de estoques, plenamente exeqüíveis e adaptáveis a esses tipos de empresas.

Ao implementar sistema informatizado integrado para Administração de Materiais, a empresa deve adequá-lo a uma filosofia de gerenciamento, para o qual há necessidade de enfatizar os seguintes módulos:

2.1 Sistema de informações

Um sistema de informações serve de subsídio aos diversos setores da empresa envolvidos com seu abastecimento. Assim, temos:

2.1.1 INFORMAÇÕES PARA OS USUÁRIOS

a. dados de materiais de estoque;

b. dados de materiais fora de estoque;

c. compras em processamento;

d. situação das cotas de materiais;

e. requisições de material em processamento.

2.1.2 INFORMAÇÕES PARA A GESTÃO

a. dados gerais de materiais;
b. situação de materiais de estoque;
c. situação de materiais fora de estoque;
d. compras em processamento;
e. recebimentos em processamento;
f. requisições de material em processamento;
g. unidades com cota de materiais;
h. situação das cotas da unidade;
i. liberações de cota.

2.1.3 INFORMAÇÕES PARA COMPRAS

a. dados gerais de materiais;
b. dados gerais dos fornecedores cadastrados;
c. compras em processamento;
d. recebimentos em processamento.

2.1.4 INFORMAÇÕES PARA O ALMOXARIFADO

a. dados gerais de materiais;
b. recebimentos em processamento;
c. requisições de material em processamento;
d. devoluções de material em processamento;
e. localizações.

2.1.5 INFORMAÇÕES PARA O INVENTÁRIO

a. dados gerais de materiais;
b. recebimentos em processamento;
c. requisições de material em processamento;
d. devoluções de material em processamento;
e. localizações.

2.2 Cadastramento *on-line* de dados dos materiais de uso da empresa

O cadastramento *on-line* de dados dos materiais da empresa visa à agilização da atividade e à correspondente atualização de informações em tempo real.

2.3 Atualização automática dos níveis de estoque para materiais enquadrados no crescimento vegetativo de consumo

A atualização dos níveis de estoque para materiais enquadrados no crescimento vegetativo de consumo, atividade perfeitamente normal para empresas em expansão ou em crescimento, visa à agilização de decisões e será automática mediante parâmetros a serem definidos e fixados no programa do sistema.

2.4 Atualização e consultas *on-line*

Deve-se possibilitar atualização e consultas *on-line* para informações gerais e específicas sobre posicionamento de parâmetros de estoque, histórico de consumo, compras e outros às unidades da empresa envolvidas em procedimentos de Administração de materiais.

2.5 Emissão de gráficos comparativos e estatísticos, e de relatórios gerenciais e operacionais

O sistema deve possibilitar a apresentação de relatórios, individuais, por item, ou coletivamente, por grupos, objetivando análise e tomada de decisões.

2.6 Solicitação automática de reposições para material de estoque

O sistema deve encarregar-se de gerar as reposições. Para o processamento da reposição automática de materiais de consumo regular, independentemente da interferência do usuário, devem ser considerados o controle do estoque e a previsão, por meio de fórmulas matemáticas, de quantidade máxima, mínima e ponto de ressuprimento, especificação e classificação. Tal mecanismo trará as seguintes vantagens:

a. menor risco de falta de material;
b. formação de lotes e quantidades ideais para aquisição;
c. quantidade reduzida de mão-de-obra envolvida no processo;
d. enobrecimento da atividade, pois será sempre adotada uma análise criteriosa de resultados, visando à otimização dos níveis de estoque.

2.7 Solicitação de compra *on-line* para materiais não de estoque

A solicitação de compras *on-line* para materiais de uso eventual, portanto, classificados como fora de estoque, objetiva a agilização e simplificação do procedimento, ao se eliminar o documento manual e permitir que o usuário apresente diretamente ao órgão comprador sua necessidade premente.

2.8 Acompanhamento e controle das compras

O acompanhamento e controle de compras da empresa visa à agilização da atividade e à correspondente atualização de informações em tempo real.

2.9 Registro e atualização de cadastro de fornecedores

A manutenção de um banco de dados dos fornecedores da empresa é sua principal atribuição e nele se registram as informações relativas ao comportamento, estabelecendo pontuações que determinam o posicionamento do fornecedor em relação a seus compromissos com a empresa.

2.10 Registro, controle e acompanhamento dos processos de recebimento de materiais

O registro, controle e acompanhamento dos processos de recebimento de materiais visa à agilização da atividade e à correspondente atualização de informações em tempo real.

2.11 Controle de estoque

O controle de estoque visa à agilização da atividade e à correspondente atualização de informações em tempo real.

2.12 Requisição de material *on-line*

O usuário consumidor pode requisitar por meio de seu terminal todo o material necessário a suas atividades na empresa. O mecanismo de atendimento envolve algumas etapas perfeitamente definidas, ou seja:

a. requisitada – É a situação que uma requisição assume logo que é registrada no terminal de teleprocessamento;

b. em separação – É a situação que uma requisição assume quando a impressora gera o documento para a separação, o que significa que o almoxarifado está preparando o material para entregá-lo ao requisitante;

c. atendida – É a situação que uma requisição assume quando é registrada a saída, o que significa que o atendimento e entrega do material ao requisitante foi efetuado pelo almoxarifado;

d. cancelada pelo almoxarifado – É a situação que uma requisição assume quando é cancelada pelo almoxarifado, o que somente deve ser permitido se o documento não estiver na condição "atendida".

2.13 Inventário

O controle de estoque visa à agilização da atividade e à correspondente atualização de informações em tempo real.

3 SISTEMA INTEGRADO DE ADMINISTRAÇÃO DE MATERIAIS

O Macrofluxo referente ao Sistema Integrado de Administração de Materiais, demonstrado na Figura 18.1, e que contempla os pontos abordados neste livro, evidencia as principais funções, estando voltado para decisões e resultados, mediante as características delineadas no Capítulo 6, tópico 7, *O moderno gerenciamento*. Apesar de havermos ilustrado anteriormente o referido Macrofluxo por meio da Figura 6.13, é oportuna sua reprodução, pois os Diagramas de Fluxo de Dados, a seguir apresentados, têm origem no Macrofluxo em pauta.

O Sistema Integrado objetiva:

a. gerir estoques simples e sistematicamente;

b. permitir o gerenciamento, voltado para redução do imobilizado;

c. avaliar os erros de previsão e possibilitar autocompensação ao longo do tempo.

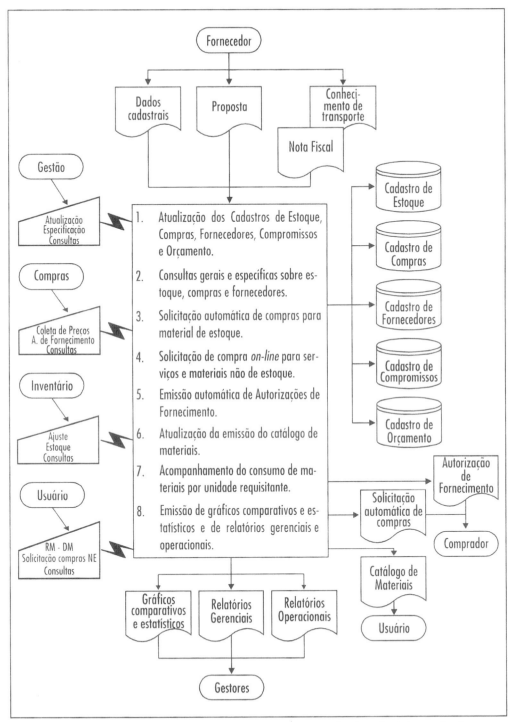

Figura 18.1 *Macrofluxo referente ao sistema integrado de administração de materiais.*

Para facilitar ainda mais a compreensão do exposto, apresentamos os seguintes Diagramas de Fluxo de Dados, que, complementando o Macrofluxo citado, integram o sistema em análise:

a. Figura 18.2 – Gerenciamento de estoque.
b. Figura 18.3 – Gerenciamento de compras.
c. Figura 18.4 – Gerenciamento do recebimento.

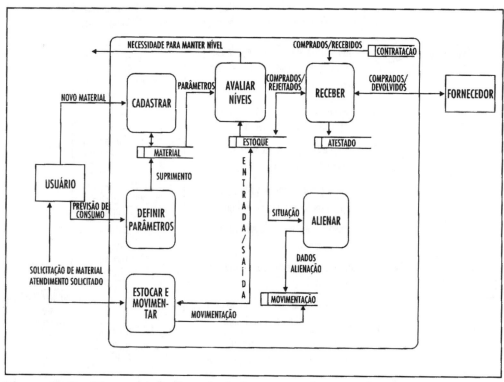

Figura 18.2 *Diagrama de fluxo de dados – gerenciamento de estoque.*

4 MODELOS DE RELATÓRIOS GERADOS PELO SISTEMA INTEGRADO

Para obter resultados, consoante as metas traçadas pela empresa, o sistema informatizado deve prever ferramentas que indiquem onde e como atuar para a melhoria de desempenho, gerando uma série de relatórios com acervo de informações que possibilitem o acompanhamento, a correção de desvios e a tomada de decisões.

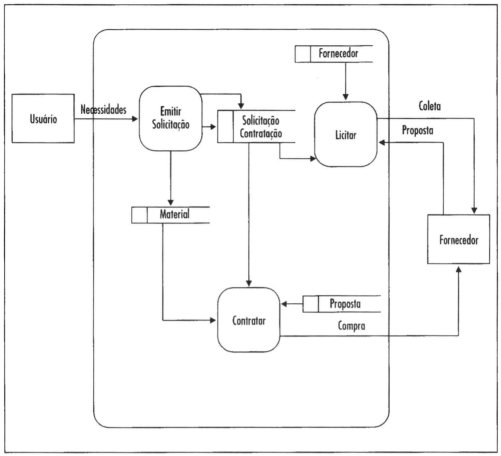

Figura 18.3 *Diagrama de fluxo de dados – gerenciamento de compras.*

4.1 Relatórios de controle

4.1.1 SITUAÇÃO FINANCEIRA GERAL DO ESTOQUE DE MATERIAIS

Fornece para cada classe, para cada grupo e para o total geral de itens as variações reais, nominais, bem como a rotatividade dos estoques relativa ao mês anterior.

4.1.2 SITUAÇÃO DE MATERIAIS POR USUÁRIO

Fornece, em ordem alfabética, todos os materiais de cada usuário, indicando o consumo médio mensal, o disponível, o preço unitário, o valor de cada estoque disponível, a data da última movimentação e os demais usuários, se houver.

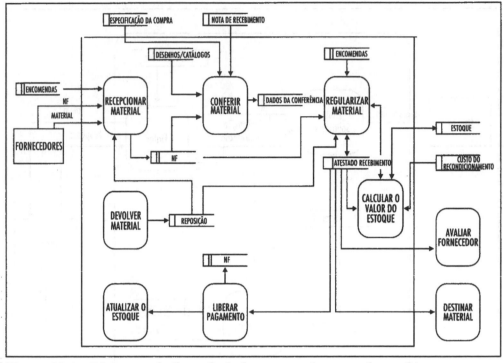

Figura 18.4 *Diagrama de fluxo de dados – gerenciamento do recebimento.*

4.1.3 ESTATÍSTICA DAS CLASSIFICAÇÕES FINANCEIRAS DO CONSUMO E DO ESTOQUE

Fornece a classificação ABC tanto do consumo como do estoque.

4.1.4 ANÁLISE DE CONSUMO DE UM MATERIAL

Fornece, por usuário, os consumos de determinado material nos últimos 12 meses, informando ainda os preços unitários, valor e data da última compra, data da última movimentação, consumo médio mensal, estoque, encomendas etc.

4.2 Gráficos comparativos e estatísticos

4.2.1 ESTOQUES/CONSUMOS

Relaciona os valores reais de estoques com os de consumo, apresentando o número de meses em que o estoque suporta o consumo, caso não haja ressuprimento.

A Figura 18.5 ilustra esse tipo de gráfico.

Figura 18.5 *Gráfico estoques/consumos.*

4.2.2 ESTOQUES/VENDAS

Representação percentual mensal do valor monetário em estoque em relação % ao movimento de vendas.

A Figura 18.6 ilustra esse tipo de gráfico.

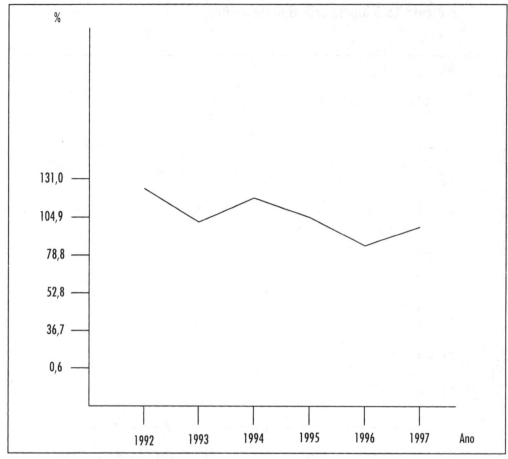

Figura 18.6   *Gráfico estoques/vendas.*

4.2.3   ESTOQUES/PRODUÇÃO

Representação do valor monetário do estoque com a produção da empresa, no índice adotado, o que permite verificar o valor real de estoque para produção na unidade adotada.

A Figura 18.7 ilustra esse tipo de gráfico.

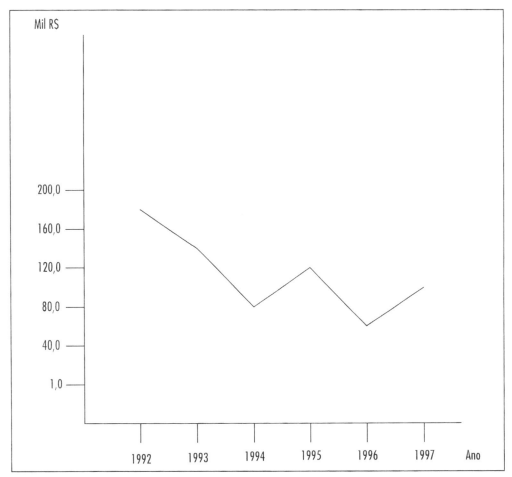

Figura 18.7 *Gráfico estoques/produção.*

4.2.4 ESTOQUES/CAPITAL SOCIAL

Representação percentual da parcela correspondente ao valor monetário do estoque em relação ao capital social da empresa.

A Figura 18.8 ilustra esse tipo de gráfico.

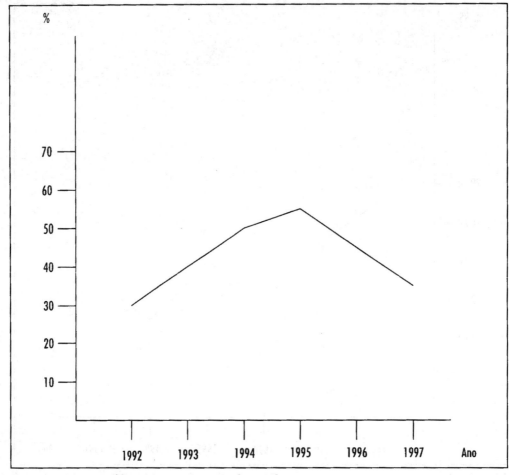

Figura 18.8 *Gráfico estoques/capital social.*

4.2.5 EVOLUÇÃO PERCENTUAL ANUAL

Sintetiza em relatório a evolução dos valores médios de estoques, consumo, produção, vendas e capital social, o que permite comparar e analisar as variações ocorridas no período.

A Figura 18.9 ilustra esse tipo de relatório.

A ADMINISTRAÇÃO DE MATERIAIS UTILIZANDO A INFORMÁTICA **421**

Período	Estoque	Consumo	Produção	Vendas	Capital

Figura 18.9   *Relatório de evolução percentual anual comparativa.*

4.2.6   ÍNDICE DE ATRASO MÉDIO DE COMPRAS VENCIDAS

Demonstra a evolução do índice de compras, cujos fornecedores atrasaram a entrega.

A Figura 18.10 ilustra esse tipo de gráfico.

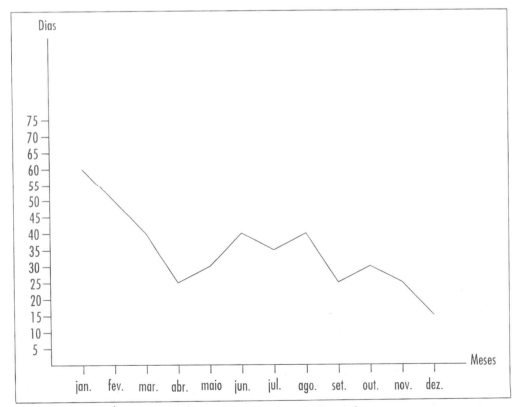

Figura 18.10   *Índice de atraso médio de compras vencidas.*

4.2.7 ÍNDICE DE ENTREGAS DE COMPRAS NO PRAZO

Demonstra a evolução do índice de compras no prazo contratual de entrega pelos fornecedores.

A Figura 18.11 ilustra esse tipo de gráfico.

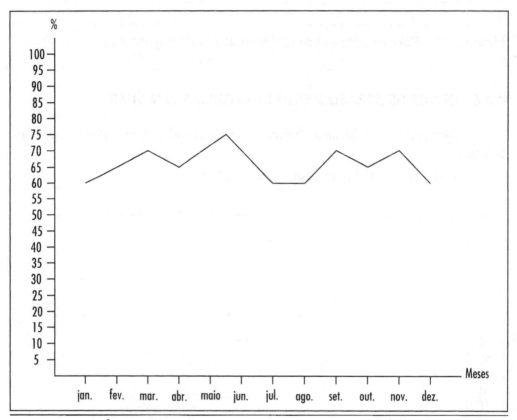

Figura 18.11   *Índice de entregas de compras no prazo.*

4.3   Relatórios gerenciais

4.3.1   NÍVEL DE ATENDIMENTO

Demonstra o percentual de atendimento ao usuário, de conformidade com as classificações de importância operacional, de valor de consumo e seus cruzamentos. Este relatório mede o desempenho gerencial em função das metas estabelecidas pela empresa para atendimento, com conseqüência no valor do estoque.

A Figura 18.12 ilustra esse tipo de relatório.

CLASSIFICAÇÃO		QUANTIDADES REQUISITADAS			% ATENDIDO
		ATENDIDAS	NÃO ATENDIDAS	TOTAL	
MATERIAL CRÍTICO	A				
	B				
	C				
	TOTAL				
Z	A				
	B				
	C				
	TOTAL				
Y	A				
	B				
	C				
	TOTAL				
X	A				
	B				
	C				
	TOTAL				
TOTAL	A				
	B				
	C				
	TOTAL				

Figura 18.12 *Relatório de nível de atendimento.*

4.3.2 DISPOSIÇÃO DOS MATERIAIS CADASTRADOS

Demonstra a disposição dos materiais cadastrados, no tocante à quantidade de itens e valor do estoque, com seus respectivos percentuais, de conformidade com as classificações de importância operacional, de valor de consumo e seus cruzamentos. Este relatório demonstra onde está a concentração de valor ou de quantidade do estoque da empresa.

A Figura 18.13 ilustra esse tipo de relatório.

CLASSIFICAÇÃO	QUANTIDADE DE ITENS	%	R$ VALOR DO ESTOQUE	%
A				
B				
C				
X				
Y				
Z				
MATERIAL CRÍTICO				
A – X				
A – Y				
A – Z				
A – MATERIAL CRÍTICO				
B – X				
B – Y				
B – Z				
B – MATERIAL CRÍTICO				
C – X				
C – Y				
C – Z				
C – MATERIAL CRÍTICO				
TOTAL GERAL				

Figura 18.13 *Disposição dos materiais cadastrados.*

4.3.3 DISPOSIÇÃO DE MATERIAIS COM COTA DE CONSUMO

Demonstra a disposição dos materiais com cota de consumo definida, subdivididos em normalizados e específicos, com respectivas quantidades e valores.

A Figura 18.14 ilustra esse tipo de relatório.

DISPOSIÇÃO DE MATERIAIS COM COTA DE CONSUMO		
Descrição	Quantidade de itens	Valor
Materiais Normalizados		
Materiais Específicos		
Total geral		

Figura 18.14 *Disposição de materiais com cota de consumo.*

4.3.4 TEMPO MÉDIO DE COMPRA DE MATERIAIS

Demonstra o tempo médio para a compra de materiais, em suas várias fases.

A Figura 18.15 ilustra esse tipo de relatório.

DESCRIÇÃO DA ATIVIDADE	TEMPO MÉDIO
Entrada do pedido até a expedição da coleta de preços	
Expedição da coleta de preços até a abertura	
Julgamento e negociação	
Emissão da autorização de fornecimento	
Da autorização de fornecimento ao recebimento	
Tempo médio total	

Figura 18.15 *Tempo médio de compra de materiais.*

4.3.5 RESUMO QUANTITATIVO DE COMPRAS PENDENTES

Demonstra a quantidade de compras vencidas, de conformidade com as classificações de importância operacional, de valor de consumo e seus cruzamentos, dispostas nas classes de atraso.

A Figura 18.16 ilustra esse tipo de relatório.

CLASSIFICAÇÃO	ATÉ 10 DIAS	DE 11 A 20 DIAS	DE 21 A 30 DIAS	ACIMA DE 30 DIAS	TOTAL
A					
B					
C					
X					
Y					
Z					
MATERIAL CRÍTICO					
A – X					
A – Y					
A – Z					
A – M/C					
B – X					
B – Y					
B – Z					
B – M/C					
C – X					
C – Y					
C – Z					
C – M/C					
TOTAL					

Figura 18.16   *Resumo quantitativo de compras pendentes.*

4.3.6 AVALIAÇÃO DA CARTEIRA DE RECONDICIONAMENTO

Demonstra o resumo mensal da carteira de recondicionamento, indicando as pendências e o tempo decorrido de vencimento.

A Figura 18.17 ilustra esse tipo de relatório.

AVALIAÇÃO DA CARTEIRA DE RECONDICIONAMENTO		
Situação	Condição	Quantidade
Ordens de Recondicionamento a vencer		
Ordens de Recondicionamento vencidas	Até 30 dias	
Ordens de Recondicionamento vencidas	De 31 a 60 dias	
Ordens de Recondicionamento vencidas	Acima de 60 dias	
Total da Carteira		

Figura 18.17   *Avaliação da carteira de recondicionamento.*

4.3.7 AVALIAÇÃO DOS TEMPOS DE PROCESSAMENTO DE RECEBIMENTO DE MATERIAIS

Demonstra o tempo de processamento do desembaraço de materiais por ocasião do recebimento.

A Figura 18.18 ilustra esse tipo de relatório.

	Até 2 dias	De 3 a 5 dias	De 6 a 10 dias	De 11 a 20 dias	De 21 a 30 dias	Acima de 30 dias	Total
Quantidade							
% sobre o total							100,00

Figura 18.18 *Avaliação dos tempos de processamento de recebimento de materiais.*

4.3.8 AVALIAÇÃO DE RECEBIMENTOS PENDENTES NÃO PROCESSADOS

Demonstra o atraso no desembaraço de materiais recebidos e ainda não regularizados.

A Figura 18.19 ilustra esse tipo de relatório.

	De 0 a 9 dias	De 10 a 11 dias	De 12 a 20 dias	De 21 a 30 dias	De 31 a 59 dias	Acima de 60 dias	Total
Quantidade							
% sobre o total							100,00

Figura 18.19 *Avaliação de recebimentos pendentes não processados.*

4.3.9 AVALIAÇÃO DA MOVIMENTAÇÃO DE MATERIAIS NO ALMOXARIFADO

Demonstra o movimento efetivo de atendimento no almoxarifado no tocante à quantidade de requisições, devoluções e ajustes de estoque.

A Figura 18.20 ilustra esse tipo de relatório.

QUANTIDADES DE DOCUMENTOS					
ATENDIMENTO EFETUADO EM RMs			RMs não atendidas	DMs regularizadas	AJUSTES efetuados
Total	Normal	Emergência			

Figura 18.20 *Avaliação da movimentação de materiais no almoxarifado.*

4.3.10 AVALIAÇÃO DO INVENTÁRIO

Demonstra o grau de confiabilidade entre os estoques físico e contábil, medindo a eficiência do almoxarifado.

A Figura 18.21 ilustra esse tipo de relatório.

AVALIAÇÃO DO INVENTÁRIO		
Relatório nº	Data de emissão	Página
Descrição	Quantidades	Valores
Requisições de inventário emitidas		
Total de requisições de inventário solucionadas		
Requisições de inventário pendentes		
Requisições de inventário sem divergência		
Ajustes de estoque positivos emitidos		
Ajustes de estoque negativos emitidos		
Total do material em estoque		
% de variação: ajustes de estoque positivos		
% de variação: ajustes de estoque negativos		

Figura 18.21   *Avaliação do inventário.*

4.4 Relatórios operacionais

4.4.1 MATERIAIS DE CONSUMO IRREGULAR PARA ANÁLISE

Demonstra o comportamento de materiais de consumo irregular para análise, objetivando o enquadramento em consumo regular.

A Figura 18.22 ilustra esse tipo de relatório.

CÓDIGO	UNIDADE	MATERIAL	CLASSIFICAÇÃO	SALDO NO ESTOQUE	COMPORTAMENTO DO CONSUMO

Figura 18.22   *Relatório de materiais de consumo irregular para análise.*

4.4.2 MATERIAIS DE CONSUMO REGULAR SEM MOVIMENTAÇÃO

Demonstra o comportamento de materiais sem movimentação, para análise e providências.

A Figura 18.23 ilustra esse tipo de relatório.

CÓDIGO	UNIDADE	MATERIAL	CLASSIFICAÇÃO	SALDO NO ESTOQUE	ÚLTIMA SAÍDA	PREVISÃO

Figura 18.23 *Relatório de materiais de consumo regular sem movimentação.*

4.4.3 MATERIAIS COM EXCESSO DE ESTOQUE

Demonstra os materiais com excesso de estoque em relação à previsão, para análise e providências.

A Figura 18.24 ilustra esse tipo de relatório.

CÓDIGO	UNIDADE	MATERIAL	CLASSIFICAÇÃO	SALDO NO ESTOQUE	Q > PREVISÃO	PREVISÃO

Figura 18.24 *Relatório de materiais com excesso de estoque.*

4.4.4 ANORMALIDADES DE CONSUMO DE COTAS DE MATERIAIS

Demonstra, tanto para a gestão como para cada usuário, as anormalidades de cotas no consumo de materiais, as quais podem ser:

a. material sem cota de consumo;
b. consumo maior que a cota;

c. consumo menor que a cota ano-trimestre;

d. material sem consumo no trimestre.

A Figura 5.10, no Capítulo 5, ilustra esse tipo de relatório.

4.4.5 DEMONSTRATIVO DE COTAS E CONSUMOS DE MATERIAIS POR USUÁRIO

Demonstra, tanto para a gestão como para o usuário, a quantidade de material estabelecida para ser consumida em determinado período, que pode ser, por exemplo, de um ou 12 meses.

A Figura 5.11, no Capítulo 5, ilustra esse tipo de relatório.

4.4.6 LIBERAÇÃO DE COTAS CANCELADAS

Demonstra o cancelamento de liberação de cotas pela gestão ao usuário, independentemente do motivo.

A Figura 18.25 ilustra esse tipo de relatório.

REQUISITANTE	LIBERAÇÃO Nº	CÓDIGO	QUANTIDADE	DATA DA LIBERAÇÃO

Figura 18.25   *Relatório de liberação de cotas canceladas.*

4.4.7 CARTEIRA DE RECONDICIONAMENTO

Em virtude da complexidade do assunto, os relatórios operacionais encontram-se discriminados no Capítulo 5, tópico 10.

4.4.8 RECEBIMENTOS DE MATERIAL COM DEMANDA NÃO ATENDIDA

Demonstra os recebimentos de material que tiveram demanda não atendida, para providências da gestão junto ao requisitante.

A Figura 18.26 ilustra esse tipo de relatório.

CÓDIGO	Q RECEBIDA	Q NÃO ATENDIDA	UNIDADE	REQUISITANTE	NÚMERO DA RM	DATA DA RM

Figura 18.26 *Relatório de recebimentos de material com demanda não atendida.*

4.4.9 ESTOCAGEM TEMPORÁRIA POR REQUISITANTE

Demonstra, por requisitante, as compras classificadas em estocagem temporária e as datas respectivas de vencimento, para providências da gestão ao usuário.

A Figura 18.27 ilustra esse tipo de relatório.

REQUISITANTE	CÓDIGO	MATERIAL	UNIDADE	QUANTIDADE	DATA DO VENCIMENTO

Figura 18.27 *Relatório de estocagem temporária por requisitante.*

4.4.10 COMPRAS EM ANDAMENTO

Demonstra as compras em andamento e suas características.

A Figura 18.28 ilustra esse tipo de relatório.

AF Nº	ITEM DA AF	CÓDIGO DO FORNECEDOR	CÓDIGO DO MATERIAL	UNIDADE	QUANTIDADE	PREÇO UNITÁRIO	PRAZO ENTREGA

Figura 18.28 *Relatório de compras em andamento.*

4.4.11 AUTORIZAÇÕES DE FORNECIMENTO EMITIDAS

Demonstra as compras e serviços contratados, e respectivas características, com freqüência diária e acumulativa.

A Figura 18.29 ilustra esse tipo de relatório.

AF Nº	ITEM DA AF	DATA DE EMISSÃO	PRAZO	QUANTIDADE	PREÇO UNITÁRIO	PRAZO DE ENTREGA	CÓDIGO DO FORNECEDOR	CÓDIGO DO MATERIAL

Figura 18.29 *Relatório de autorizações de fornecimento emitidas.*

4.4.12 MATERIAIS PARA ATIVAÇÃO

Relaciona os processos de compra pendentes, para análise da necessidade de ativação da encomenda junto ao fornecedor.

A Figura 18.30 ilustra esse tipo de relatório.

GRUPO DE COMPRA		NOME DO COMPRADOR	
CÓDIGO	AF Nº	DATA DO PEDIDO DE COMPRA	DATA DA AF
ATRASO CONSTATADO			
EM RELAÇÃO À DATA DO PC		EM RELAÇÃO À DATA DA AF	
MATERIAL:			
CLASSIFICAÇÃO DO MATERIAL	QUANTIDADE CONTRATADA	SALDO EM ESTOQUE	SALDO PREVISTO P/CONSUMO EM
FORNECEDOR		ENDEREÇO	TELEFONE

Figura 18.30 *Relatório de materiais para ativação.*

4.4.13 RECEBIMENTO DE COMPRAS NÃO APROVADAS

Demonstra o recebimento de compras ainda não regularizadas no sistema, mas autorizadas, para providências do comprador.

A Figura 18.31 ilustra esse tipo de relatório.

CÓDIGO	UNIDADE	Q	CI	CÓDIGO DO FORNECEDOR	NF Nº	DATA DE ENTRADA	DIAS PENDENTES

Figura 18.31 *Relatório de recebimento de compras não aprovadas.*

4.4.14 MATERIAIS PENDENTES DE REGULARIZAÇÃO

Demonstra os materiais recebidos e ainda não desembaraçados.

A Figura 18.32 ilustra esse tipo de relatório.

CÓDIGO DO MATERIAL	AF Nº	ITEM DA AF	QUANTIDADE	UNIDADE	CLASSIFICAÇÃO	CÓDIGO DO FORNECEDOR	DATA DE ENTREGA	DIAS DE PENDÊNCIA

Figura 18.32 *Relatório de materiais pendentes de regularização.*

4.4.15 ACOMPANHAMENTO DE NOTAS FISCAIS A LIBERAR

Demonstra as notas fiscais referentes aos materiais recebidos e ainda não desembaraçados.

A Figura 18.33 ilustra esse tipo de relatório.

CÓDIGO DO FORNECEDOR	NF Nº	AF Nº	DATAS				VALOR
			EMISSÃO	ENTRADA	VENCIMENTO	DIAS DE PENDÊNCIA	

Figura 18.33   *Relatório de acompanhamento de notas fiscais a liberar.*

4.4.16 PENDÊNCIAS DE REGULARIZAÇÃO COM PAGAMENTOS PRESTES A VENCER

Demonstra os pagamentos prestes a vencer referentes aos materiais recebidos e ainda não desembaraçados.

A Figura 18.34 ilustra esse tipo de relatório.

AF Nº	ITEM DA AF	CÓDIGO	DATA DA ENTRADA	VENCIMENTO DO PAGAMENTO	NF Nº	DIAS PENDENTES

Figura 18.34   *Relatório de pendências de regularização com pagamentos prestes a vencer.*

4.4.17 LOCALIZAÇÃO DE MATERIAIS NO ALMOXARIFADO

Demonstra a localização de materiais no almoxarifado, para uso alternativo.

A Figura 18.35 ilustra esse tipo de relatório.

CÓDIGO	MATERIAL	UNIDADE	LOCALIZAÇÕES

Figura 18.35 *Relatório de localização de materiais no almoxarifado.*

4.4.18 SITUAÇÃO DO ESTOQUE

Demonstra situações do estoque de materiais, como saldo, previsão e quantidades solicitadas e confirmadas, para uso alternativo.

A Figura 18.36 ilustra esse tipo de relatório.

CÓDIGO	MATERIAL	CLASSIFICAÇÃO	PREVISÃO	SOLICITADO	CONFIRMADO	UNIDADE	SALDO

Figura 18.36 *Relatório da situação do estoque.*

4.4.19 REQUISIÇÕES DE MATERIAL AINDA NÃO ATENDIDAS PELO ALMOXARIFADO

Demonstra as requisições de material pendentes de atendimento pelo almoxarifado.

A Figura 18.37 ilustra esse tipo de relatório.

RM Nº	DIAS DE PENDÊNCIA	DATA DA ENTREGA	CÓDIGO	MATERIAL	UNIDADE	QUANTIDADE

Figura 18.37 *Relatório de requisições de material ainda não atendidas pelo almoxarifado.*

4.4.20 REQUISIÇÕES DE MATERIAL EFETUADAS EM EMERGÊNCIA

Demonstra as requisições de material efetuadas em emergência, para análise e/ou providências da gestão.

A Figura 18.38 ilustra esse tipo de relatório.

RM Nº	DATA	CÓDIGO	CLASSIFICAÇÃO	MATERIAL	QUANTIDADE	UNIDADE	REQUISITANTE	ANORMALIDADE

Figura 18.38 *Relatório de requisições de material efetuadas em emergência.*

4.4.21 REQUISIÇÕES DE MATERIAL PREJUDICADAS E CANCELADAS POR EMERGÊNCIA

Demonstra as requisições de material prejudicadas e canceladas por emergência, para análise e/ou providências da gestão.

A Figura 18.39 ilustra esse tipo de relatório.

RM Nº	DATA DA RM	REQUISITANTE	CÓDIGO	QUANTIDADE

Figura 18.39 *Relatório de requisições de material prejudicadas e canceladas por emergência.*

4.4.22 DEVOLUÇÕES AINDA NÃO REGULARIZADAS PELO ALMOXARIFADO

Demonstra devoluções de material ainda não regularizadas pelo almoxarifado.

A Figura 18.40 ilustra esse tipo de relatório.

DM Nº	DIAS DE PENDÊNCIA	DATA DO REGISTRO	CÓDIGO	MATERIAL	UNIDADE	QUANTIDADE

Figura 18.40   *Relatório de devoluções ainda não regularizadas pelo almoxarifado.*

4.4.23   DEVOLUÇÕES DE MATERIAL AO FORNECEDOR

Demonstra as devoluções de material efetuadas ao fornecedor para conhecimento do comprador e providências, se for o caso.

A Figura 18.41 ilustra esse tipo de relatório.

CÓDIGO	UNIDADE	MATERIAL	CLASSIFICAÇÃO	DM Nº	QUANTIDADE	AF Nº

Figura 18.41   *Relatório de devoluções de material ao fornecedor.*

4.4.24   INVENTÁRIO

Em virtude de, no Capítulo 16, descrevermos o inventário por meio de sistema mecanizado, seus relatórios operacionais encontram-se demonstrados no capítulo referido.

5   A INTERNET E A ADMINISTRAÇÃO DE MATERIAIS

O emprego da tecnologia Web por empresas é o assunto do momento, mediante a presença da Internet ou da criação de Intranets.

Na corrida para atender às exigências de manter-se em constante atualização com as modernas tecnologias de mercado, as empresas brasileiras vivem atualmente no mundo da Internet e da Intranet, usufruindo de todas as suas vantagens e criando novas aplicações.

Como não poderia deixar de ser, a Internet desencadeou nova estrutura organizacional nas empresas, que contempla, em nosso caso, uma interatividade geradora de, entre outros, **estoque zero** e **cotação eletrônica**, que poderá ser mais bem assimilada por meio dos relatos a seguir.

5.1 O estoque zero

Sonho de qualquer gerente de materiais, ter a empresa funcionando com estoque zero é perfeitamente possível em alguns casos, como:

5.1.1 A EMPRESA NETFLORES

A empresa Netflores, **www.netflores.com.br**, do ramo de floricultura, desenvolveu um sistema de parceria, cadastrando congêneres no país inteiro, para montar a estratégia de um serviço que, para o cliente, funciona como floricultura virtual, mas vislumbrando uma central de telemarketing. Quando um cliente de São Paulo faz um pedido para ser entregue no Amazonas, por exemplo, a empresa localiza e transmite a solicitação para a floricultura mais próxima do destinatário. Na prática, esse sistema controla virtualmente o estoque das floriculturas cadastradas.

5.1.2 A EMPRESA BOOKNET

Na loja eletrônica da Booknet, **www.booknet.com.br**, estão disponíveis 60.000 títulos brasileiros e 550.000 estrangeiros. Porém, o que impressiona é que nenhum dos 6.000 produtos vendidos por mês ficam mais que algumas horas na sede da empresa, tempo necessário para embalar e despachar os livros que chegam das 170 editoras cadastradas no sistema.

5.2 A cotação eletrônica

5.2.1 A EMPRESA VOLKSWAGEN

De conformidade com a Revista *Internet Business*, a Volkswagen, **www.volkswagen.com.br**, foi a primeira empresa brasileira a entrar no mercado da Intranet. A ênfase de seus processos é o *Core Business*, trabalhando com especificação técnica das peças dos automóveis. Na Volkswagen, o desenho dos carros é feito peça por peça, componente por componente, por equipes de diferentes países, cada uma responsável por pequena parte desta engrenagem. Para que o processo se tornasse viável, foi necessária a criação de um ambiente de comunicação virtual de baixo custo. A resposta a essa necessidade foi a Intranet.

Além de agilizar o processo de concepção de peças, a rede possibilita um ganho de tempo nos processos de fabricação dos componentes. É que todos os projetos da empresa são disponibilizados, por meio de um *BBS*, para os 700 fornecedores cadastrados. Por meio deste processo, a cotação eletrônica, são identificados os fornecedores homologados quanto à qualidade, fornecimento e custo. Os que estiverem aptos a fazer a cotação acessam o desenho da peça e definem seu preço. Ganha o fornecedor que apresentar a melhor proposta.

O impacto da Internet nas empresas é um fenômeno recente que ainda vem sendo assimilado no Brasil, não existindo, portanto, respostas precisas sobre seus efeitos no segmento de administração de materiais, que tipos de soluções estão em andamento, otimizações e reduções de custo, entre outros.

CONCLUSÃO

Analisando-se as condições atuais do mercado fornecedor, e não há como escapar dos ditames da economia, observam-se certas tendências que no futuro poderão modificar e mesmo dificultar ainda mais as tarefas de gerenciamento de materiais. Entre elas, destacamos:

Falências e concordatas de fornecedores tradicionais em número elevado e freqüente, em face da instabilidade do mercado, alto custo do dinheiro, com a conseqüente redução da concorrência:

a. ociosidade nas indústrias, a ponto de serem obrigadas a dispor de seus equipamentos ou até mesmo encerrar suas atividades por falta de encomendas;

b. falta de instalações e equipamentos novos, gerada pela incerteza de mercado e de poucos pedidos;

c. fornecedores inseguros reduzem os estoques de matérias-primas, com reflexos nos prazos de entrega;

d. constantes alterações no ramo de atividade de muitas indústrias;

e. desinteresse generalizado pela nacionalização de materiais de consumo mais elevado.

Os problemas citados são cíclicos, bastando retroceder no tempo para entendermos o exposto, especialmente no tocante à área de materiais. Em 1986, bastou o *boom* provocado pelo Plano Cruzado para que se apagasse da lembrança a lição aprendida, à custa de sacrifícios na recessão 1981/1983, da incompatibilidade entre estoque excessivo (superestocagem) e variações episódicas na curva da demanda (eficiência operacional), o que, por sinal, provocou o desabastecimento em alguns segmentos. Agindo assim, ao ampliar o volume da produção, os empresários foram incapazes de perceber os primeiros sinais de desaquecimento da demanda emitidos pelo comércio varejista.

Quando ocorre, essa espécie de amnésia sempre cobra um preço elevado. Os almoxarifados abarrotados de matérias-primas, componentes, embalagens, produtos acabados, adquiridos em virtude de sinais indevidamente interpretados na condução da economia ou pura especulação, têm como conseqüência difícil escoamento, motivado pelas crises periódicas, razão fundamental da possibilidade de sérios prejuízos financeiros e até operacionais.

No entanto, grande parte das empresas brasileiras tem memória curta. Ao se esquecerem das lições do passado, deslumbram-se com o presente e acabam criando problemas para o futuro. Válida para um sem-número de situações, essa constatação ajuda a entender os sobressaltos no gerenciamento de estoques, segmento-chave e extremamente sensível.

Assim, premidas por essas circunstâncias, as empresas necessitam amoldar-se às oscilações do mercado, revendo as experiências anteriores para repensar sua política de suprimentos, por meio da adoção de diretrizes mais conservadoras, procurando trabalhar com estoques que se enquadrem em padrões adequados, ditados pela segurança e pelo bom-senso.

Ao mesmo tempo, é lícito complementar nosso modelo com o variado receituário moderno, em que pontificam sistemas, entre outros, como *kanban, just in time* e análise de valores, evidentemente, mediante o necessário entendimento, adequação e adaptação à realidade brasileira, para fortalecer e aprimorar as técnicas de Administração de Materiais.

Nesse sentido, ao alertar os efeitos danosos da gestão inadequada e difundindo conceitos objetivos e práticas saudáveis, acreditamos poder contribuir plenamente, consoante nossa proposta inicial, para a formação de profissionais realmente capacitados ao exercício do gerenciamento de materiais.

BIBLIOGRAFIA

ALMEIDA, Marcelo Cavalcanti. *Auditoria*: um curso moderno e completo. 5. ed. São Paulo : Atlas, 1996.

ALMEIDA, Serafim Mendes de. *Compras na empresa moderna*. São Paulo : Instituto de Organização Racional do Trabalho, 1990.

AMARAL, Antonio Carlos Cintra do. *Licitações nas empresas estatais*. São Paulo : Makron Books, 1979.

AQUINO, Gustavo Adolfo Ayala. *Gestão de estoques em empresas comerciais, estudos de casos*: supermercados, farmácias e drogarias e varejo de artigos de engenharia, desenho e pintura. Dissertação (Mestrado em Administração) – Escola de Administração de Empresas de São Paulo. São Paulo : Fundação Getúlio Vargas, 1982.

ARAÚJO, Jorge Sequeira de. *Administração de materiais*. São Paulo : Atlas, 1969.

_____. *Saiba comprar para sua empresa*. 2. ed. São Paulo : Atlas, 1966.

_____. *Almoxarifados e almoxarifes*. 2. ed. São Paulo : Atlas, 1962.

ASSOCIAÇÃO BRASILEIRA DE METAIS (Brasil). *Recebimento e inspeção de materiais*. São Paulo, 1987.

_____. *Técnicas de gestão de estoques*. São Paulo, 1988.

ASSOCIAÇÃO BRASILEIRA DE NORMAS TÉCNICAS (Brasil). *Norma NBR -8597*.

_____. *Norma NBR-7500, Simbologia – transportes, armazenagem e manuseio de materiais*.

_____. *Norma NBR-7502*.

_____. *Norma P-NB-98*.

BALLOU, Ronald H. *Logística empresarial*: transportes, administração de materiais e distribuição física. São Paulo : Atlas, 1995.

BROSCH, Carlos Dias. Determinação racional dos estoques numa usina siderúrgica. *Associação Brasileira de Metais*. São Paulo, nº 62, v. 17, 1961.

CAIXA ECONÔMICA FEDERAL. *Administração de material de consumo*. São Paulo : CEF, 1986.

CAMPOS, Vicente Falconi. *TQC*: controle de qualidade total (no estilo japonês). Minas Gerais : Fundação Christiano Ottoni, 1992.

CHIAVENATO, Idalberto. *Iniciação à administração de materiais*. São Paulo : Makron Books, 1991.

CHRISTOPHER, Martin. *Logística e gerenciamento da cadeia de suprimentos*. São Paulo : Pioneira, 1997.

COMPANHIA SIDERÚRGICA NACIONAL. *Manual de localização*. Rio de Janeiro : CSN, 1979.

_____. *Princípios básicos de um abastecimento moderno*. Rio de Janeiro : CSN, 1975.

COMPANHIA SIDERÚRGICA PAULISTA (Brasil). *Sistema de compras e controle de estoque*. São Paulo : Cosipa, 1973.

CONSELHO NACIONAL DE METROLOGIA, NORMALIZAÇÃO E QUALIDADE INDUSTRIAL (Brasil). *Catálogo de normas brasileiras*. Brasília, 1978.

CORRÊA, Joary. *Gerência econômica de estoques e compras*. 2. ed. Rio de Janeiro : Fundação Getúlio Vargas, 1974.

COSTA, José Ribeiro da. Auditorias da qualidade industrial. *Seminário sobre Garantia de Qualidade – Auditorias*. São Paulo : Companhia Siderúrgica Paulista, 1984.

CSILLAG, João Mário. *Apostila de análise e engenharia do valor*. São Paulo : Toyota, 1985.

DIAS, Marco Aurélio P. *Administração de materiais*: uma abordagem logística. 3. ed. São Paulo : Atlas, 1990.

_____. *Gerência de materiais*. São Paulo : Atlas, 1988.

ENDLER, Ewaldo Ivo H. *Administração de almoxarifados*. São Paulo : Instituto de Organização Racional do Trabalho, 1974.

FALANGA, Antonio Carlos, VANTINE, José Geraldo, OLIVEIRA, Ronildo Paulo Peroti de. *Manual de embalagem de transporte de papelão ondulado e movimentação de materiais*. São Paulo : Instituto de Movimentação e Armazenagem de Materiais, Associação Brasileira do Papelão Ondulado, 1984.

FERNANDES, João Batista. *Análise de valor como requisito básico para a engenharia de sistemas*. São Paulo : Companhia Siderúrgica Paulista, 1988.

FULLMANN, Claudiney, RITZMAN, Larry P., KRAJEWSKI, Lee J., MACHADO, Mario A., MOURA, Reinaldo A. MRP (*Material Requirement Planning*). São Paulo : Imam, 1989.

GROSSMANN, Fábio, ZYNGIER, Mauro Luiz. *Código de barras*: da teoria à prática. 2. ed. São Paulo : Nobel, 1991.

GURGEL, Floriano do Amaral. *Administração dos fluxos de materiais e de produtos*. São Paulo : Atlas, 1996.

I CONGRESSO BRASILEIRO DE PADRONIZAÇÃO DE EMBALAGEM. *Anais...* São Paulo : Instituto de Movimentação e Armazenagem de Materiais, 1983.

I SEMINÁRIO DE ABASTECIMENTO. *Anais...* Rio de Janeiro : Associação Brasileira de Metais, 1980.

II SEMINÁRIO DE ABASTECIMENTO. *Anais...* São Paulo : Associação Brasileira de Metais, 1981.

III SEMINÁRIO DE ABASTECIMENTO. *Anais...* Minas Gerais : Associação Brasileira de Metais, 1982.

INSTITUTO DE MOVIMENTAÇÃO E ARMAZENAGEM DE MATERIAIS. *Glossário da logística*: aprenda a moderna logística. São Paulo : Imam, 1996.

_____. *Manual de operação de veículos industriais*: segurança e manutenção. São Paulo : Imam, 1991.

INSTITUTO NACIONAL DE PESOS E MEDIDAS (Brasil). *Instruções sobre medição de massas para fins comerciais*. 1978.

_____. *Sistema internacional de unidades*. Tradução autorizada pelo Bureau Internacional de Pesos e Medidas da publicação "Le Système International d'Unités". 1971.

IV SEMINÁRIO DE ABASTECIMENTO. *Anais...* Rio de Janeiro : Associação Brasileira de Metais, 1983.

IX SEMINÁRIO DE ABASTECIMENTO. *Anais...* São Paulo : Associação Brasileira de Metais, 1988.

KEPNER, Charles H, TREGOE, Benjamin B. *O administrador racional*: uma abordagem sistemática à solução de problema e tomada de decisões. São Paulo : Atlas, 1971.

LABATUT, Ênio Neves. *Teoria e prática de comércio exterior*. 3. ed. São Paulo : Aduaneiras, 1989.

LOURENÇO FILHO, Ruy de C. B. *Controle estatístico de qualidade*. 5. ed. Rio de Janeiro : Livros Técnicos e Científicos, 1974.

MACHLINE, Claude, MOTTA, Ivan de Sá, WEIL, Kurt E., SCHOEPS, Wolfgang. *Manual de administração da produção*. 2. ed. Rio de Janeiro : Fundação Getúlio Vargas, 1972. v. 1.

MARTINS, Petrônio G, LAUGENI, Fernando P. *Administração da produção*. São Paulo : Saraiva, 1998.

MAUTZ, R. K. *Princípios de auditoria*. 2. ed. São Paulo : Atlas, 1978.

MELLO, José Carlos. *Planejamento dos transportes*. São Paulo : Makron Books, 1979.

MESSIAS, Sérgio Bolsonaro. *Manual de administração de materiais*. 9. ed. São Paulo : Atlas, 1987.

MONKS, Joseph G. *Administração da produção*. São Paulo : Makron Books, 1987.

MOREIRA, Oscar Victorino. *Administração de material*. Rio de Janeiro : Departamento de Imprensa Nacional, 1967. 2 v.

MOTTA, João Maurício. *Auditoria*: princípios e técnicas. 2. ed. São Paulo : Atlas, 1992.

MOURA, Reinaldo A. *Segurança na movimentação de materiais*. São Paulo : Ivan Rossi, 1978.

_____. *Sistemas e técnicas de movimentação e armazenagem de materiais*. São Paulo : Imam, 1979.

_____, UMEDA, Akio. *Sistema Kanban de manufatura*. São Paulo : Imam, 1983.

MUTHER, Richard, HAGANAS, Knut. *Análise da movimentação de materiais*. São Paulo : Imam, 1984.

NORMA ISO 9000.

PEMBERTON, A. W. *Arranjo físico industrial e movimentação de materiais*. Rio de Janeiro : Interciência, 1977.

PETROBRÁS. *Sistema de controle de qualidade para suprimento de material à Petrobrás*. São Paulo : Petrobrás, 1984.

RAMBAUX, A. Santos. *A constituição dos estoques e o planejamento*. Trad. Flávio Antonio Rodrigues dos Santos. França : Hommes et Techniques.

REPÚBLICA FEDERATIVA DO BRASIL. *Decreto nº 1.797, de 25 de agosto de 1996*. Acordo para a facilitação do transporte de produtos perigosos para o Mercosul.

_____. *Decreto nº 96.044, de 18 de maio de 1988*. Regulamento para o transporte rodoviário de produtos perigosos.

_____. *Decreto nº 81.621*. Quadro geral de unidades de medida, 1978.

_____. *Decretos nº 21.981, de 10 de outubro de 1932, e 22.427, de 1º de fevereiro de 1933*. Regulamentação da profissão de leiloeiro.

_____. *Lei nº 8.666*. Normas para licitações e contratos da administração pública, 1993.

_____. *Lei nº 8.883*. Altera dispositivos da Lei nº 8.666 referente às normas para licitações e contratos da administração pública, 1994.

_____. *Portaria nº 204, de 20 de maio de 1997*. Instruções complementares ao regulamento do transporte terrestre de produtos perigosos.

RIBEIRO, Hélio, MAGALHÃES, Regina, CARUSO, Alan. *Administração de material na prática*. Rio de Janeiro : Forum, 1973.

RICHTER, Johni, ISLEB, Dário G., LINDIG, Klaus, FIGUEIREDO, Luís A. N., MADEIRA, José L. M., GILGEN, Gerson. *Gestão pela qualidade total em serviços – casos reais*: desdobramento das diretrizes na diretoria de logística. Minas Gerais : Fundação Christiano Ottoni, 1996.

SÁ, A. Lopes de. *Curso de auditoria*. 8. ed. São Paulo : Atlas, 1998.

SIDERURGIA BRASILEIRA S/A – SIDERBRÁS. *Economias da normalização, identificação e cálculo*. Brasília : Siderbrás, 1986.

SIQUEIRA, Francisco Mello, MORAES, Silvio Alves de, VIANA, João José, CALDEIRA, Antonio José. *Ressuprimento de materiais de manutenção e operação*. São Paulo : Companhia Siderúrgica Paulista, 1978.

SIQUEIRA, Francisco Mello, VIANA, João José, CALDEIRA, Antonio José. *Aperfeiçoamento de técnicos de sobressalentes*. São Paulo : Companhia Siderúrgica Paulista, 1978.

SISTEMA NACIONAL DE METROLOGIA, NORMALIZAÇÃO E QUALIDADE INDUSTRIAL. *Legislação e resoluções*. 1976.

_____. *Legislação e resoluções*, 1977.

SOUZA, Fátima Regina de. *Manual básico de licitação*. São Paulo : Nobel, 1997.

STOCKTON, R. Stansbury. *Sistemas básicos de controle de estoques*: conceitos e análises. São Paulo : Atlas, 1972.

UELZE, Reginald. *Logística empresarial*: uma introdução à administração de transportes. São Paulo : Pioneira, 1970.

USINAS SIDERÚRGICAS DE MINAS GERAIS S/A. (Brasil). *Alienação de materiais*. Minas Gerais : Usiminas, 1982.

_____. *Normalização e padronização de equipamentos siderúrgicos e seus componentes*. Minas Gerais : Usiminas, 1975.

VARGA, Celso. *Sistema kanban de controle de estoque*. São Paulo : Imam, 1983.

VELLARDI, Gerson Luiz, FERREIRA, Jair, FERREIRA, Lúcio Henrique, PAN, Marcos Antonio, com a colaboração de JESUS, Hélio Francisco de, NIERI, Giovanni Maria Francesco, VIANA, João José, PIROLA NETO, Luiz. O sistema trator –

carreta na movimentação interna da Usina. *Anais do I Simpósio Interno de Transportes*. São Paulo : Companhia Siderúrgica Paulista, 1982.

VIANA, João José. A utilização de paletes de aço na estocagem de materiais da Cosipa. *Anais do IX Seminário de Abastecimento*. São Paulo : Associação Brasileira de Metais, 1988.

_____. Eliminação da perda por oxidação através da estocagem, manuseio e preservação de cilindros de laminação. *Anais do V Simpósio Interno de Abastecimento*. São Paulo : Companhia Siderúrgica Paulista, 1987.

_____. Inventário físico de estoque de materiais. *Anais do VII Seminário de Abastecimento*. Rio de Janeiro : Associação Brasileira de Metais, 1986.

_____. Metodologia de normalização de procedimentos da área de administração de materiais. *Anais do X Seminário de Abastecimento*. Minas Gerais : Associação Brasileira de Metais, 1989.

_____. O sistema de distribuição de materiais da Cosipa. *Anais do IV Seminário de Abastecimento*. Rio de Janeiro : Associação Brasileira de Metais, 1983.

_____. Proteção aos estoques de materiais. *Anais do VIII Seminário de Abastecimento*. Minas Gerais : Associação Brasileira de Metais, 1987.

_____, BLANCO, Carlos Morros. Destinação de materiais inservíveis. *Anais do V Seminário de Abastecimento*. Espírito Santo : Associação Brasileira de Metais, 1984.

VIII SEMINÁRIO DE ABASTECIMENTO. *Anais...* Minas Gerais : Associação Brasileira de Metais, 1987.

VILLAS BÔAS, Roberto C. Um modelo matemático aplicado à indústria mineral. *Associação Brasileira de Metais*. São Paulo, nº 154, v. 26, 1970.

V SEMINÁRIO DE ABASTECIMENTO. *Anais...* Espírito Santo : Associação Brasileira de Metais, 1984.

WEXLER, Silvana B. de, FENILI, Celio, WOLYNEC, Stephan. *Manual de proteção contra corrosão durante armazenamento e transporte*. São Paulo : Instituto de Pesquisas Tecnológicas do Estado de São Paulo S/A, 1976.

X SEMINÁRIO DE ABASTECIMENTO. *Anais...* Minas Gerais : Associação Brasileira de Metais, 1989.

ZICARI, Luiz Roberto. *Administração de materiais e suprimentos*. São Paulo : Instituto de Organização Racional do Trabalho, 1976.